A família de GUZMAN

EDITORA EME

Solicite nosso catálogo completo, com mais de 500 títulos, onde você encontra as melhores opções do bom livro espírita: literatura infantojuvenil, contos, obras biográficas e de autoajuda, mensagens espirituais, romances, estudos doutrinários, obras básicas de Allan Kardec, e mais os esclarecedores cursos e estudos para aplicação no centro espírita - iniciação, mediunidade, reuniões mediúnicas, oratória, desobsessão, fluidos e passes.

E caso não encontre os nossos livros na livraria de sua preferência, solicite o endereço de nosso distribuidor mais próximo de você.

Edição e distribuição

EDITORA EME
Avenida Brigadeiro Faria Lima, 1080 - Vila Fátima
CEP 13369-040 - Capivari-SP
Telefones: (19) 3491-7000 | 3491-5449
Vivo (19) 9 9983-2575 | Claro (19) 9 9317-2800
vendas@editoraeme.com.br - www.editoraeme.com.br

DENISE CORRÊA DE MACEDO
pelo espírito
ARNOLD DE NUMIERS

A família de GUZMAN

ROMANCE MEDIÚNICO

Capivari-SP

A Editora EME mantém o Centro Espírita Mensagem de Esperança e contribui mensalmente, junto com outras empresas, com instituições de atendimento social de Capivari-SP: Casa da Criança; Creche Santa Rita de Cássia; Asilo São Vicente de Paulo; Adusmec, e Restaurante social - Prato Carente; sendo que a sede do Projeto Teto & Afeto - Família Acolhedora, usa espaço na Chácara EME para funcionar.

2ª reimpressão - janeiro/2023 - de 5.001 a 9.700 exemplares

CAPA | André Stenico
DIAGRAMAÇÃO | Victor Benatti
REVISÃO | Izabel Camargo

Ficha catalográfica

Numiers, Arnold de (Espírito)
A família de Guzman / pelo espírito Arnold de Numiers; [psicografado por] Denise Corrêa de Macedo - 2ª reimp. jan. 2023 - Capivari, SP: Editora EME.
320 p.

1ª ed. ago. 2022

ISBN 978-65-5543-079-0

1. Romance mediúnico. 2. Lei de causa e efeito.
3. Suicídio. 4. Laços de família. I. Título.

CDD 133.9

167. Qual é a finalidade da reencarnação?
– Expiação, aprimoramento progressivo da humanidade; sem isso, onde estaria a justiça?

948. O suicida que tem por objetivo escapar da vergonha de uma má ação é tão repreensível quanto aquele que é levado pelo desespero?

– O suicídio não apaga o erro. Ao contrário, em vez de um, acaba cometendo dois. Quando se teve a coragem de fazer o mal, é preciso ter também a de sofrer suas consequências. Deus julga, e, conforme a causa, pode, às vezes, diminuir sua severidade.

(*O Livro dos Espíritos* – **Allan Kardec**)

SUMÁRIO

PRÓLOGO:

HÁ MAIS CORAGEM EM VIVER!

Esteve esta máxima pairando ao fundo da mente durante alguns dias enquanto, ao fechar os olhos, eu visualizava o brilho de uma estrela que tremeluzia entre as águas revoltas do mar. Acabava de reler a obra *Ressurreição e vida* e refletia sobre a coragem de Yvonne ao assumir o projeto, junto a Leon Tolstói, para trazer contos espíritas com regionalismo russo. A médium de doutor Bezerra e de Camilo Castelo Branco aceitara o desafio e obteve sucesso, com a aprovação do famoso autor de *Ana Karenina.*

Corri os olhos por sobre as outras obras numa pilha de livros, todos da mesma médium, que tinha separado em destaque para incentivar-me ao trabalho e vi a edição mais antiga de *O drama da Bretanha*. Reli-o em poucos dias e fiquei a pensar nas implicações da transgressão de Andrea de Guzman[1], sendo uma adolescente com pouco discernimento sobre a gravidade do que cometera, somada aos caprichos e ao orgulho de dama nobre.

As cenas desta obra se seguiram à reflexão. Foi concedido que o grupo familiar de Guzman deixasse mais algumas orientações de como foram seus caminhos no passado. A figura séria e serena de Victor de Guzman ensina sobre a coragem de seguir adiante apesar das adversidades e fala sobre uma existência coroada de bênçãos e capaz de fazer brilhar a luz do espírito imortal.

Um suicida, como transgressor da Lei de Deus fere irremediavelmente as programações de sua vida no mundo físico e toda a estrutura tem de ser refeita. As pessoas com quem viria a conviver, os atos que deveria praticar ou filhos que deveria gerar precisam

1 Uma das encarnações de Yvonne do Amaral Pereira.

ter seus destinos recambiados. É preciso, então, delicado trabalho de reconstrução das teias dos relacionamentos e dos compromissos antes organizados. Respeitadas as diferenças de cada um, sob olhar do Sempiterno que tudo vê, pesa e considera, ainda se pode contar com as questões de merecimento. O plano incessante tem início para preparar a organização do novo corpo daquele que deverá regressar e retomar de onde parou sua lição em nova família. São recolhidas as dádivas de orações sinceras que intercedem pelo interpelado auxiliando-o. Esse é o melhor recurso para se ofertar ao que partiu, mas infelizmente, nem sempre é isso que se colhe entre os cômpares que ficaram no Planeta Azul.

Esta obra trata das repercussões na família de Guzman causadas pelo suicídio de Andrea, na península da Bretanha, na França. Algumas pessoas são impactadas pela escolha equivocada de mademoiselle de Guzman e os que ficam, sob orientação do Alto, tentam rearticular novo curso para suas vidas. A família tenta reerguer-se da queda moral e migra para a Espanha, onde a saga continua. Novos personagens imprescindíveis para harmonizar o delicado éter dos acontecimentos ferido pelo ato rebelde do suicídio entram em destaque. Em Madri, no castelo de Montalban se estabelecem, lugar para onde tinham fugido durante as perseguições da tomada da Bastilha e para onde retornam, após o ano de 1804[2], deixando definitivamente o Castelo de Saint-Omer.

Victor, o irmão de Andrea, tenta incentivar sua família para o caminho de amor e oração e acaba por aconselhar e acompanhar também o destino de outra jovem influenciada pela ideia de suicídio. Trata-se de mademoiselle Étoile de Durant e Allorge, sua vizinha na Bretanha, que é sensível e sofre obsessão pela proximidade com o penhasco que continuava exalando o grito de desespero.

Mais surpresas são reveladas por Victor que viaja nos dois planos da vida. Bem-vindo a mais lições de superação da Família de Guzman.

2 Prólogo da obra *O drama da Bretanha* – Yvonne do Amaral Pereira.

APRESENTAÇÃO

Caros leitores, honrou-me consideravelmente a solicitação da prezada Denise Corrêa de Macedo para a apresentação da obra *A família de Guzman*, ditada pelo espírito Arnold de Numiers, cujo enredo se baseou nos bastidores e sucessões de fatos após o suicídio de Andrea de Guzman, apresentado no livro *O drama da Bretanha*, o qual compõe a conhecida trilogia das vidas pregressas de Yvonne do Amaral Pereira, espírito amigo, que há duas décadas tem-me sido objeto de estudo e divulgação.

A literatura espírita cumpre seu objetivo em propalar os romances demarcados com rompantes e disputas entre os personagens, cujas características comuns a todos nós, nos envolvem e nos sintonizam às histórias por guardarmos comportamentos semelhantes às situações apresentadas pelos respectivos escritores. A doutrina dos espíritos, no período predito pelo excelso Rabi da Galileia, veio descortinar e elucidar as mentes em desalinho pertinente ao estado evolutivo do ser humano.

Nesta obra, o autor espiritual explanou sobre as ações da lei de causa e feito aplicada moralmente em razão das desditas e imaturidades compatíveis ao grau de adiantamento de cada personagem enredado na trama exposta; e, ornada em linguagem enobrecida, além da retratação cultural de um tempo transato. Acredito que, cada leitor transportar-se-á ao início do século XIX com a minuciosa descrição dos costumes e tradições, em termos sociais, onde os consórcios conjugais eram empreendimentos familiares oriundos do tradicionalismo da nobreza europeia.

O espírito Arnold de Numiers, redimido daquele obsessor contumaz de outrora que impugnou o suicídio à Andrea de Guzman, nos presenteia com argumento envolvente e capaz de atrelar os leitores aos escritos grandiloquentes em texto e movimento do início ao fim. Destaca-se a personagem Étoile, jovem com inquietações comuns à sua faixa etária, sonhadora e apaixonada ela retrata a intermediação benéfica dos espíritos benfeitores. quando acudida em seus desejos malsãos e ideação suicida.

Há momentos de estudo e vivência plena do Evangelho de Jesus descrito no roteiro ora apresentado, capítulos mesclados com uma visão espiritualista de um médico fraternal e probo - Victor François de Guzman d'Albret (uma das vidas de Charles, guia espiritual de Yvonne Pereira), o qual era portador de mediunidade ostensiva e se colocava a postos nos serviços espirituais de atendimento e resgate à irmã sofredora e suicida, no primeiro quartel do século retrasado, quando ainda não havia florescido o espiritismo organizado por Allan Kardec.

O alento e a prevenção ao suicídio são abordados em alguns capítulos e expostos com bastante clareza e altruísmo; as orientações vêm-se somar às diretrizes espíritas sobre a imortalidade da alma e que ninguém possui o direito de abreviar uma centelha que não se apaga - a vida. Por isso escolhi para destacar a frase dirigida por Victor François, em carta, à Étoile:

"Suicídio não é solução para os problemas, é antes, um agravante e todo aquele cuja crença se estende à vida sutil do espírito, compreende a cilada da aniquilação completa da vida."

Em *A família de Guzman* o sentido da vida permeia os homens, temporariamente estagiários em um plano físico, entre lutas e experiências que granjearão aprendizados ao ser imortal. Encontra-se no decorrer dos escritos a certeza da reencarnação como utilíssimo recurso superior para as almas inconsequentes e reticentes dos valores e das virtudes estabelecidos como parâmetros à elevação superior.

Denise, médium responsável e comprometida com as luzes da verdade, tem sido a medianeira atenta e dedicada nas revelações através das obras a ela dirigidas e confiadas, por expressar nos refolhos de sua alma suscetível o exercício da psicografia no acolhimento das comunicações trazidas pelos amigos espirituais.

Com sinceros votos de muita paz a todos e profundamente agradecido pela incumbência a mim direcionada.

Volta Redonda (RJ), 03 de outubro de 2021.

Roni Ricardo Osorio Maia

Capítulo 1

ECOS DO PASSADO

Aproximei-me, ligeiro, do local de onde tinham partido as duas vibrações. O brado de horror e o gargalhar. Eu percebera, no entanto, que ambos os rumores dir-se-iam difusos pela atmosfera, (...) investigava ainda (...) quando, três novos gritos, aflitos e seguidos um do outro, traduzindo inconcebível desesperação, emocionaram-me vivamente, atestando, porém, vozes masculinas diferentes, mais longínquas do que os dois primeiros, e repetindo, como se vibrados todos por entre lágrimas de exasperado horror: – Andrea!... Andrea!... Andrea!

(*O drama da Bretanha*, prólogo)

– Andrea!... – Andrea!... – Andrea!

Gritaram os três varões da família Guzman à beira do penhasco, enquanto Andrea caía. Ouviu-se ao mesmo tempo uma gargalhada roufenha que durou por alguns segundos e depois fez eco nas ondas do mar. Era Arnold de Numiers que ria ao concluir o seu propósito, retirava-se dali, alternando seu estado de alma. Ele mesclava a euforia de ter conseguido soprar as ideias suicidas ao ouvido de sua obsidiada com os remorsos pelo que praticou. Perturbara-se ao ver o sofrimento que provocara a toda família.

Andrea caiu e o voo magnífico de liberdade durou apenas alguns momentos. Ela era livre e decidira fugir de seus compromissos e da imposição de casamento, esquecera-se de Deus e do amor de seus familiares, no auge da rebeldia e do desespero preferiu lançar-se ao final da encosta, para o mar. O impacto do mergulho foi como um choque por todo corpo, o gelo e o sal queimavam e arranhavam a pele, a seguir as águas glaciais entraram pelas narinas. Sentiu ânsia de respirar por dois ou três minutos completos, que pareceram uma eternidade... então o silêncio se tornou perceptível. Ia e vinha ao prazer das águas e não sabia mais onde estava o céu, onde estava o penhasco, não distinguia as partes de seu próprio corpo: pernas e braços que se quebravam e retorciam enrolados nas meias e saias, nas echarpes e rendas molhadas... um aglomerado de carne e ossos que se tornara leve como um cisco, um graveto, uma folha rendendo-se ao abraço inclemente das vagas, numa dança cujo ritmo era de seu próprio coração, até que se tornou mudo.

Não havia mais som, nem dor, por alguns instantes houve uma espécie de inércia. As vozes cessaram, nem seu pai, nem seu irmão, nem seu primo podiam mais ser ouvidos, porém, ela continuava sentindo suas lamentações doloridas. Ela sabia que sua família chorava e que a desonra tinha vindo visitar o castelo Saint-Omer, porque seu pai gemia de embaraço, constrangido em seus ideais, silenciado em seu poder, ferido em seu orgulho.

Ela estava vingada, mas a que preço? Não se casaria com Marcus, preferia morrer, já que não poderia enfrentar as determinações paternas. Tampouco se casaria com Alexis que se acovardara diante do desfecho romântico de duplo suicídio por amor. Nunca mais veria Victor, seu nobre irmão... uma pontada de remorso atingiu em cheio seu peito e já não sabia dizer se eram as pedras pontudas ou o mal interno que a dilacerava trazendo uma dor insuportável. Em seguida, escuridão assustadora a envolveu no fundo do oceano, onde a luz do sol não pode chegar.

Longe da agitação das vagas, quando seu corpo era arremessado contra as rochas, descia ao fundo, mais fundo, como se não houvera fim. Nenhuma sensação, nenhum pensamento, somente descia no fluxo do mar. Longe de experimentar a paz esperada, as areias do leito cheio de pequenas pedras e algas a jogaram para cima e tudo recomeçou – a mesma cena outra vez. A tortura das águas, a asfixia, o silêncio... num golpe único via seu corpo arremessado contra rochas, virava de outro lado para bater de novo. O silêncio cessava e agora ouvia uma criança chorando – o som vinha de uma luz em seu ventre – seu filho e de Marcus. Rapidamente, seres vaporosos como as brumas do mar tocaram suas entranhas realizando movimentos cadenciados como se desembrulhassem um presente. Lá de dentro saiu uma forma humana diminuída: uma linda criança, que abrira os pulmões em pranto repetido e estridente.

Andrea nunca mais esqueceria aquele choro nem o olhar daquele ser pequenino que nem dava para saber se seria menino ou menina. Um olhar de pureza e frustração. *Seu filho foi levado pelos anjos* – pensava no desespero. – *Para onde o estariam levando?* A cena sumiu e foi outra vez parar na escuridão do fundo, como se adentrasse sorrateiramente os pensamentos de seus familiares ouviu a voz de seu pai:

– Andrea, minha filha, que falta fizeram os corretivos que queria acrescentar à sua educação! Agora demonstra a face egoísta e fria daqueles que não tiveram seus impulsos primitivos refreados pela moral. Vejo amarrotar a perspectiva de futuro de todos nós, murcharam as esperanças de vida em paz, como viveremos agora? Pedirei vênia aos primos aqui presentes, pelas equivocadas ações em desvario daquela que enlameou nosso honrado nome.

Outro mergulho nas sombras de seu espírito amargurado, veio à tona querendo tomar ar sem o conseguir, o seu íntimo enfraquecido e embaraçado. Ela se lembrou de uma cena de sua infância, quando viu um peixe ser cortado ao meio e suas entranhas saíram para fora. Um cheiro nauseante invadiu suas narinas, como se não estivesse no fundo do mar. Profundos remorsos se exteriorizavam como odores de putrefação. Não pensou nas proporções do que fizera. Às palavras de seu pai, respondeu com gritos que ninguém ouvia. Acalmando um pouco, entre a asfixia e ruptura de suas carnes na aridez das pedras incrustadas de mariscos, ouviu a voz meiga de seu irmão:

– Minha irmã, peça perdão! Estarei contigo na prece!

Aquela voz tão querida foi sumindo e aquela frase ecoava pelo oceano como num canto distorcido de um coral angélico sufocado pelo ruído do mar. Ela não sabia orar, não poderia acreditar que Deus tivesse como salvá-la. Por escolha própria atirara-se e, ao contrário do que pensava, que encontraria a paz, o descanso e a solução de tudo - encontrou desespero. Percebeu que estava presa ali, naquele ato dolorido e confuso. Presa num giro de seu corpo, no mergulho no abismo que não tinha fim.

A terceira voz que ouviu era de Alexis, seu primo e noivo traído, e tinha vindo no mesmo momento em que ela sufocava, o que antes foi uma relação pura de amor, agora, transbordava por suas narinas, queimando por dentro e tremendo de frio e pavor por fora. Arrependimento e loucura... Se ele viesse e se atirasse ao penhasco com ela seriam os dois a sofrer aquela agonia interminável...

- Andrea, minha amada, não consegui chegar a tempo. Por que não me fiz de guardião? Por que não acreditei que seria possível sua delicada vida terminar assim? Perdoe-me!

Perdoar... pela segunda vez ouvia aquele conselho. Não tinha forças para perdoar, nem para lamentar. Tinha perdido o ânimo, tudo lhe doía e as cenas repetidas roubavam-lhe a paz. *Por que não tinha acabado?* Era muito errado aquele fim, contudo estava feito como foi premeditado no momento de indignação, mas não tinha acabado, continuava *ad aeternum* em tontura, num turbilhão de ondas do mar. Uma dúvida cortou seu pensamento - se continuava viva sua intenção talvez se tivesse frustrado. De alguma maneira sobrevivera... como poderia ser se estava no fundo do oceano? Que loucura seria aquela?

Ouviu outra voz que pedia também perdão. Percebeu a súplica de seu noivo, Marcus de Villiers, que dizia:

- Minha querida Andrea, não sabia que meu amor era tão indigno e que meu filho seria também repelido. Eu estava certo de que era correspondido e de que era amado, queria me casar e sabia que poderia vencer as restrições de sua família. Agora arrependo-me de ter posto tudo a perder. Aqui sou eu o mais desgraçado. Perdi tudo, minha amada, num único lance para o abismo. Quem sabe terei coragem de seguir seus passos? A vida nem sempre é justa e nos leva os amores num golpe da sorte. Não tenho mais meus pais, nem parentes vivos que possam me consolar. Tinha tanta esperança em nós dois, em nosso filho. Agora sofro deveras, querida, porém não deixo de amar a sua lembrança. Apesar de ser um homem muito rico, minha riqueza não pode comprar minha felicidade, não posso voltar ao passado quando a tinha nos braços sob as latadas de rosas. Sinto muito, minha amada, não estar à altura de seu amor. Perdoe-me!

Ouvia a voz cheia de culpa querendo também que ela se sentisse assim. Foi outro sufocamento ou uma pedra em suas costas que a fazia afundar mais. Cada vez mais sentia os apelos de todos que choravam em seu nome e não entendia porque assim se comportavam. Aquela tortura mais piorava seu estado. *Então, não era o fim?* Tinha acontecido, e, estranhamente, continuava a acontecer, sem pausa. Foi tragada outra vez sem conseguir entender-se. Sufocamento de sentimentos complicados e retidos, indefinição quanto aos seus afetos, faceirice e vaidade de se sentir querida – aqueles eram os seus pecados. Depois cedera, na ingenuidade de que assim acalmava os ímpetos amorosos de Marcus, então viera a criança. Em nenhum momento pensou na criança que queria nascer e era inocente. *Que horror! O que ela tinha feito? Matara seu próprio filho, fugindo da vida e dos compromissos assumidos para o casamento.* O pensamento se afigurou terrível como se em suas entranhas ouvisse de novo o choro estridente da criança. Novo mergulho na profundidade e na escuridão. Agora percebia que o leito do mar era feito de lama escura, manchava suas vestes e as vozes se tornaram cruéis.

– Assassina! Infanticida! – gritou uma mulher cheia de manchas que cobriam seu rosto e caíam pelo corpo, como se ela se vestisse de musgos ou algas derretidos. Sua voz era estridente e perfurante, cortava o ventre de Andrea em mil pedaços e os juntava para vê-los, em seguida, despedaçados.

– Inconsequente! Traidora! Leviana! – cuspiu-lhe ao rosto um homem cujos olhos saltavam das órbitas! Continuou com os insultos dizendo que se não sabia qual era seu marido poderia trabalhar nos redutos de Paris. As palavras dele dissolviam a personalidade da *mademoiselle* comprometida em casamento e que nascera numa família nobre, tornando-a uma mulher vulgar, sem família e sem posses que garantissem sua vida.

Profunda solidão assomou o peito de Andrea que estertorava querendo ar. *Então, agora experimentava torturas e tribunais piores que aqueles os quais seu pai organizara para decidir sobre seu casamento? Quem seriam aqueles seres que a cercavam e que cobravam dela uma postura santa? Seria agora sem família, uma qualquer, sem o prestígio de sua nobre estirpe?* Ninguém respondia nada com coerência, somente riam em deboche. Parecia um pesadelo sem fim, daqueles que assolam no meio da noite e deixam o corpo banhado em suor pelo esforço de deslindar das teias e imagens deprimentes.

Em desespero acorria aos que passavam num desfile de horrores. Perguntava por seus parentes e onde estava, enquanto as risadas irônicas respondiam:

– Fomos piratas e salteadores que estivemos em navios por motivos de embates sangrentos, mas não vimos donzelas comprometidas pela gravidez, porque elas estavam nos conventos abrigadas da vergonha. Aqui o que vemos? Uma suicida!

A palavra ficou ecoando pelos estrondos do mar que roncava inclemente suspirando as sílabas num ritmo torturante. A cada novo arremesso das ondas contra as pedras, Andrea sentia a cobrança de seus algozes que a incluíam entre os réprobos da Lei de Deus, aqueles que deverão retornar à Terra em condições muito difíceis.

O fundo do mar era o cenário de sua loucura e as criaturas andrajosas, os cobradores e as vozes de sua consciência. Muito tempo escorreria onde a contagem dos dias e das noites era igualmente improfícuo e a paz esperada estava muito distante dali.

* * *

O dia nublado e chuvoso sombreava o céu com cores miméticas nos tons pálidos e frios entre cinza e branco, que o leitor perceberia como o estado de alma das personagens de nosso drama. Um fato marcante para a península da Bretanha, na costa atlântica da França, tinha acabado de acontecer, tratava-se do suicídio de mademoiselle Andrea.

A família de Guzman impactada com os acontecimentos fechara-se em seu luto e outros corações mais sensíveis que viviam pelas redondezas também sentiram a mudança repentina no estado de ânimo: da felicidade de celebrar um casamento à dor da perda e da morte. A urgência do assunto demandou providências como a busca pelo corpo, as explicações sobre o ocorrido e isso somente agravava as dores que se misturavam nos corações dos familiares. Lembranças e ressentimentos, mágoas e frustrações em relação às expectativas que criaram. O caso gerou diversos comentários, enquanto os parentes se decidiam sobre o que revelar.

Os pais de Andrea se sentiam humilhados em seu maior bem: a honra de sua família. Sofriam o golpe em seu brio de honradez. Junto aos primos, que tinham vindo para o casamento da donzela com o conde de Saint-Patrice, instaurou-se verdadeira repulsa e houve aqueles que, esquecidos de retribuir com consideração à tradicional hospitalidade do conde Joseph Hugo, fugiram imediatamente após o acontecido, com medo de que os respingos da rebeldia e do opróbio lhes manchassem também a reputação.

Dissiparam-se do local, sem esperar os funerais, três núcleos dos de Guzman, todos primos da grande família reunida no castelo de Saint-Omer, que se perpetuava por gerações de nobres. Entre os que se retiraram estavam o conde e a condessa de

Guttmann de Holeben; da Baviera, outro núcleo de Flandres e parentes da própria França.

O visconde Victor François de Guzman d'Albret, irmão da morta, que era pessoa diligente, chamou a si a responsabilidade de localizar o corpo e providenciou uma busca pelo penhasco e pelo mar eximindo seus pais de mais essa exposição pública. Marcus de Villiers, que se casaria com Andrea, também colocou homens de confiança para a busca, sem sucesso. O assunto se propagava pelas imediações tendo chegado a Vannes rapidamente, pela boca dos mercadores e cocheiros, impossível de conter.

É comum entre os homens que acontecimentos hediondos sejam noticiados e repetidos por semanas ou meses com grande facilidade sem escrúpulos e com pouca caridade pelo defunto. Os quadros do ocorrido são recriados nas mentes das pessoas e geram nos painéis de ideação coletiva um conflito que cristaliza o sentimento de horror, ódio ou indignação. Os ecos do passado vão tecendo suas teias e as pessoas vão vivenciando uma espécie de lenda viva que vai assumindo nuances de seus próprios medos e carências. Não foi diferente no caso de Andrea de Guzman...

A gargalhada funesta era ouvida e se repercutia entre os rochedos quando o mar acalmava seu rugido inclemente. Os pescadores mais atrevidos ficavam assustados, mas movidos pelo peso do ouro, aventuraram seus barcos em busca do corpo de Andrea. Três embarcações haviam sucumbido e a tripulação salvou-se por destreza dos nadadores e costume com a encosta. Cresceu, então, a lenda de que uma alma penada permanecia por ali.

Além do acidente, corria a notícia de boca em boca pelas vilas de comércio que circundavam os castelos vizinhos, que havia um fantasma que perseguia mademoiselle de Guzman e que esse espírito, em inspiração maligna a assediava para que cometesse desatinos. Agora que estava morta e seu corpo fora tragado pelas águas, a assombração vagava ainda pelas imediações e por toda a península da Bretanha, em busca de outros a assustar. Fácil para a imaginação acirrada ouvir nos ecos das ondas tal riso sinistro. O que não fazia parte dessa fabulação, era o sentimento de tristeza que impregnava os arredores de Saint-Omer. Pouco tempo depois do acidente, os parques tinham perdido o viço e as pessoas que ali habitavam sofriam sem cultivarem em seus corações a esperança e a fé. O visconde Victor de Guzman, com sua fortaleza moral, tentava consolar a todos.

Não se pode dizer que as pessoas tenham inventado completamente essas histórias, porque a criada particular de Andrea, a insegura Matilde, tinha revelado que vira com os próprios olhos sua patroa falar por uma estranha voz cobrando vingança por ações de um passado distante, enquanto sua senhora sofria indisposições temperamentais que lhe roubavam as forças. Dizia Matilde em suas revelações a todos que perguntavam pela morta:

– Sobre mademoiselle Andrea, o senhor visconde de Guzman dizia que ela era uma verdadeira princesa, suave criança com o coração puro. Quando o conde de Saint-Patrice a viu cantando, sentada ao piano, exclamou que encontrara um anjo, por seus olhos de profundo azul e por sua pele "acetinada de camélia imaculada". Lembro-me muito bem de que ela comentava comigo essas palavras, que nem sei o que significam. Dizia-me mademoiselle, que ele notara seus cabelos de louro fulvo, levemente arruivados e que se havia admirado de seu rosto delicado com traços divinos. Eu, que cuidava dela de perto, sabia que a senhorita Andrea era triste, enfermiça, agitada e nervosa. Presenciei o mal que sentia por dias após os ataques daquela força maligna que a perseguia e que ainda parece gritar no penhasco até hoje.

Apesar das tagarelices de Matilde, permanecia discreta a ilustre família de Guzman, de luto fechado por sua lamentável perda. Os varões tiveram de exibir uma explicação por escrito por conta do casamento de mademoiselle e do conde de Villiers que se realizaria na data do acidente. Os nobres pediram desculpas pelo ocorrido, em nota sucinta, sem informar que se tratava de suicídio, referiam-se apenas ao "terrível incidente".

No desespero da busca, dias depois, houve uma vazante, os restos mortais foram localizados engastalhados entre as pedras e alguns dias mais foram necessários para o resgate. As exéquias foram marcadas no próprio castelo, no mausoléu dos de Guzman d'Albret. A família sóbria e discreta não queria reunir no momento solene muitas pessoas. Alguns primos mais próximos que ainda se achavam presentes em respeito ao luto e prestando solidariedade aos pais da jovem, ao visconde Victor François e aos primos-irmãos, que viveram com eles na infância, os órfãos Arthur e Alexis. Raros vizinhos foram notificados e convidados a comparecer ao funeral, alguns representantes dos castelos pelas imediações.

Saint-Omer, antes considerado pela honradez e pelo cuidado daqueles que ali habitavam por gerações, tinha perdido o encanto e poder-se-ia dizer que refletia a dor que espalhava dando um ar soturno aos parques. As latadas de rosas se faziam murchas e despetaladas, os imensos carvalhos pendiam chorosos como se toda a natureza do lugar estivesse também marcada pelas impressões da morte de sua *pucelle*. Os castanheiros perderam o viço e as acácias murchavam com as lágrimas dos parentes.

Com o rastro de desespero e abatimento que se espraiava pela ambiência, vieram outros desconfortos ao espaço onde estava presa energeticamente a suicida. O nobre Victor, que era doutor em medicina e espiritualidade, tendo recebido o título a partir de seus estudos no Egito, sabia disso e lançou a ideia a seus pais e aos primos d´Evreux convidando-os a se mudarem de volta à Espanha, onde tinham vivido desde 1788, durante o tempo acirrado da revolta conhecida como tomada da Bastilha pelo povo. Recentemente, tinham regressado esperançosos, desde que Napoleão tinha sido coroado.

Victor sabia que não poderiam permanecer ali. As impressões do castelo, impregnadas pelo ato desesperado de sua irmã, que vivia influenciada por um cobrador do passado, deixaram a ambiência insuportável aos mais sensíveis. Depois que realizassem as exéquias, talvez na semana seguinte, empreenderiam nova viagem, seguindo em direção ao palácio, em Madri, que também pertencera aos seus avós. Ele próprio tinha conversado com o fantasma[3] e sabia seu nome, era o espírito Arnold de Numiers que cobrava atitudes de mademoiselle de Guzman, por conflitos de outra encarnação.

O diálogo voltou-lhe à mente, recordando uma crise familiar, quando ele pediu ao obsessor uma trégua no assédio a sua irmã e tentou influenciá-la positivamente tornando-a temente a Deus. Arnold via nela sua antiga nora Berthe de Sourmeville que levara seu filho Henri de Numiers ao suicídio. Victor conseguira um tempo que foi respeitado, mas depois, Andrea se envolveu com Marcus de Villiers e Arnold retornou com mais força e ascendência sobre ela. Agora era tarde, ela estava morta e era preciso muita oração por todos os envolvidos, inclusive pelo espírito em vingança.

Deixando de lado as questões do passado para pensar nas ações porvindouras, como homem resoluto que era, reparou em seus familiares sisudos e reunidos para as refeições. Ao constatar a inquietação dos habitantes de Saint-Omer nos próprios rostos de seus parentes, resolveu aproximar-se de alguns para conversar discretamente, lançando como podia algumas mensagens de esperança sempre presente no coração daquele que, como ele, crê na vida futura. Os sermões do Evangelho do Cristo estavam, por enquanto, suspensos como todas as outras atividades coletivas, por ordens de seu pai.

No final do jantar, que era servido sem as peças de arte que sempre eram executadas àquela hora, percebeu que seus pais se

3 Diálogo que consta da obra *O drama da Bretanha* de Yvonne do Amaral Pereira.

retiraram cabisbaixos e não foi possível auxiliá-los. Permaneceu junto aos outros parentes e observou seu primo Christoph de Guzman d´Aubry, um dos poucos que tinha ficado para esperar o triste desfecho do drama vivenciado. Encaminharam-se para a sala de chá, onde reunião discreta se formou esperando novidades sobre o encaminhamento no caso em voga. As conversas sobre as tentativas de resgate do corpo de Andrea eram as mais comuns, mas Victor esquivou-se desses pequenos grupos de interlocutores. Ele percebeu que seu primo de Lorena demonstrava o olhar de amizade, e mantivera-se distante das acusações frequentes, oferecendo palavras carinhosas à memória de Andrea.

– Sinto que nossa prima deixou-se levar pelo ímpeto juvenil, na delicadeza de seu âmago demonstrava a indecisão característica das mulheres sensíveis. Eu me lembrarei dela para as orações de hoje à noite e incluirei seu nome pelos próximos meses – o jovem conde iniciou a abordar Victor, com cordialidade.

– Ao contrário, caro primo, minha irmã trazia em si a determinação resoluta, mas era incompreendida. Tem razão quando diz que a percepção dela se fazia demasiado sensível, contudo, as razões de seu comportamento fugiam aos critérios que a ciência de nossa época pode tratar, amigo Christoph – disse Victor, enquanto mostrava uma poltrona em lugar mais discreto, ficava próxima à lareira para que conversassem mais confortavelmente.

– Vejo que meu primo Victor chegou a tratar sua própria irmã, não é verdade? Não logrou êxito, então? Eu lamento muito! Queria poder ter feito algo para salvá-la. Se eu pudesse ter suspeitado de sua ideia funesta poderia ter interceptado seu caminho – embora tivesse boas intenções, perdeu-se em conjecturas improfícuas sobre o que poderia ter feito, embaraçado, calou-se.

– Por certo período minha estratégia deu certo e consegui que se sentisse mais disposta e livre para se interessar pela vida, mas tive de me ausentar por um tempo, fui a Paris para resolver uma questão. Retornei a tempo para sugerir que meu pai tomasse uma atitude junto ao conselho familiar. No entanto, não havia mais o que fazer, a não ser consumar seu casamento com nosso vizinho.

Os dois varões de Guzman passaram a trocar votos de esperança e fé no desfecho da trágica história, à maneira polida que a educação severa requeria, quando foram interrompidos pela irmã do conde d´Aubry, uma criança que necessitava orientação e atenção. Talvez tivesse doze anos e era a expressão da ternura. Os cachos louros bem claros caíam-lhe pelos ombros, amarrados de forma harmônica por uma fita e presos acima das orelhas. O vestido infantil diminuía-lhe o corpo como se emoldurasse uma linda boneca de porcelana. O olhar da menina era de pura admiração por aquele que a salvara da orfandade.

– Com sua licença, senhor visconde de Guzman d'Albret, venho em busca do conde Christoph, meu irmão – Victor fez um gesto com a cabeça para que a menina se aproximasse e, em seguida, uma preceptora entrou no recinto, aturdida, tentando justificar a impetuosidade da criança. O conde já tinha a atenção na irmã, mandou que prosseguisse e ela continuou a falar: – Não quis interromper nem atrapalhar, porém preciso de sua ajuda. Minha ama requer que eu me recolha, mas gostaria de conversar mais com as minhas primas e esta é uma oportunidade rara. Posso ficar mais um pouco?

O anfitrião notou certa familiaridade no olhar e na postura graciosa da irmã de Christoph e percebeu a desenvoltura incomum com que a garota se reportava a seu tutor. Não conseguiu se lembrar onde vira traços tão delicados. Aquela expressão de olhar em súplica não lhe era estranha. Ele ficara sabendo da história da pequena Verena Mia, mas, por educação, se mantivera discreto. Outros parentes acusavam o jovem conde d´Aubry por ter acolhido sua irmã bastarda.

Enquanto aguardava resposta, a menina se dirigiu a Victor e deixou seus sentimentos pela morte de sua prima Andrea. Assim que o irmão aquiesceu de seu desejo, ela fez uma mesura e a ama a conduziu para fora dali, seguindo para a lareira da grande sala de estar contígua, onde poderia permanecer por mais meia hora. Algo incomum, pois que era costume que as crianças se recolhessem após o jantar. Verena era inteligente e delicada, estava na idade de transição, não mais podia ser considerada uma criança, era quase uma debutante e seu irmão via no casamento uma solução para encaminhá-la bem.

Querendo ajudar a dissipar a má impressão da família junto à mocinha, Victor perguntou com consciência de suas palavras:

– Verena conquistou o seu coração, pareceu-me enternecido, meu primo. Ela é mesmo um encanto, meiga e discreta. Não será difícil conseguir para ela um casamento entre nossos primos. Serão fáceis as negociações. Aquele olhar singelo me pareceu conhecido, só não me lembro de onde.

– Sim, tenho piedade de sua condição de órfã e compreendo as razões de meu pai, contudo nossa família não aceitou o meu gesto. Entre os primos não conseguirei pretendentes, todos me censuram – foi o que disse Christoph desolado.

– Primo d´Aubry, perdoe-me se estou sendo intrometido, porém, quero apenas ajudar de alguma forma. Sua irmã habitava o convento até a morte do primo Manfred, mas fiquei pensando, se não me faço indiscreto, quanto à mãe da criança, ela ficou ao desamparo com a morte de seu pai?

– A mãe de Verena Mia faleceu quando deu à luz, meu pai queria desposá-la antes disso, mas não foi possível – revelou o jovem um tanto desconfortável por abordar delicado assunto. Ele voltou o rosto para o fogo que crepitava movimentando as labaredas vermelhas e azuis, visivelmente constrangido.

– Estamos em família e deixo-o à vontade se não quiser me responder, mas preciso insistir. Então, ela não era nobre? Não obtiveram autorização real para se casarem?

O visconde de Gusman estava retomando o assunto porque tinha uma intuição sobre a mãe de Verena e queria somente ajudar. Seu olhar percorreu a moldura da lareira perdendo-se nos detalhes dos arabescos dourados e na simetria das formas que sempre lhe chamaram a atenção. Sua visão nunca distinguia apenas a riqueza e o luxo de sua casa, percebia também as movimentações do invisível, onde figuras deslizavam revelando segredos.

– Pelo que pude averiguar, ela alegava que sim, mas não conseguiu comprovar isso porque seus documentos e haveres se perderam e seus familiares foram mortos por ocasião das revoltas do povo contra os nobres. Seu nome verdadeiro somente a meu pai ela o revelou.

O irmão de Andrea sentiu um choque em seu corpo suspeitando de quem se tratava a mãe de Verena, mas Christoph não pôde ajudar mais. Cismando sobre o passado, refletiu sobre os acontecimentos que o levaram a se retirar da França e relembrou detalhes importantes. Concluindo seu raciocínio, o visconde exclamou:

– Só pode ser! Não existem acasos nem coincidências! Sei quem era ela!

Capítulo 2

PROMESSAS DESFEITAS

Sabei, porém, que eu não vos procuraria em vossa casa jamais, se não acabasse de ser constatado que minha filha vai ser mãe e que sois vós o responsável por essa desdita que desonra a família. Rogo-vos, pois que me deis sem demora as mais cabais explicações, ou será preciso que um de nós dois pereça no campo de honra?

(palavras do Conde de Guzman d'Albret a Marcus de Villiers – *O drama da Bretanha*, **cap. XI)**

No século XVI, Marcus de Villiers vivera em Paris, mas era um simples cavaleiro a serviço de Henrique I de Guise, príncipe de Lorena, e chamava-se Reginaldo de Troulles; no século XVII, vivera em Bugres; em existência seguinte, era fidalgo e chamara-se Ferdinand de Görs, antigo desafeto de Alexis e da própria Andrea, por quem fora também apaixonado.

(*O drama da Bretanha*, **cap. VI)**

Numa das salas suntuosamente ornadas com cortinados pesados e quadros de inestimável valor do castelo de Saint-Patrice, o jovem conde Marcus de Villiers Stainesbourg chorava amargamente. Sentado em sua poltrona Luís XIV, em damasco, azul e ouro, ele se lembrava, inconformado, do destino precipitado de sua amada Andrea de Guzman que se atirara do penhasco pontiagudo havia alguns dias. Para consolar seu coração partido, ele retinha na memória as cenas de quando a tivera nos braços em várias ocasiões nas madrugadas daqueles últimos meses e trocaram beijos e carícias sob a latada de rosas do extenso parque do castelo Saint-Omer, propriedade vizinha de suas terras, ali nas Costas da Bretanha.

O conde engoliu em seco e se levantou para caminhar pelo quarto. Afastou o cortinado para que a visão da balaustrada repleta de rosas o lembrasse os momentos de ventura, onde imaginou que a jovem estaria ali consigo, depois de casada, no aconchego dos seus aposentos, ocupando a posição de condessa de Saint-Patrice. Cortando a sequência de cenas do passado misturadas as suas fantasias de amor que tanto o consolavam naquela hora, ele se lembrou das palavras do visconde de Guzman d'Albret, o nobre Victor, irmão de sua noiva, que o prevenira sobre o caráter esquivo de Andrea e de seu compromisso firmado na própria família anteriormente.

Mademoiselle de Guzman era prometida em casamento a seu próprio primo Alexis de Guzman d´Evreux, mas aceitava a admiração e atenção dele, Marcus, o vizinho tão diferente em costumes expansivos e de pele amorenada pelo sol das Américas, de onde voltara recentemente. Primeiro trocaram olhares, quando ele passava a cavalo com a comitiva de amigos de caça pela estrada real, depois trocaram gracejos, quando o conde de Villiers foi visitar seus vizinhos, promovendo interessante noite de música e canto. Paulatinamente, ele foi insinuando seu interesse e seu amor junto à belíssima donzela de dezesseis primaveras que, entediada com sua vida castelã, cedia-lhe aos elogios. De forma insistente ele a cercava de prendas, bilhetes e promessas de amor, enaltecendo seu orgulho.

Parecia vê-la diante de si, com o rosto oculto por um véu, deixando que o mistério provocasse a curiosidade sobre sua pessoa. Depois, no castelo Saint-Omer, exibindo-se ao piano, com as mãos ágeis e brancas e a voz canora de uma sereia que encanta e atrai. Pensando no passado era fácil agora perceber o jogo amoroso com que a donzela se insinuava, revelando a pureza em suas posturas e palavras para mais atrair o olhar masculino e a atenção para si. Detentora de grande harmonia de suas formas e delicadeza nos detalhes em seu corpo, deixava entrever a ventura de amá-la completamente. Andrea era uma mulher intrigante, que dizia sim com os olhos e não com os lábios. Irresistível.

A vida dele até o regresso à península da Bretanha tinha sido cheia de aventuras amorosas tanto pela Europa, bem como, depois, pelas Américas, mas nunca conhecera alguém como sua noiva. Sua viagem, financiada pelo incentivo da família, o fizera conhecer os negócios agrícolas. Arremessou-se o jovem, ávido por prosperar, às experiências com as terras férteis da Louisiana, adquiridas ainda em França, antes de sua partida, aceitando conselho de seu velho pai. Partiu, então, o filho, fugindo do tempo das Guerras Revolucionárias Francesas para furtar-se à aridez dos embates tumultuosos, como fizeram outros jovens nobres, contrários a Napoleão. Nesses anos, tinha prosperado vertiginosamente, rendendo-lhe larga reserva em tesouro da época, somados aos haveres e títulos de família. Seus pais tinham também viajado à Espanha, para escapar às perseguições e sua mãe faleceu por lá e seu pai ao retornar sentiu o trajeto assaz inclemente agravando o estado de saúde. Marcus somente regressara, ao saber que seu pai sucumbira à febre reumática que, havia muitos anos, já sofria, vindo, então, agora a tomar os títulos paternos e gerir a fortuna herdada.

Agora que estava morta sua noiva, ele voltava à jornada solitária e desconfortável, sem genitores, não possuía irmãos nem outros parentes. Pensava em dar sequência à família e precisava de herdeiros. Enquanto se entendia com Andrea, pensava nos meninos e meninas que nasceriam com os mesmos olhos azuis intensos de sua amada, correndo pelos parques com rostos rosados e felizes. O súbito sorriso em seus lábios se desvaneceu quando ele se lembrou de que Andrea trazia uma criança em seu ventre, seu pobre filho que também tinha sucumbido ao penhasco.

Ele piscou com força os olhos marejados para que sumisse a imagem de Andrea com seu filho nos braços. Cena que imaginava para o futuro próximo, alguns meses adiante. Definitivamente, ele a teria para si como sua condessa para amá-la e respeitá-la pelo resto de sua vida.

Cortando a sequência de pensamentos e lembranças mal alinhavadas pelo peito oprimido do conde, o criado Marshal entrou, trazendo o desjejum conforme solicitado, pontualmente, às nove horas e junto trouxe a bandeja, onde depositara os jornais, adquiridos mais cedo pela manhã de um mercador que viajava às propriedades distantes levando e trazendo haveres. As datas eram defasadas, mas as notícias caminhavam sempre assim, um pouco fora do tempo, naquelas épocas do início do século dezenove.

Marcus disfarçou seu estado de alma como pôde, mas os criados tinham percebido sua mudança de postura, antes entusiasmado e falante a respeito dos planos futuros e das núpcias, agora revelava uma expressão taciturna e fechada. Ninguém tinha coragem de tocar em assunto tão delicado – seu noivado desfeito em razão da morte da noiva. Saindo um pouco de sua mudez depressiva e pensando em opor-se a seu estado de espírito, perguntou:

– Marshal, soube que um dos meus criados está se encontrando com Matilde, a criada do castelo Saint-Omer. Isso é verdade?

O jovem serviçal não esperava pela abordagem do conde e engoliu em seco, pensando na reprimenda. Ele mesmo tinha se responsabilizado por entregar as cartas de seu amo para mademoiselle Andrea, havia alguns meses e percebia a simpatia da criada do castelo dos condes de Guzman.

– Sim, meu senhor, eu mesmo me encarreguei de entregar as correspondências daqui para lá que eram frequentes e me encontrava com Matilde. Ficamos amigos e fomos sigilosos e fiéis, unidos em respeito aos nossos senhores. Confesso que me simpatizei por ela. Agora, ela me informou que chora a perda de sua senhora e que a família se lembra de Andrea ao vê-la. Ela teme muito e não quer viajar com eles. Está procurando outro lugar para viver.

Ele parecia desolado e parou por alguns momentos entre servir e falar.

O conde silenciou, pensando numa maneira de compensar a fidelidade daqueles servidores. Ele estava muito sensibilizado por aqueles dias e queria fazer algo pelos que o apoiaram. Pensava como seus sogros, por si mesmo pretendia partir e não queria levar nada que pudesse lembrar de sua vida ali. Pensaria, mais tarde, numa forma de ajudar. Silenciou enquanto Marshal continuava a servir e a falar de Matilde, depois pediu permissão e se retirou. O conde viu as correspondências e informativos e se aproximou da mesa onde estavam.

Ao abrir os jornais, deparou-se com mais desgostos. Acabava de saber que precisava regressar à colônia, pois que o território da Luisiana e vizinhanças seria vendido aos americanos. A situação exigia urgência na tomada de decisões, e, por isso, deveria retornar à sua fazenda o quanto antes, deixando outra vez a amada península. Por piores que fossem as notícias sobre os negócios não abalaram tanto o conde de Saint-Patrice como sua dor de decepção e perda da pessoa querida de seu coração. Ele fechou os jornais resmungando para si mesmo o que precisava fazer e partiu para a chávena fumegante que o esperava, porém sem apetite. Havia sobre a bandeja, além da xícara, frutas, bolo, pães, queijo, ovos mexidos e sucos, porém, não comeu nada daquilo. Faltava-lhe a disposição de outrora quando exigia artigos variados em seu café da manhã.

O chá quente trouxe de volta, em contraste, as madrugadas frias que permanecia acordado aguardando por Andrea sob os roseirais. No dia anterior, tinha saído um comunicado informando que sua amada, a jovem de Guzman, tinha caído do penhasco, na encosta do Atlântico. Não havia maiores explicações sobre o acidente, nem sobre o corpo da querida morta. Informava que os varões da família dela organizaram uma busca pelo mar e pelas rochas que cercavam a ponta marítima do castelo e não encontraram o corpo. Ele também tinha enviado homens de confiança e empreendido ações para procurá-la, contribuindo com qualquer recurso que pudesse subtrair um pouco da culpa que sentira por pressionar a donzela a ponto de forçá-la ao casamento. Pressionara demais, agora reconhecia, com remorsos.

Marcus culpava-se por ter criado aquele ardil que seduzira mademoiselle Andrea sob as latadas de rosas, nas madrugadas frias do parque de Saint-Omer. O casal se encontrava, no silêncio da noite, revelando o impulso do pretérito remoto, de outras vidas, que os atraía um ao outro. De Villiers sabia ser o único recurso para convencer a todos de seu amor por ela e, finalmente, conseguir desposá-la. A dama amada atendia a seus chamados para ir ao parque, enquanto tentava esclarecer sua condição de noiva de outro e esquivar-se dos próprios impulsos viscerais. A recusa dela mais acirrava a vontade de buscá-la a qualquer preço. Mademoiselle de Guzman foi pressionada, envolvida e seduzida por ele e tinha cedido, perdidamente, às suas investidas amorosas e insistentes. Pressionada pela família, foi forçada a revelar que trazia no ventre o fruto de seu amor. Marcus foi chamado à responsabilidade e ele assumiu seus atos com satisfação, porque este era seu verdadeiro intento. Casar-se-ia com sua amada, e assim, estavam desatadas as complicadas promessas de família. Com efeito, concluíra seu plano de sedução premeditado a fim de conquistar o dever de desposá-la para salvar-lhe a honra. A família de Guzman deliberou em conselho que Andrea deveria casar-se com o pai de seu filho.

Naquela ocasião, meses atrás, o conde Joseph Hugo usou de sua autoridade paterna para expor Andrea em sua falta diante de toda a família num conselho para dissolução de seu noivado com Alexis, seu primo, antes firmado da mesma maneira num tratado familiar. O conde Alexis de Guzman d´Evreux estava presente à reunião e perdoou sua prima. Quando interrogado sobre a difícil questão, revelou que se casaria com ela, aceitando-a mesmo com o filho de outro, enquanto os varões mais velhos, principalmente o pai da moça, deliberaram ao contrário. Andrea não teve voz no conselho e aceitou indignada a sentença de casamento com seu vizinho: Marcus de Villiers.

Com a morte de Andrea, a ventura de ser seu marido, de vê-la condessa de Villiers ou levá-la às Américas, enfim, de expandir seu amor por ela constituindo uma família, acabava de ruir por completo, sem chances de retorno. Ela era tão jovem, tão linda! O castelo de Saint-Patrice que seria dela, tinha sido decorado com tudo o que era necessário a uma senhora, e agora, se tornava triste e solitário. Pensava Marcus: – *Quem poderia ocupar agora aquele imenso vazio em sua vida?* Restava o remorso de ter pressionado ao extremo a delicada jovem até que ela fugiu do compromisso para o penhasco tortuoso.

Revisitou o passado buscando outro rosto feminino que valesse sua busca por uma esposa, mas desistiu de forçar a mente. Tinha conhecido muitas mulheres e nenhuma preencheu seu coração como Andrea. Ele duvidava se poderia voltar a amar de novo, se algum dia poderia ainda se apaixonar. Porém, precisava de qualquer forma, constituir uma família e partir. Precisava pensar no futuro e na viagem de volta às Américas.

O conde entrou em profunda reflexão, contendo a amargura do rosto e as lágrimas que insistiam em cair por suas pálpebras já inchadas e desacostumadas a tamanha enchente. Para realizar uma atividade que o ocupasse, passou a vistoriar o imenso castelo que fora de seus pais, como se avaliasse seu valor. Poderia partir e não mais voltaria ali por suas amargas recordações.

* * *

O pensamento de Victor tinha ficado marcado por suas próprias lembranças, após a conversa com seu primo Christoph, por isso ele se retirou para seus aposentos particulares e se sentou a meditar sobre o passado. Voltou em suas lembranças ao ano de 1788. Forçou a memória para voltar em pensamento aos meses que antecederam a revolta do povo, nos dias que tinha viajado a Paris, a pedido de seu pai para ultimar os preparativos da viagem de fuga que empreenderiam à Espanha. Precisava visitar o banqueiro e o intendente, preparar papéis junto ao tabelião, deixar o novo endereço para o envio dos recursos, contudo além dessas tarefas burocráticas, ele cumpria outra função entre as forças sigilosas que articulavam o movimento das revoltas do povo.

Assim que chegou a Paris, fez correios especiais a seus contatos e aguardou no palácio de Guzman pelos colegas que o atualizariam sobre as últimas deliberações. Com seus ideais de igualdade, inflamados pelas injustiças presenciadas nos últimos anos, Victor François apoiava a causa dos desfavorecidos, daqueles que buscavam melhores condições. Ele financiava um folhetim que circulava pelas mãos dos leitores, explicando sobre direitos humanos e propondo reflexões sobre a fome e sobre as causas das difíceis condições de vida de quase noventa por cento da população. O grupo de seus leitores era intitulado os "*sans-culottes*". Tinha escrito, nos dias que precederam sua saída de Saint-Omer, um texto que intitulou - *O cárcere* - ressaltava o símbolo do absolutismo como estandarte dos abusos do poder. Querendo fazer com que circulasse, fomentou a publicação e aguardou as repercussões. Assinado por um pseudônimo conhecido por seus companheiros de ideal, logo se viu alvo de atenções. Enquanto aguardava o levantamento dos fundos para a viagem que seu pai queria empreender, pôde esperar que suas ideias fossem lidas e relidas, discutidas e, principalmente, que causassem a cogitação esperada naqueles que o compreendiam. No dia imediato à publicação, foi chamado a uma conversa com o grupo de liderança popular, onde se destacava a figura de Joseph Balsamo, um dos idealizadores e agitadores do movimento.

Victor voltou em pensamento à cena do encontro. A sala lúgubre na sede onde o jornal era impresso, reunidos em pequeno número, porém com ânimos enaltecidos. Ao entrar, ele foi cumprimentado com louvor e comprometera-se a continuar a enviar os recursos e a escrever. As sigilosas propostas sobre as ações futuras se descortinavam aventando possibilidades. O lema que insuflava seus corações foi recitado em coro, quando conclamaram a igualdade, a liberdade e a fraternidade. Victor não imaginava as repercussões que teriam suas palavras e as ações de seus companheiros.

Era uma lembrança comovente daqueles homens que tinham o mesmo ideal, porém, posteriormente percebeu que o movimento não lograria o êxito esperado. A sociedade justa e igualitária, livre e fraterna estava longe de acontecer. Alternavam-se os líderes e os problemas continuavam os mesmos.

Após esse acontecimento vira seu nome divulgado e, talvez por conta do texto que escrevera, tivera a oportunidade de conhecer melhor mademoiselle Marjorie Mallet de Montblanc. Seus pensamentos se voltaram para suas próprias conquistas: desse encontro surgiram frutos que influenciaram sua vida futura. Foi convidado a fazer parte de um grupo seleto de estudantes da doutrina secreta e decidira-se por não ficar na Espanha com seus pais e sim de ir buscar conhecimentos espiritualistas no Oriente. Ele conseguira apoio para seus ideais a partir do incentivo de seu tio Manfred de Guzman d´Aubry, que o aconselhara a viajar, certa ocasião em que esteve em Saint-Omer.

Capítulo 3

AS JOVENS REUNIDAS

Orou (...) em súplicas ao socorro divino, apôs, sobre a cabeça de Andrea, as mãos espalmadas, como transmitindo-lhe forças psíquicas especiais para a verificação do transe necessário e, de chofre, sentando-se diante dela, interrogou (...) dirigindo-se ao obsessor: – Quem és, e por que procedes tão desumanamente com minha irmã? (...) – Bem... sou velho conhecido teu. Sempre te admirei e te respeitei, pois és bom e virtuoso... Mas, a tua irmã eu odeio e farei a ela todo mal que puder...

(Diálogo entre Victor e Arnold, *O drama da Bretanha*, **cap. II)**

Enquanto alguns choravam a trágica morte de uma jovem de dezesseis anos, na península da Bretanha, outros nobres da vasta localidade celebravam a juventude e se preenchiam de perspectivas futuras. Havia os que preferiram se afastar da vida em Paris, à espera de tempos mais pacíficos e estagiavam pelas zonas rurais e outros castelões que sempre viveram nas imediações de Vannes.

Comum se fazia, que os pais intercedessem em favor das escolhas mais acertadas para o casamento de seus filhos, em nome do tesouro que possuíam, em nome da honra, das tradições de família ou de quaisquer outros interesses que caracterizam o mundo em seu funcionamento materialista. Não raro, as almas mais sensíveis ou receosas se viam acuadas em armadilhas que os próprios progenitores preparavam: os casamentos por conveniências.

É tempo de conhecermos mais de perto essa vizinhança de Saint-Omer, que se estendia pela enseada rochosa cheia de lagoas de águas azuis e pelos imensos parques, onde jovens em idade de se casar se reuniam conforme os costumes do comportamento social de sua época. Havia no castelo Allorge, nas cercanias da península Bretã, além dos condes, as jovens: Esmeraud Marie e Étoile – as delicadas flores de Durant e Allorge, como diriam os pais delas em suas mais poéticas referências.

Esmeraud era bela, de tez pálida e olhos amendoados com cílios longos e displicentes. Seus olhos cintilavam por sua cor tão esverdeada que seu pai, ao olhar para eles, logo se decidiu pelo nome que constava de uma de suas ancestrais. Por trás de seu rostinho de anjo, escondia-se um temperamento forte e carente que não media esforços para manipular por sua vontade ou capricho. Tocava muito bem o piano e cantava, tendo aprendido etiqueta com os melhores professores contratados por seus pais para orientá-las. Era uma jovem triste, porém. Tivera uma infância doentia, cheia de achaques e febres convenientes quando o programa proposto por seus pais não estava adequado às suas exigências. Diferente de Andrea de Guzman, suas dores não eram por rebeldia ou revolta, mas sim para conquistar a atenção dos pais e, consequentemente, o cumprimento de seus desejos. Esmeraud manipulava a todos disfarçadamente, e talvez, nem tivesse consciência do que fazia. Chegava ao extremo de não poder ser contrariada, pois adoecia e tinha males na pele, no estômago, nas mãos – incuráveis e recorrentes, que a medicina da época não conseguia deter.

Os laços de afeto e preferência eram mantidos entre ela e o pai de quem sentia muitos ciúmes quando o via cheio de carinho por sua irmã Étoile. Esmeraud crescera magra demais e irritadiça, por refletir no corpo os desejos insatisfeitos de menina mimada que era. Quando tinha febres, toda a família corria a acudi-la cercando-a de criadas e de atenção. Sua comida preferida era o prato da casa, seus passeios pelo sol e pelos parques eram acompanhados por uma verdadeira comitiva de pessoas que resguardavam sua convalescência. Assim, passaram-se dezenove anos e quando ela se viu com idade para o casamento, começou sua verdadeira doutrinação junto ao pai pelo que queria: não queria sair da Bretanha, queria um noivo que fosse proprietário pela região ou que se dignasse a vir residir no castelo Allorge. Uma exigência difícil naqueles tempos atribulados em que os cavalheiros de sua idade serviam ao imperador ou viajavam para não servir. Ela não se importava que encontrassem pretendentes sem título de nobreza, porém esse era um requisito que os rigores do senhor de Allorge se incumbiam de exigir. Não era permitido que nobres se casassem com homens comuns.

A segunda filha da casa Durant era alegre e sorridente. Não tinha o temperamento exigente da irmã e cumpria os programas de estudo propostos pelos mestres com exímia dedicação. Era inteligente e gostava de leituras, principalmente, sobre aventuras em outras partes do mundo. Seu rosto era arredondado e expressivo, de uma beleza diferente de sua irmã. Tinha olhos de azul profundo e cabelos com brilho louro avermelhado que a distinguia dentre as outras jovens. Ela mesma tentava esconder esse particular, prendendo os cabelos em toucados e chapéus, porque pensava que a tonalidade de loiro com brilhos ruivos não lhe ficava bem.

As duas eram amigas, quando precisavam ficar unidas, chegando à certa cumplicidade para assuntos amorosos. Iam juntas aos saraus, às vezes, em companhia de uma dama, quando sua mãe estava impossibilitada de comparecer. Comportavam-se com distinção. Nos últimos anos, porém, a rivalidade entre elas tinha crescido. Talvez porque se aproximava a data tão esperada em que teriam de fazer uma aliança com um jovem de seu meio social e as possibilidades eram bem poucas. Muitos rapazes tinham saído do país, outros morreram nas guerrilhas acirradas e revoltas francesas no início do século XIX. Esmeraud sempre exigindo do pai vantagens por já ter mais idade, por seus problemas de saúde e por revelar-se avessa a sair da Bretanha. Étoile calava-se com tantos argumentos, compreendendo as chantagens sem nada dizer e não via a hora de casar-se para sair daquele domínio disfarçado que era exercido por sua irmã sobre a família. Queria viajar para longe dali, queria conhecer novas pessoas e novas oportunidades de vida. Ter certa liberdade e conhecer causas dignas de amparo e assistência que dependessem de seu patrocínio. Ela queria promover o bem e estudava formas de o fazer discretamente.

As jovens da região ficaram sabendo que haveria um sarau na Maison de madame Blanchard e receberam convites. Quando souberam da possibilidade, pediram ao pai para deixar que elas fossem. Madame Blanchard era uma dama famosa por promover esses eventos em seus salões nas proximidades de Vannes. O convite era inspirador para quem vivia há alguns anos longe de qualquer movimento social. Poucos jovens em idade de se casarem puderam participar, pois muitos ainda não tinham regressado ao país. Compareceram três varões solteiros, um viúvo e quinze mulheres disponíveis, algumas que tinham viajado até ali somente para a oportunidade. Um dos cavalheiros era um filho da anfitriã e não tinha títulos de nobreza. Ela o beneficiava após a morte de seu marido, enquanto seus outros filhos estavam fora do país. O homem viúvo era idoso e nenhuma das moças tinha interesse nele. Os outros dois que compareceram eram nobres, um barão vindo de Rouen, na Normandia e era muito arrogante; o outro rapaz, o visconde Jean Claude de Y... e Saint-Pierre, era a melhor opção, pessoa que elas já conheciam das redondezas. Criou-se a rivalidade entre as irmãs em torno do mesmo pretendente que dera atenção às duas na mesma medida durante um tempo.

Vamos encontrá-las pelos parques nos domínios de seu castelo, onde se via uma esquecida ponta pedregosa em seus limites voltada para o mar, conversando animadamente sobre o evento daquela temporada. Os condes Allorge haviam promovido passeios e jogos por aqueles dias, mas as jovens preferiram a companhia das amigas de sua idade e o divertimento maior eram as próprias conversas sobre o futuro.

O grupo das adolescentes tinha cavalgado até as encostas rochosas. Antes, porém, foi solicitado que os criados montassem uma mesa com delicioso repasto, sob um castanheiro rodeado de glicínias, giestas e acácias. A condessa Camile Ambre, mãe das jovens, juntamente com a comitiva de nobres, chegaria a qualquer momento. Indo à frente, se instalaram mais adiante do local combinado, próximas ao penhasco, pois sabiam que os adultos escolheriam os campos mais distantes da brisa do mar. Ao todo quatro mademoiselles se reuniam ali: Esmeraud, Étoile e as duas irmãs Blanchard, filhas da amiga dileta dos condes da região, madame Claire Blanchard.

Mademoiselle Beatrice Anne era alguns meses mais velha que Esmeraud e a pequena Élodie Ariane, alguns anos mais nova que Étoile, ainda não tinha sido apresentada à sociedade, contava apenas catorze anos. As duas amigas debutantes estavam estiradas num tapete que tinha sido estendido sobre a relva e as outras duas se sentavam nas cadeiras junto à pequena mesa com guloseimas. Conversavam descontraídas, sabendo que ali não seriam interrompidas por ninguém e que poderiam expor sem receios suas dúvidas matrimoniais.

– Lembrei-me de algo interessante! Um cavalheiro que passou por nossa carruagem quando nos dirigíamos a *maison* de madame Blanchard. Pareceu-me um nobre muito digno e distinto – falou Étoile, que despetalava uma das flores coloridas por pura distração.

– Quer saber de quem se trata? Dê mais detalhes, como ele era? Será o *cavaleiro* Alphonse Loire? – Beatrice riu da própria insinuação com o nome de seu parente e continuou explicando quem seria o referido jovem: – Um dos primos de minha mãe, que, como sabem, está na guarda imperial. Ele e alguns amigos estiveram em Vannes no mês passado. Os jovens estão regressando às suas propriedades e famílias – concluiu com encanto na voz, querendo chamar a atenção das outras para o fato de haver mais pretendentes solteiros.

Todas comemoraram trocando olhares de cumplicidade. Cada uma das jovens tinha revelado sua preferência entre os moradores das vizinhanças e os outros conhecidos que frequentavam os saraus ou que suas famílias tinham escolhido. Élodie Ariane que era ainda muito nova não teve seu nome cogitado para opinar. Ela ainda não tinha participado efetivamente de nenhum desses encontros sociais, apenas ensaiava a possibilidade para o próximo ano.

– Minha cara Étoile, o gentil cavalheiro era o visconde Victor de Guzman. Eu me lembro de quando ele passou por nós. É médico e orienta pessoas que chamam por ele, por isso está sempre se locomovendo em busca dos que o chamam, apesar de ser nobre – ripostou Esmeraud.

Beatrice retomou a palavra porque nenhuma delas disse mais nada sobre o referido médico. O nome de Guzman fez com que elas se lembrassem dos acontecimentos impactantes ocorridos recentemente.

– Ouvi minha mãe conversando sobre as tragédias que se sucederam aos nossos vizinhos de Saint-Omer. Minhas chances diminuíram muito depois que meu preferido se acidentou, agora que todos viajarão de retorno a Madri, minha mãe me orientou para riscá-lo como opção de casamento. Eu o admirava muito e insistia em nutrir esperanças antes de seu acidente. Ela afirma que não pode um homem paralisado ser marido ou cuidar de uma família. Fiquei muito triste, com menos essa possibilidade. Porém, meu coração sempre baterá de forma especial por ele.

– Pobre Beatrice – falou em tom baixo, Esmeraud. – Ainda nutria esperanças por Arthur de Guzman? Ele só tinha olhos para a prima. Agora que Andrea morreu tragicamente, que Deus tenha piedade de sua alma, Arthur será levado pela família e estará sob o amparo de seu irmão Alexis, o noivo repudiado por Andrea. Nunca mais teremos notícias da família de Guzman por aqui na Bretanha pelo vexame que passaram. Há males que vêm para bem, Beatrice, pense nos seus futuros filhos. Parece que uma aliança com qualquer deles estava fadada ao fracasso e os descendentes poderiam também sofrer desses achaques e desse mesmo mal de se jogarem de uma altura qualquer.

Ao terminar de falar, ela riu, um riso desrespeitoso e manipulador. Querendo convencer as amigas que o melhor a fazer seria esquecer os afetos às pessoas que tiveram fracassos durante a vida. Seu tom era irrefutável e definitivo, como a fala de uma autoridade. As jovens costumavam acatar a influência de Esmeraud quando ela decidia a melhor forma de julgar ou encarar uma situação ou alguém. Nenhuma delas tinha coragem de contrapor quando o assunto era encerrado daquela maneira que acabaram de presenciar. Dentro do coração da segunda filha do castelo Allorge erguia-se, contudo, uma voz de contestação revelando a rivalidade que surgira entre as duas. Étoile não queria ceder à visão mesquinha de Esmeraud e agora fazia questão de deixar claro o seu pensamento. A impulsividade a levou a responder:

– Muito me compadeço de todos os envolvidos nessa história. – retrucou Étoile, que estava prevenida contra o caráter manipulador de sua irmã, e continuou a falar com indignação na voz: – Fiquei muito comovida, sentida por dentro, como se o acontecimento tivesse ocorrido na minha própria família. Queria ter me aproximado mais de Andrea. Quem sabe se ela tivesse uma amiga, uma irmã que pudesse assisti-la ou aconselhá-la, poderia ter sido evitada a tragédia? Nunca fomos muito próximos de Saint-Omer, mas somos vizinhos...

– Nossa mãe nunca permitiria maior aproximação com uma pessoa tão fora dos padrões e dos bons costumes, minha cara Étoile. Se nossa vizinha Andrea era doente, o que nos importa agora? Que Deus tenha piedade dela. Não insistam nesse assunto, porque não é possível revelar outros detalhes do caso e não me cabe fazê-lo. São nuances de caráter que desconhecemos e sutilezas da vida na condição de *mademoiselle* de Guzman que não convém que saibamos agora - respondeu a irmã mais velha, revelando certa indignação e deixando subentendido que estava ciente das implicações da história. Colocou propositadamente um acento debochado na palavra mademoiselle, querendo insinuar o que sabia.

Ariane, que estivera apenas ouvindo os comentários sobre o caso, sem entender a disputa velada entre as irmãs, nem as insinuações pouco caridosas, criou coragem para perguntar entre as amigas, suas dúvidas quase infantis:

- Por que dizem que Andrea é suicida? Não entendo, porque essa palavra causa tanto espanto - a ingenuidade esboçada na pergunta estava longe de querer agredir a sensibilidade das jovens reunidas. Era uma dúvida válida pelo tema que viera à baila por causa da tragédia ocorrida que caminhava de boca em boca. Nenhuma delas, no entanto, estava autorizada a esclarecer assuntos adultos a uma jovenzinha que ainda não tinha debutado.

Esmeraud verteu um olhar furioso em direção à mais nova das quatro, depois sustentou o olhar desafiador de sua própria irmã que vinha em socorro da criança curiosa. Aquela era a mesma dúvida que ela mesma tivera havia alguns dias e que tinha valido uma busca da palavra comentada num dicionário na biblioteca de seu pai.

Percebendo que não cabia mais nenhum comentário ali, Étoile apiedou-se daqueles que não eram capazes de buscar nos livros suas dúvidas e tinham de contar com a boa vontade dos outros. Levantou-se e pediu licença às irmãs mais velhas. Tomou Élodie por companhia e anunciou que dariam um passeio caminhando um pouco, o que não era raro de acontecer, quando ela se sentia cansada de conversas frívolas. Tomou a direção da trilha que levava para um local de observação do mar, que ficava bem próximo ao despenhadeiro. A encosta escarpada erguia-se altaneira e pontiaguda, sugerindo o perigo adiante, a queda livre para o indômito e revolto oceano. Enquanto caminhavam, ela pensava em como eram atrevidos os olhos de Esmeraud. O que tinham de belos e cativantes mostravam em ferocidade no momento seguinte. Ela tecia habilmente uma teia de palavras agradáveis e insinuantes, para prender o interlocutor em sua delicadeza envolvente e, em seguida, com os ferrões afiados, cortava de uma vez e sem piedade a cabeça da vítima.

Não seria justo deixar Ariane no meio daquela tempestade de influências interesseiras, era melhor preservá-la de sua própria curiosidade inocente. Ainda caminhando em direção ao penhasco, disse em sussurros:

– Oh! Élodie, não tenho autorização de falar sobre tema tão árduo para a sua delicadeza infantil, mas incomoda-me deveras ver uma dúvida sem esclarecê-la, sendo eu conhecedora da resposta. Pesquisei nos livros de meu pai e recomendo que faça o mesmo quando não souber do que se trata. Vou contar uma história que não agrida a sua sensibilidade e que aborde o tema.

A menina desculpou-se e sorriu, dobrando a aba do chapéu que acabara de ajeitar por conta do vento forte que já prenunciava a altura do penhasco e proximidade do mar. Dali podiam ver o recorte da encosta que serpenteava ao longo da rocha seguindo até as divisas das terras de Saint-Omer mais além. Étoile limpou a garganta e começou a falar quando as duas chegavam próximas aos limites dos precipícios, ao final da trilha. Pararam observando o oceano abaixo, sem coragem para se aproximar muito.

– Era uma vez uma princesa que morava num reino distante. Era muito bela e delicada, tinha sensibilidade para o sobrenatural. Seus olhos, de azul profundo, refletiam as vagas do mar, porque ela era voluntariosa e sabia o que queria. Nenhum cavalheiro ou nobre da região que cruzava com ela nos salões ou saraus, jamais esquecia sua beleza e sua postura altiva. Porém, Ana – a nossa princesa – sofria em silêncio. Ela era capaz de ouvir as vozes do bem e do mal em sua cabeça. Diziam que ela conversava com um demônio e isso a assustava e adoecia. Muitas vezes, seu irmão mais velho, que era médico, intercedia em suas crises e aconselhava Ana a chamar por seu anjo. Ela nada sabia sobre anjos ou demônios, sentia-se doente da alma, entediada de todos que a cercavam de atenção, porque não conquistara o amor de quem a deveria amar desde o começo: seus pais. Sentia incômodo em relação ao noivo e primo, a quem amava como irmão, trazia a sensação de que o tinha traído, ainda que em pensamento. Seu coração conturbado sofria em busca de distração, uma alegria qualquer que preenchesse seus dias e que sua juventude requisitava. Cansara-se do piano, das aulas de canto, dos bordados e de qualquer atividade nos campos, porque sua condição não permitia que ela estivesse em contato com as pessoas sem se deixar abalar pela inveja delas por sua beleza. Ana sofria calada, prometida a um homem que cumpria um papel junto a família, apenas, sedenta de aventuras juvenis, mas escrava de sua condição sensível. Um dia, distraída e entediada, ela avistou da sacada de sua janela um homem que cavalgava pela estrada real. Tão diferente de todos dali. Um aventureiro que tinha partido havia muito tempo e que agora retornava à região. Por puro capricho e tédio de sua vida vazia, fez-se notar por ele. Uns diziam que ela estava tentada pelo demônio, outros que sua fraqueza tinha piorado e ela beirava a loucura. O forasteiro atreveu-se a entrar no castelo real e desfrutaram uma noite de música e canto inigualável. O rei, quando percebeu o interesse do forasteiro por sua filha, alertou logo que ela era comprometida. Ana, vendo-se pressionada, chorava ainda mais e tremia em sua dor quando, naquela mesma noite, soube que tinha sido pedida em casamento. Seu pai negou alegando que ela era prometida ao primo. Afrontando a todos, o ousado forasteiro jurou raptá-la. Percebendo o estado da princesa, o rei convocou seus parentes para retirar a palavra empenhada com a família dos primos e marcar o casamento de Ana com o forasteiro. Acontece que esse não era o desejo dela, que, confessava ter sido iludida e que amava mesmo seu primo. O rei a ignorou e marcou o casamento, pensando que a filha não sabia decidir seu destino, então interveio com sua autoridade, esquecido de consultar o coração da moça. Ana viu-se de novo enfrentando seus demônios e suas dores morais retornaram. Na manhã do casamento, ela entrou em profunda crise de desespero e seu corpo tremia todo. Fugindo dos parentes que agora enchiam o palácio aos cochichos sobre seu destino, ela se deixou enveredar para o abismo junto ao mar e desejou por um instante que tudo se acabasse. Nesse momento, o demônio a empurrou.

Ao narrar aquela história, inventada com elementos colhidos das conversas que ouvira, Étoile queria apenas passar à amiga uma noção do que seria o suicídio, sem alarmá-la demais para o drama daquele que procura meios para matar-se. Entretanto, sua narrativa se tornara cheia de vida, porque estava parada diante do Mar Atlântico, nas encostas próximas ao local da desgraça e falara, acompanhada ao fundo do barulho das ondas, revivendo as cenas muito recentes. Andrea de Guzman vagava ainda por ali e sentira-se atraída para a narradora de sua triste história, embora sem os detalhes mais comprometedores que eram ignorados pela maioria: o filho que esperava de Marcus de Villiers, a falta com a honra à palavra que seu pai empenhara e que tanto o aborrecera.

Um estranho pressentimento tomou o coração de mademoiselle de Durant, quando se deu conta do que acabava de falar. Foi como se uma nuvem escura passasse diante do sol e o dia que viviam, descontraído e prazeroso, se tornou obscuro. Dando uns passos para frente, olhou as espumas que as águas batidas nas pedras desenhavam pela encosta e pensou na coragem de mademoiselle Andrea ou no desespero que sentira. Quando ela "olhou para o abismo, o abismo olhou-a de volta[4]" e ela não suportou mais olhar. Fechou os olhos e viu-se caindo até que seu corpo macio encontrasse as pedras duras, destroçando-se. Imediatamente, sentiu uma vertigem e abriu bem os olhos para orientar-se e firmar o corpo. Por um momento não sabia onde estava. Afastou-se da ponta alcantilada, com pavor. Não queria repetir o ato de loucura que acabara de descrever.

Naqueles instantes em que fechara os olhos, entrara em contato por sintonia do pensamento[5] com a suicida e percebera num átimo de segundo a dor de Andrea ainda presa naquela armadilha desesperadora, caindo, sempre caindo para arrebentar o corpo nas pedras e ser engolida pelo mar. Que desespero, que inconsequência! A questão do sofrimento depois da morte, afigurou-se para Étoile. O que acontecia aos que se entregavam ao suicídio, fosse por um ato violento ou por uma desistência apática da vida. Tinha visto outros casos de pessoas que se recolhiam em tristeza, trancando-se em velhos castelos até a morte, outros que se entregavam aos vícios encontrando a ceifadora de vidas da mesma forma.

Uma chuva fina começou a cair ou seria a brisa do mar que o vento inclemente trazia? Étoile não soube dizer e Élodie foi a primeira a se mover, retornando para o caminho com pressa e comentando com espanto:

– Que história triste, mademoiselle de Durant! O demônio a empurrou? Não pensava que tais figuras tivessem essa força. É o fantasma que tanto falam? Que ficou vagando por essa área? Sinto tanto medo disso. Nem sei por que fui perguntar sobre tema tão soturno... Fiquei toda arrepiada e logo mais vou ter pesade-

---

4 Friedrich Nietzsche

5 "...criando imagens fluídicas, o pensamento se reflete no envoltório perispirítico, como num espelho; toma nele corpo e aí de certo modo se fotografa." *A Gênese* cap. XIV, item 15

los com isso – ela fez uma pausa e percorreu a paisagem com o olhar distinguindo seus pais e completou: – Veja! É minha mãe que me chama...

A moça apertou o passo para buscar por sua mãe e a interlocutora respondeu apenas que sentia muito e se apressou, por sua vez, porque ouvia nos ecos das ondas uma estranha gargalhada. A partir daquele dia, sentiu-se oprimida pelo drama que vivera sua vizinha de Saint-Omer. O balanço calmo do mar que batia nas pedras refazia o movimento em sua mente. Étoile sentiu tonturas e vertigens por aquela noite. Na manhã seguinte, orou muito pedindo para que as forças sombrias que a tinham visitado fossem embora e conseguiu distrair-se um pouco. A verdade foi que seu pensamento criou uma conexão com a tragédia e Étoile, consequentemente, se viu atraída para o drama de Andrea.

Passou a tarde entre angústias e incertezas e percebeu que quando afastava o pensamento do episódio sinistro, melhorava. À noite, se sentia melhor e chegou a esquecer o incidente, ficando em seu coração apenas uma impressão ruim do local onde estivera. Atribuiu ao mar, ao penhasco e ao assunto que conversava o seu mal-estar, por isso, não queria retornar aos passeios, contudo, sua irmã tinha um prazer secreto por contrariá-la e ao saber que ela se sentira envolvida pela vertigem, marcou logo outro divertimento, no mesmo lugar.

Étoile não queria ir e pensava numa forma de desvencilhar-se do compromisso com as amigas, quando chegou a suas mãos um bilhete vindo de Saint-Pierre, pela fidelidade de Martha, sua criada. O jovem que comparecera ao sarau na *maison* de madame Blanchard, a estava convidando para um passeio, junto aos lilases do parque no dia seguinte. Ela se animou a ir ver o que o visconde de Y... queria, mais para vencer a disputa com Esmeraud e experimentar a liberdade de decidir para onde ir. Naquele segundo dia de aventuras seria apenas uma cavalgada, sem paradas. Ela não queria se aproximar demais das encostas outra vez e tinha medo de sentir as duras impressões que sentira. Seguindo a curiosidade que era sua característica atendeu ao chamado de Jean Claude elaborando a seguinte estratégia para se livrar das amigas. Tinha chovido naquela noite e, aproveitando as irregularidades da estrada, Étoile forçou o cabresto e passou, de propósito, com sua montaria sobre uma poça de lama para sujar seu vestido de forma irremediável. Com essa desculpa, precisou voltar ao castelo para se trocar. A comitiva seguiu com o passeio e ela voltou com sua criada. Escolheu um lindo traje lilás, que combinasse com as flores do lugar para onde se dirigia e liberou a criada de a acompanhar de volta, exigindo urgência na limpeza de suas vestes. Assim, teve uma desculpa para desvencilhar-se de todos e seguir sozinha para encontrar o visconde. Para evitar novo acidente, colocara uma bela capa. Cavalgou sozinha e desviou do caminho que os outros seguiram. Deixou sua égua amarrada próxima à estrada e atravessou o parque de Saint-Pierre para encontrar Jean Claude. O encontro entre os lilases aconteceu entre os dois de forma particular.

Capítulo 4

O ENTERRO DE ANDREA

O local era difícil, encrespado de pedras, as águas agitadas, tornando assaz penoso o trabalho dos esforçados devassadores. Alguns poucos dias depois, no entanto, após uma grande vazante local, viu-se o frágil corpo daquela que fora a formosa Andrea engastalhado entre as pedras. Foi então fácil a recuperação, porque o oceano não quisera guardar o corpo que o procurara através de um crime. E os funerais foram realizados no mausoléu dos de Guzman d'Albret, com simplicidade e muitas lágrimas.

(*O drama da Bretanha*, cap. XVI)

Descerrando a visão pelo Castelo Saint-Omer podia-se perceber as lágrimas e o desespero pairando pela ambiência do lugar. As paredes choravam o luto por sua herdeira. O vento inclemente decidira lembrar como pode ser gelado o desprezo cultivado no terreno da infâmia e da vergonha.

Há um passo dos restos mortais da amada morta, esquecido em seus pensamentos, estava o conde Marcus de Villiers, com ar muito abatido e cansado. Trazia o coração arranhado pelos acontecimentos e internamente ficava remoendo sua culpa e indignação. Tinha passado aqueles dias em reflexões e lembranças amargas. Ao constatar que Andrea preferira se suicidar a ceder ao casamento, imposto pela própria família, o conde de Saint-Patrice chorou. Então, era seu amor assim tão desprezível, seu filho tão renegado que não pudera nascer? Pobre Andrea! Ele a arrastara à desgraça por sua insistência e rogava a Deus uma oportunidade que o redimisse.

Assim como os de Guzman d´Albret que pretendiam partir dali, também ele, nunca mais voltaria àquelas terras. Pensava em arrendar ou vender seu castelo na falta daquela que o abrilhantaria e encheria de filhos, sendo para sempre lembrada como matriarca. Mesmo temendo o olhar severo por parte do primo de sua noiva, Marcus o encarou com ciúmes e com reserva, quando viu Alexis junto a seu irmão Arthur. Os primos de Andrea não esconderam a expressão de pesar que sentiam por aquela situação e, consequentemente, por Marcus a quem culpavam. Eles não estavam cientes do arrependimento que o noivo de Andrea sentia, nem da força obsessiva que ela enfrentava.

Os cerimoniais fúnebres tiveram início sem delongas, foi o próprio irmão mais velho da morta quem proferiu um discurso de despedida provocando lágrimas de saudade. Disse Victor com emoção na voz, cheio de amor por sua irmã, entre os soluços dos presentes:

- Hoje, nossa família se enche de luto e nossa dor é profunda. A querida Andrea viverá para sempre em nossa memória, quando se divertia alegre entre as flores deste parque, quando enchia os recantos deste castelo com sua voz de soprano, quando fazia música rasgando os véus do firmamento para nos trazer a pálida expressão da perfeição de Deus. Queremos oferecer aqui nossa dedicação e afirmar que doravante, todos os dias, voltaremos nossos lábios em preces por ela. Com o coração dilacerado, rogamos aos presentes que nunca se esqueçam de fazer o mesmo. Peçam a Deus em nome dela.

A súplica inflamada e bela prosseguia, mas Marcus não conseguia prestar atenção, porque não queria se comover mais diante dos familiares de sua antiga noiva. Quando ouviu aquele apelo, ele firmou o compromisso com as palavras de Victor e passou a orar pela querida morta, concluindo que era o que podia fazer agora. Retornando mentalmente ao momento solene, ouviu na fala do orador o pedido para que se fizesse a beneficência. Sim, era preciso dar destino a todas as doações feitas aos nubentes. Em nome de Andrea, ele queria promover a caridade, porque sabia como cristão protestante que era que, somente assim, poderia movimentar as forças daquele amor agora sepultado.

O conde de Villiers tornava-se mais acabrunhado e triste à medida que o momento do sepultamento se aproximava. Seu pensamento estava incoerente e vago, porque sentia imenso pesar. Ele se dera conta de que tinha perdido a esperança e a alegria de viver. Tinha vindo confiante de prestar a última homenagem e fora atingido pelos remorsos contundentes ao observar os cenários repletos de lembranças de sua amada e das noites que passaram juntos pelos parques de Saint-Omer.

O jazigo da família de Guzman ficava nas cercanias da capela, após um aclive do extenso terreno que cercava o castelo a poucos metros de onde o corpo estava sendo velado. Marcus seguiu com o olhar a trilha que deveria seguir em poucos minutos, porém as palavras do irmão de Andrea se alongavam, tornando-se um discurso. Ele argumentava tão bem, que os convidados conseguiam sentir uma imensa ternura a envolver o lugar. Victor conseguia consolar...

– Acabo de regressar do Egito, como sabem e, segundo meus estudos naquele país, meus caros primos, amigos e genitores, aprendi que a alma sobrevive à morte do corpo. O homem pode regressar várias vezes ao mundo para aprendizado e, principalmente, para crescimento moral. No âmago de cada um de nós brilha a força divina como uma chama que nunca se apaga, irradiando as virtudes celestiais, constantemente. Na fala do doce mestre Jesus, encontramos essa mesma ideia, a recomendação que deixou no Evangelho de São Mateus, para fazermos brilhar nossa luz.[6] Meus mestres orientais, – continuou Victor, algo comovido; – ensinaram-me como cultivar esse fogo para que brilhe mais no exercício de debelar os impulsos inferiores e aplicar

6 Mateus 5:16

a disciplina sobre as paixões. Minha irmã, Andrea, vivenciou o contrário a esse caminho, infelizmente, cedendo aos caprichos de seu coração. Sim, ela caiu! Penso que sua pior queda não foi do penhasco, mas malgastar a existência e aprisionar sua alma à dor, atraindo a si mais sofrimento. A melhor forma de ajudá-la é por meio da oração, por isso suplico ajuda e os convido a orarmos incessantemente por ela.

Encerradas as palavras tão emocionadas do anfitrião, Marcus se dispôs a andar um pouco, distanciando-se dos outros, sem querer presenciar o momento extremo, quando o jazigo da família seria ocupado. Queria ficar só, com suas lembranças caras. Distanciou-se do grupo distraído com o passado. Vendo-se só, voltou ao momento presente quando ouviu o choro de uma criança ao redor de si. Em princípio, pensou que poderia ser que algum dos vizinhos tivesse mesmo trazido um bebê, depois, percebeu que se tratava de uma impressão ruim. Ora parecia que o choro estava à esquerda e quando ele se dispunha a investigar, o choro estridente passava ao lado oposto e ele ouvia os vagidos à direita. Pensava que seu desgraçado filho, atado à mãe no momento derradeiro, não tivera escolha, senão cair também no abismo do oceano, condenado à decisão daquela que se via impelida a ser mãe dele.

O movimento dos parentes e vizinhos fez com que Marcus despertasse daquelas impressões. Todos se retiravam, discretos e chorosos, porque encontraram conforto nas palavras de Victor François. Despediam-se solenemente, outros regressavam e entravam no salão preparado, a convite dos anfitriões, para um chá. Fazia frio cortante, como se a maresia trouxesse seu hálito desagradável para os pontais abruptos, onde se encrustava o castelo de Saint-Omer. O cheiro de sal e de peixes invadiu o salão de chá a ponto de sentirem o gosto marinho na infusão que beberam. As portas que tinham sido abertas para que os visitantes entrassem foram imediatamente fechadas. O oceano devolvia o hálito de morte.

Incomodado com os comentários e considerações a respeito do clima, do odor do mar e do chá, o conde de Villiers bebeu rapidamente sua chávena e saiu para voltar a vagar pelo local, tentando relembrar os momentos felizes sem o conseguir, porque estavam agora os pátios queridos irremediavelmente marcados pelo grito de dor e rebeldia. Deixou-se ficar ali por longo tempo em sua amarga rememoração. A certa altura, ele se levantou de um dos bancos onde tinha descansado e caminhava pela alameda que levava ao penhasco, cenário da tragédia, sem se dar conta para onde ia. Uma das vizinhas foi solícita a ele, tratava-se da condessa Camile Ambre de Durant e Allorge. Acompanhou-o com o olhar e, adivinhando o mau agouro de vagar pela encosta, apressou os passos e interpelou o cavalheiro, antes que ele se distanciasse demais.

– Caro conde de Saint-Patrice, meus profundos sentimentos.

Ele despertou como se as palavras da condessa fossem agulhadas ao seu ouvido. Ela podia ver que ele estava abatido, com olheiras insones, mas era um homem muito belo. Quando deteve os passos, verteu os olhos para aquela que falava sem entender bem o que ela dizia. Ela continuou:

– Conheci sua mãe, a condessa de Villiers, éramos muito amigas quando o senhor seu pai, jovem ainda, estagiou por algumas temporadas no lindo palácio de Saint-Patrice. Tenho caras recordações desse tempo, quando minha família aqui veio residir definitivamente. Em nome dela, de sua mãe, venho oferecer conforto ao ver o seu estado de dor. Tomo a liberdade de convidá-lo, apesar de seu luto, a jantar com minha família para relembrarmos a relação próxima que mantínhamos com seus pais. Quem sabe o aconchego de uma família que conheceu a sua pode consolar sua dor? Claro que este dia será quando o senhor se sentir melhor.

O triste noivo-viúvo e pai desalentado tentava recompor-se, porém seu coração queria olhar o abismo, enamorar-se dele, como tinha se enamorado de Andrea. *Quem sabe poderia segui-la... teria coragem?* Como se o apelo da condessa não fizesse sentido naquele momento, ele não conseguia articular uma resposta. Todos aqueles sonhos poderiam esperar mais um pouco. Esquivou-se da dama com um aceno, sem palavras. Cruzou a trilha e olhou para a ribanceira. Não teria coragem de pular e pensava que Andrea estava mesmo desesperada ou estaria sua noiva assim tão revoltada? Voltou a ouvir o choro da criança, que agora o perseguia. Entendeu aqueles vagidos como um apelo, como se seu filho estivesse dizendo que precisava nascer. Percebeu que ali não havia nada a não ser seus remorsos.

Logo, caiu em si e pensou que talvez pudesse dar uma chance a outra moça, outra pessoa com quem pudesse tentar seguir adiante. Em nome de Andrea edificaria a caridade longe dali. Se casaria sim porque era chegado o momento de amadurecer. Nunca mais seduziria uma mulher, nunca mais imporia sua vontade.

Num gesto brusco, tocou a fronte para se lembrar daquele pensamento e para se sentir vivo e quente, num corpo que existia ali e cobrava sua reação. Era preciso despertar daquele pesadelo. A vida o chamava de volta. "Na certa, a condessa Allorge tinha filhas a casar, sonhos a realizar, crianças a vir, terras a cuidar."

Dizendo isso em sussurros, refez os passos em profunda oração. Que Andrea tivesse paz em sua escolha. Ele tinha agora que cuidar de si e seguir em frente. Voltou a ver a senhora Camile Allorge e apressou-se para alcançá-la.

– Senhora condessa, perdoe-me! O momento é demasiado doloroso para mim, mas prometo avaliar com cuidado o seu convite. Não esquecerei da sua oferta de consolo. Preciso agora de um tempo de recolhimento. A senhora soube? Meu pai faleceu no ano passado e minha mãe já tinha morrido antes dele.

A condessa de Allorge o fitava esperançosa e ripostou:

– Sinto muitíssimo a sua perda. Ficamos sabendo por aqui. Compreendo seu recolhimento, senhor conde, meu convite para jantar fica em aberto, para quando seu luto terminar. Se sentir que é possível vir nos visitar.

O visconde de Guzman d'Albret, que observava a movimentação e a conversa, acompanhou com o olhar o jeito triste e cabisbaixo daquele que seria seu cunhado. Percebeu que ele tinha tido uma postura distraída durante o tempo em que ali esteve e pensou em procurá-lo para conversar, porém percebeu que o noivo de Andrea evitava contato visual com qualquer membro da família, limitando-se a acenos por estar muito arrependido e magoado. Respeitou a postura do conde de Villiers e não insistiu em se aproximar, embora, ao término do evento, os dois tenham se cumprimentado. Victor teve a oportunidade de oferecer apoio e de fornecer-lhe um cartão com seu novo endereço em Madri. Enfatizou que estava à disposição para ajudar ou esclarecer.

Retornando a Saint-Patrice, o conde se esqueceu do apoio que recebeu do irmão de Andrea. Em sua dor esqueceu-se de que tinha visto a senhora condessa de Durant e de que recebera um convite. Retirou-se circunspecto e precisou de tempo para se recuperar de seu estado. As semanas foram passando e ele só lamentava a perda, chorava e, às vezes orava pedindo ajuda daquele Cristo que conhecera com fé católica de seus pais, depois, porém, tinha se convertido à fé presbiteriana no lugar que o acolheu em sua juventude promissora – a Louisiana.

Percebendo a demora prolongada de notícias vindas de Saint-Patrice, a condessa Allorge encaminhou uma carta ao conde de Villiers renovando sua oferta e explicando novamente que o esperavam para jantar em qualquer dia que ele quisesse. Os convites chegaram e foram deixados sobre a bandeja de prata, esquecidos a um canto, por pura falta de motivação de Marcus para entreter-se com outras pessoas.

Capítulo 5

O ENCONTRO ENTRE OS LILASES

Mas, acima de tudo a Bretanha é encantadora. Há em sua atmosfera certa nostalgia indefinível, que nos envolve em impressões imorredouras. O céu de opala, de um azul esgazeado, a atmosfera saturada de frescas neblinas, o oceano rumoroso, elevando eternos brados heroicos ao longo de suas costas eriçadas de reentrâncias pedregosas, as florestas pujantes, de onde se exalam perfumes saudáveis e penetrantes, os castelos feudais, pesados, evocando o rigor medieval, as torres maciças que ornam os seus vilarejos e ainda as ruínas evocativas de uma bela época, forte e trágica, cativam o coração daquele que um dia recebeu por berço as suas terras lendárias.

(*O drama da Bretanha*, **prólogo)**

A França de 1806 era o berço de costumes renovados, inseguranças e apreensões. Napoleão estava no poder e acabara de ser coroado, porém convidara de volta a Paris aqueles que se retiraram para o exílio, para que retomassem seu prestígio e voltassem a celebrar a honra de seus títulos. Muitos preferiam manter distância da corte, permanecendo em suas outras propriedades, indignados e distantes do trono e das intrigas.

Na urgência por buscar casamento entre os conterrâneos, por ter estagiado longe da França por tempo demasiado, vamos encontrar Jean Claude, o visconde de Y... e Saint-Pierre, que enviara o bilhete a mademoiselle de Durant e criara a expectativa para o encontro.

Retrocedendo um pouco vamos descobrir como foi esse encontro.

Havia meia hora que o tempo parecia congelado e nem mesmo o encanto das flores com seu perfume convidativo podia fazer com que o visconde de Y... aquietasse o próprio coração. Seus passos em círculos, medindo o exíguo espaço do pequeno coreto onde se encontrava nos parques de sua propriedade, tinham suscitado leve tontura. O nobre Jean foi buscar as alamedas do jardim e, descansando a destra sobre os troncos roliços de um carvalho acolhedor, conseguiu acalmar a mente e, até mesmo, sorrir de si mesmo. Tinha conseguido um tempo para refletir sobre a alternância de sentimentos conflituosos em que se metera. Pela primeira vez, conseguia entender o que estava sentindo, ao distanciar-se da mansão principal naquela tarde particularmente de clima ameno e agradável, conseguia, pelo menos, respirar mais aliviado. Era amor o que sentia, ele amava com todas as forças do seu ser. Ele continuou seus movimentos pelo extenso jardim e estava só, tendo exigido que seu escudeiro voltasse à propriedade com uma desculpa qualquer, para não levantar suspeitas. Seus pais queriam que ele, como único herdeiro, estivesse sempre acompanhado de um serviçal, por segurança.

Na noite anterior, tinha chovido e a paisagem orvalhada rebrilhava pela nitidez das folhas verdes recém-brotadas. Os jardins e parques da região preservavam os mesmos desenhos circulares em seus canteiros, enfeitados por estátuas marmóreas, cercadas de tílias, rosas, glicínias e giestas coloridas. Havia árvores maiores como cedros e castanheiros, carvalhos e álamos negros nos trechos de vegetação natural.

Com suspiro impaciente, voltou a consultar o relógio que pendia atado ao cordão de ouro em seu bolsinho interno da sobrecasaca. A mensagem que ele despachou, mais cedo naquele dia, conseguira chegar às mãos perfumosas da receptora, embora tenha atravessado o vasto território da família de sua preferida pelas mãos dos criados. Talvez ela tenha conseguido uma desculpa para vir sozinha ao encontro. Essa era a sua esperança, ao mesmo tempo a causa de sua aflição. *Onde estaria mademoiselle Étoile?* O relógio marcava três horas e os ponteiros pareciam agarrados, sem se mover.

Como um adolescente afoito, que não era mais, espiou pelo caminho sinuoso que conduzia aos limites de seu vasto domínio tendo visto um vulto envolvido em capa graciosa, escondendo o rosto feminino que tanto ele esperava. Era ela, mas parecia pálida pelo esforço que empreendia, vindo pelo meio das árvores e não pelo caminho com qualquer montaria. Mademoiselle Allorge era uma donzela de dezesseis anos e como tal, jamais poderia aceitar um convite para se encontrar com um homem no meio dos bosques do jardim, conforme os costumes da época. Ambos, porém sabiam que infringiam as regras sociais e já tinham pensado em algumas desculpas, caso fossem surpreendidos por seus parentes.

Jean observou quando ela fez uma pausa na caminhada, retirou o capuz que a protegera dos respingos das folhagens orvalhadas e exibiu os lindos cabelos com brilho avermelhado, expondo as madeixas arrumadas de forma que ressaltavam suas maçãs do rosto e davam maior expressão aos olhos claros, quase translúcidos. Ele foi descendo para a clareira onde ela estava, junto à estrada real, e ela também o viu, refreando os passos e recompondo-se à medida que se aproximavam.

Agora ele corria ao encontro dela e não via outra coisa senão os olhos brilhantes e a expressão convidativa. Afastava, por instinto, os galhos que cruzavam a sua frente, cortando caminho por cima dos canteiros, nos trechos onde a vegetação permitia e não viu um declive ou uma raiz sobressaltada que o fez virar o pé, porém o empenho em descer para alcançá-la antes que ela dobrasse a curva que levaria ao coreto, fez com que ele esquecesse a dor.

– Senhorita Allorge! – chamou, um tanto desconcertado pela emoção. Ao parar, sentiu uma fisgada pela perna acima, tendo de equilibrar-se na outra perna. A torção no tornozelo continuava latejando e parecia séria, porém naquele momento, mal era percebida.

Ela virou o rosto e acenou levemente com a cabeça, ajeitando a postura e rumando para um recanto muito bonito, repleto de lilases, sombreados pela copa dos carvalhos altivos. Retribuindo ao cumprimento, com graça e delicadeza, a senhorita deixou entrever que tinha efetivamente criado uma situação propícia para aceitar conversar com ele sem levantar suspeitas. Estavam agora às margens da estrada real que cortava os condados limítrofes ali da península, lugar onde muitas pessoas poderiam se encontrar fortuitamente.

– Senhor visconde de Y... muito prazer em revê-lo, sinto ter atrasado ao horário proposto em seu bilhete, senhor. Minha irmã ainda me procura pelo penhasco perto do mar, onde combinamos de passear a cavalo com algumas amigas – ela ajeitou a capa para trás, de maneira que não atrapalhasse seus movimentos dos braços, depois recomeçou a falar: – Como vê, pude escapar um pouco para falar-lhe brevemente, mas tenho de regressar o quanto antes e inventar uma desculpa, talvez diga que me tenha perdido entre os arvoredos procurando alguma flor.

– Sei que não poderia me corresponder dessa maneira com a senhorita, pelas mãos dos criados, mas isso não se repetirá e serei breve em minha fala ou, se preferir, posso com efeito acompanhá-la de volta e conversamos durante a caminhada.

A jovem não gostou da ideia de ser acompanhada até onde estavam as amigas que, com certeza, comentariam e hesitou um pouco. Não queria que sua irmã soubesse que ela se encontrava com um cavalheiro às escondidas, aquele mesmo que era cobiçado por ambas. Poderia ser complicado ter de justificar para sua mãe e para o seu pai o que queria com aquele encontro.

Sem esperar pela resposta e vendo que Étoile não se tinha movido da sombra acolhedora que escolhera, ele continuou a falar, embora em sua mente continuasse a admirá-la e a registrar que ela mais parecia um dos lilases, porque usava um vestido naquele tom suave de alfazema.

– Queria conversar com seu pai, o que há muito tempo já deveria ter feito, como aconselhou minha sábia mãe, mas eu, um pouco rebelde, quero dizer – ele limpou a garganta antes de continuar – quis primeiro devotar-me aos estudos. Houve o período difícil de nosso país, bem, não convém lembrar, agora estou de volta e me tornei um doutor em leis e economia, estudei por esses anos em Milão, senhorita. De que me servem esses títulos e propriedades que herdarei se não escolho uma companheira para a vida? Na semana passada, quando a revi, mademoiselle, e dançamos no alegre sarau de nossa amiga em comum, a madame Blanchard, senti algo inexplicável e novo para mim – ele fez uma pausa, como se demonstrasse caras lembranças e a jovem aproveitou para falar:

– Senhor visconde, já nos conhecemos, pois somos vizinhos e creio que no passado, tenhamos igualmente dançado juntos durante os saraus, tanto aqui como em Paris. Lembro-me de duas outras ocasiões – ela fez uma expressão curiosa e faceira, os lábios se contraíram revelando alegria quase infantil e genuína.

– Claro que sim, já nos tínhamos visto e dançamos juntos, mas o que quero dizer é que desta vez foi algo diferente e cativante que senti. Percebi que podemos nos aproximar mais, porém, queria o seu consentimento, queria a sua aprovação antes de fazer algum movimento formal junto à sua família, entende?

– Perfeitamente, senhor visconde, sua aproximação é bem-vinda e até mesmo, se permite ser sincera, eu esperava uma palavra sua desde que regressou ao castelo de seus pais. Temo que sua indecisão tenha custado caro aos seus planos futuros, meu senhor, porque minha mãe convidou certo vizinho nosso para um jantar. Ela me fez crer que ele seria uma boa opção. Infelizmente, meu amigo, comprometi-me com minha mãe a conhecer esse senhor que chegou há pouco tempo aqui pelas costas da Bretanha, vindo das Américas.

Jean Claude cismou por alguns minutos, conseguindo resgatar na memória a figura do referido cavalheiro, o qual não se lembrava do nome, que tinha vindo havia alguns meses para habitar o Castelo de Saint-Patrice. Talvez movido pelos ciúmes, caminhou em direção a ela, tomou-a pelo braço e aproximou-se para proferir as palavras que ficariam para sempre registradas na memória dos dois:

– Prometo que ainda hoje falarei com seu pai, minha senhorita. Revelarei meus planos de compromisso e casamento e a livrarei dessa indesejada aventura com um forasteiro. Prometo que farei tudo que estiver ao meu alcance para tê-la comigo, Étoile, porque descobri que a amo muito.

Étoile nutria admiração pelo cavalheiro, contudo, a surpresa da situação a apanhou desprevenida quando percebeu que seu coração foi cativado ao ouvir a declaração dele. Ela virou o rosto exibindo os olhos vivos de alegria, entreabriu a boca para dizer uma palavra ou resposta que não disse, com o olhar magnetizado aproximou o rosto aos poucos e entregou-se a ele. O apaixonado desceu os lábios sobre os dela, selando o compromisso que acabavam de decidir.

Num instante, as promessas juvenis se dissiparam como o vento primaveril e as intercessões divinas os moveram para onde deveriam seguir...

* * *

Uma sombra negra como um véu de viúva cobria os olhos de Andrea de Guzman e a tragava do mar, no impulso de vida que ela não suspeitava que houvesse além de seu ato de desespero. As nuvens escuras toldavam seu discernimento deixando a mente cansada, exausta de pensar no que quer que fosse. Seguia as sombras que a encaminharam de volta a Saint-Omer por onde vagou pairando e percebendo tardiamente os reflexos das dores dos seus parentes. Ficaram suspensos no éter[7] do local os lamentos e as angústias, clamores e ideias que os tinha deixado enfermos da chaga moral a que ela os arrastara. A cena que via era da noite imediata ao seu suicídio. Ela podia notar que Arthur debatia-se no leito e era atendido por Victor. Antes, quando isso lhe acontecia, ela era a única a acalmá-lo. Em nenhum momento ela pensou nele e, ao contrário, ele só pensava nela e convertia a indignação em amorosas orações, tecidas em suas lágrimas para socorrê-la. Em sua inconsciência não compreendia o que tinha acontecido ao lar paterno, onde todos choravam, sua mãe presa ao leito em crises, quedara enferma, e Alexis, debulhado em lágrimas com o coração oprimido pela culpa, sozinho em seu quarto. Muitos primos tinham deixado o castelo e outros pareciam consternados. A ambiência estava muito pesada, havia por todo canto o luto fechado.

Viu-se, ainda, conduzida pelo véu que lhe embotava a visão a perceber o castelo de Saint-Patrice, que parecia frio e marcado pela angústia. Foi adentrando as câmaras, que não conhecia porque nunca estivera ali, mas distinguia tratar-se do castelo de seu antigo noivo. Marcus a atraía com seus sentimentos conturbados e revoltosos. Um barulho ensurdecedor preencheu o recinto dando eco pelas paredes enfeitadas com cortinas adamascadas, em cujos recantos se escondiam os vasos de alabastro. Ela levou as mãos aos ouvidos inutilmente por puro reflexo pelo estrondo. Era Marcus que quebrara as louças de seu jantar extravasando o sofrimento. Gritava por seu filho, por ela e queria voltar no tempo, trazendo cenas de seu amor e da alegria que sentira ao saber que seria pai. Sinceramente, pedia perdão a Deus por a ter seduzido e por ter desgraçado aquela família.

---

7 Fluido cósmico universal.

Andrea ficara detida naquelas cenas que se lhe descortinavam diante dos olhos moldando as brumas e desfazendo a nitidez da realidade. Naquele momento, ela se lembrou da criança e os laços magnéticos que a atraíam ao corpo voltaram a pressionar sua consciência. Perturbação e loucura são as palavras mais próximas que poderiam definir o seu estado, acrescidas do peso da culpa que obscurece o pensamento. Ela dizia em sua mente, detida na confusão da morte: – *O que aconteceu aqui? Por que luto, choro e desespero?*[8]

Como não tinha o hábito da oração e não sentia em seu ser o apelo da verdade espiritual, a irmã de Victor seguia no torpor pelo choque perispiritual que sofreu. Percebia-se sem compreender, via o sofrimento dos seus sem saber a causa do que presenciava. Para seu grande benefício, aquele que a induzira ao ato sinistro não mais se sentia impelido à vingança. Arnold de Numiers distanciara-se dali, também se sentindo confuso e atordoado. Percebeu com asco de si mesmo o mal que fizera. A gargalhada petulante, que ele lançou no ar ao concluir a façanha perniciosa de atormentar um coração abalado, ainda repercutia em sua própria consciência. Nem ele mesmo se julgara capaz de tamanha iniquidade e logo se viu calado, passando do riso ao choro. Afastou-se dali e deixou Andrea sozinha. Ela continuava sem entender e vagava pelas brumas, vendo as cenas que já não condiziam com a realidade porque seus parentes já se preparavam para deixar Saint-Omer. Os outros companheiros em sua desdita, que gritavam impropérios no fundo do mar, foram afastados pela misericórdia de seus primos e irmão que mantinham o esforço da prece diária.

Victor tinha convidado seus parentes a orar e com isso a libertara dos ataques do submundo invisível. As vozes que em princípio a atormentaram foram deixando de ser ouvidas. Alexis e

8 *O drama da Bretanha*, cap. XVI.

Arthur, assim que a dor em seus corações acalmou, puderam orar devotadamente, mantendo a sustentação. Amigos espirituais da família, atentos às condições da enferma da alma, esperavam melhores condições para poder socorrê-la.

Como necessitam de orações aqueles que vagam na inconsciência...

Capítulo 6

DECISÕES IRREVOGÁVEIS

860. Pode o homem, por sua vontade e pelos seus atos, evitar acontecimentos que deviam realizar-se e vice-versa?

– Pode, desde que esse desvio aparente possa caber na ordem geral da vida que ele escolheu. Além disso, para fazer o bem, como é do seu dever e único objetivo da vida, ele pode impedir o mal, sobretudo aquele que possa contribuir para um mal ainda maior.

(*O Livro dos Espíritos*)

No castelo de Saint-Pierre, o jovem visconde de Y... ainda sofria com a dor latejante e percebeu que havia torcido seu tornozelo, quando se acidentara tentando correr para alcançar sua vizinha, a jovem Étoile, no dia anterior. Um facultativo viria de Vannes, ainda naquela tarde, a fim de vê-lo, pois Jean Claude mal conseguia levantar-se da cama sem ajuda. Seu estado de ânimo era dos piores, perdera a paciência com os criados que não conseguiam suspendê-lo e transportá-lo à escrivaninha para que ele escrevesse uma missiva e esbravejou durante toda a manhã.

Determinado, erguera-se sozinho, mantendo o pé suspenso, tentando pular assessorado por Ítalo, seu criado particular. Ao se mover, derrubou uma estatueta de porcelana, finamente decorada, que tinha sido presente de sua mãe. Praguejou e quando conseguiu chegar até o extremo do quarto, tinha perdido a linha do raciocínio. O que ia escrever com palavras belas e significativas simplesmente desapareceu de sua mente. Resignado, tomou a pena e o papel esperando que as ideias voltassem. Tinha prometido à mademoiselle Allorge que procuraria o conde, seu pai, sem demora para pedir sua mão em casamento. Prometera, mesmo sentindo aquela dor que o impedia de se apoiar direito no chão, agora não conseguia caminhar, pois seu pé tinha inchado. Pensou em escrever e deteve a pena pensando como poderia abordar assunto tão delicado se não fosse pessoalmente?

Questionando-se pelo infortúnio de seu ferimento, correu os olhos pelo quarto iluminado pela luz do dia que entrava pelas enormes vidraças. As grossas cortinas de veludo estavam afastadas e os detalhes azuis nos arabescos desenhados no tapete chamaram sua atenção. Uma dobra tinha vincado por conta de sua passagem desajeitada e os cacos da porcelana que derrubara rebrilhavam quando uma fresta de sol entre o cortinado os atingia. Uma criada entrou para recolhê-los, com paciência, cortando seu raciocínio, porém diante das reclamações do senhor, ela, rapidamente, se retirou... Concluiu que tudo acontecia quando deveria ser e estava sujeito a sofrer mudanças de uma hora para outra.

Jean rasgou por três vezes o que começou a escrever e brotavam gotículas de suor em sua fronte pelo esforço e pela dor que ainda sentia. A imagem de Étoile, seu perfume de alfazema e sua pele de cetim voltaram à memória. Quase podia senti-la em seus braços outra vez. Num impulso, abandonou as ideias do texto, porque o facultativo chegara e ele precisava ser atendido. Meia hora depois, descobriu que não poderia sair tão cedo porque tivera uma forte luxação e precisava ficar com a perna para cima por, pelo menos, uma semana.

O projeto da carta foi adiado até o dia seguinte, quando acordou mais bem disposto e pôde até mesmo andar, apoiado em seu escudeiro Johan, chamado a auxiliá-lo por ser mais forte que Ítalo, o criado de quarto.

Reiniciou a epístola e, desta vez, as ideias fluíram como tinha imaginado:

Caro senhor conde de Durant e Allorge,

Espero encontrar-vos em plena saúde!

Estou impossibilitado de ir até vossa residência, como era meu plano inicial, por ter sofrido um pequeno acidente doméstico. Nada de grave, porém a locomoção ficou-me limitada e não posso cavalgar até vosso castelo, pelo menos por esta semana.

Mesmo assim, queria solicitar-vos uma audiência para melhor esclarecer o meu desejo de aproximação com vossa casa, especialmente, com vossa filha, se for do vosso agrado, senhor.

Certo de vossa confiança,

Subscrevo-me,

Jean Claude de Y...

Visconde de Saint-Pierre

Assim que selou o envelope com o carimbo na forma diminuta do brasão de Y..., chamou um criado para que pudesse encaminhar sem delongas ao castelo Allorge sua missiva. Pensou por alguns instantes se tinha feito certo em escrever. Poderia ter esperado aquela semana passar e poderia ir pessoalmente. Agora estava feito.

O caráter de Jean Claude deixava entrever certos nuances de impulsividade e, quando mais novo, tivera esses ímpetos refreados pelo pai e gerara em seu íntimo um desconforto. Estava sempre em dúvida quanto as iniciativas que tinha. Se escolhia algo, retomava em elucubrações mentais o caminho oposto para argumentar e solidificar sua primeira opção. Foi assim com sua carreira, que teve de esperar mais alguns anos até que se decidisse, enquanto não o fazia o tempo passava e esgotavam-se as reservas de paciência paternas. Ao se ver na ameaça de perder o financiamento para suas extravagâncias, saiu, finalmente, do país, em busca da esperada formação. Da mesma forma, a escolha da noiva se fazia premente havia alguns anos e ele protelava, gostando da vida de solteiro.

O conde de Saint-Pierre já havia conversado com o filho sobre as opções de jovens solteiras da península e nas vantagens de se ter uma esposa cujos pais fossem conhecidos. O nome das irmãs Durant foi cogitado, como se a contabilidade de suas posses fosse o maior interesse. Jean Claude queria conhecê-las primeiro, queria um momento em que pudesse conversar com elas em separado e essa oportunidade surgiu no baile da *maison* de madame Blanchard, quando pudera dançar com as filhas do conde Martin Felipe de Durant.

A impressão ao se aproximar das irmãs para as danças foi favorável e ele ficou em dúvida quanto a sua preferência. A primeira filha do castelo Allorge era muito bonita, com olhos grandes, claros e expressivos e a segunda, de quem ele se lembrava do nome – Étoile – cativara seu coração de uma maneira diferente. Alguns dias se passaram na grande dúvida interna até que conseguisse se decidir pela segunda filha, mas queria a aprovação dela, por isso marcou o encontro entre os lilases.

Ele se lembrava dos olhos meigos e do cabelo com brilho luminoso da segunda filha de sobrenome Durant e passou a sentir por ela genuína admiração. Quando ela aceitou seu convite, demonstrou coragem e decisão que o deixaram ainda mais admirado. Esse tipo de caráter que ele pensava encontrar numa mulher que queria por esposa. Esperava que ela pudesse sempre sugerir algo mais que o motivasse a seguir.

* * *

Os acordes suaves da música que era tocada flutuavam no ar preenchendo de harmonia e beleza as salas e o pátio interno do castelo Allorge. Os criados de copa apressaram-se em servir um chá com biscoitos para alegrar ainda mais a manhã prazerosa que as duas irmãs proporcionavam ao se dedicarem a esmerilhar os talentos que possuíam. Reunidos na sala de música, os pais ouviam sua filha mais velha, Esmeraud Marie, ao piano, enquanto a mais nova Étoile a acompanhava ensaiando o canto. O clima era agradável e as manhãs mais ensolaradas previam uma primavera menos fria e convidativa.

Havia algum tempo que os trágicos acontecimentos com a família Guzman assolaram a península, e a mãe dedicada tinha se esforçado por manter suas duas filhas preservadas das notícias trágicas acontecidas com seus vizinhos. A condessa Camile Ambre tinha ido com o conde, seu marido, expressar sua solidariedade aos vizinhos de Saint-Omer e quando regressara não pôde trazer notícias agradáveis. Mesmo assim, não permitia que assuntos muito tensos fizessem parte das conversas de suas duas flores delicadas.

A triste história de Andrea chegou antes ao castelo Allorge, pelas conversas dos criados, a notícia era que a jovem enlouquecera e precipitara-se no abismo. Junto às acompanhantes de quarto, com as quais tinham mais abertura, as irmãs descobriram a história inventada pela crendice popular a respeito do fantasma que atormentava mademoiselle de Guzman e que agora vagava pela península da Bretanha, pelos parques, pelas encostas e enseadas. As duas, porém, longe estavam da doçura que seus pais viam nelas e, às vezes, se entregavam a elucubrações menos discretas junto a amigas a respeito da vida de seus vizinhos e pretendentes, conforme vimos. Assim, ouvindo a palavra suicídio, Étoile veio consultar as fontes de pesquisa de que dispunha – as grossas lombadas encadernadas a fios de ouro da biblioteca de seu pai.

Mantendo a disciplina de práticas matinais de música, estudavam canto e piano as duas joias de Durant naquela manhã primaveril, quando Martin Felipe recebeu a missiva vinda do visconde de Saint-Pierre. O conde se retirou dali e começou a pensar sobre o futuro. Manteve sigilo e decoro em relação ao que pensou que se tratava – o matrimônio de sua mais velha – a doce Esmeraud. Sabia que as duas donzelas tinham se divertido no sarau que acontecera na mansão da madame Blanchard havia mais ou menos um mês. Elas voltaram comentando e um dos nomes citados foi o de Jean Claude de Y..., seu vizinho. Como responsável por toda família e pela felicidade de suas filhas, o conde Allorge pensava encaminhá-las o quanto antes. Esmeraud primeiro, porque era mais velha, tendo mais urgência no assunto, pela idade um pouco avançada.

Adentrando seu gabinete particular, o conde de Durant tecia suas conjecturas ao ler a carta. Uma aproximação maior entre as famílias vizinhas que se viam vez por outra em ocasiões especiais, em festas e celebrações ou cavalgadas, só poderia significar que o jovem visconde de Saint-Pierre estaria querendo uma noiva. Talvez já tivesse se entendido com a jovem dama, sua filha, quando se encontraram no sarau. Com certeza, aconselhado por seu pai ou mesmo por sua mãe, ele tenha tomado coragem, porque chegava um momento em que era necessário escolher uma companheira. Como único filho, Jean Claude passaria em breve a ter mais responsabilidades e depois, como herdeiro, passaria a assumir o domínio de seu pai. Esmeraud, sendo primeira filha, sem ter irmãos do sexo masculino, tinha também direito a herdar um bom dote.

Aquela seria uma vantajosa aliança com seu vizinho: uma família de nobres, conhecida e rica da região. Talvez Étoile aceitasse melhor uma aventura por outro lugar, até mesmo por outro país, mas não sua primogênita. A primeira filha era de temperamento muito reservado, ao mesmo tempo delicado, requisitando sempre a presença da família. Sentiria muita falta da mãe, caso seu marido a levasse para longe, talvez adoecesse. Se fosse esse o intento do jovem missivista, deveria escrever de volta e recomendar sigilo quanto ao noivado. Queria fazer uma bela surpresa a sua filha Esmeraud.

Durante o tempo de guerrilhas e revoluções, tiveram eles também de deixar sua bela propriedade rural, embora não estivessem envolvidos diretamente nos movimentos políticos, mantinham em sua vila os mesmos acordos que desgostavam os camponeses. Viajaram ao palácio da baronesa de D..., irmã da condessa Allorge, que ficava na região ocidental da Bélgica, onde ela morava. Esmeraud tivera uma crise durante a viagem, não se sentira bem por todo o tempo em que se ausentou. Acabrunhada, pedia para retornar, repetindo aos pais que nunca mais queria sair da Bretanha.

Retornando de suas lembranças, Martin Felipe voltou a atenção a sua segunda filha, Étoile. O que poderia fazer para casá-la bem? Ele não pensava em viajar a Paris e tentar a aproximação com Napoleão, a quem considerava traidor. Ele ainda pensava que o momento político era tumultuado para isso. Querendo resolver de uma vez a questão, pensou no barão Mathias Lohan Lasneaux, que o tinha procurado meses atrás perguntando se havia na região alguém que pudesse se interessar em uma aliança familiar. Poderia casar sua própria filha com o nobre fidalgo, seu amigo de longa data, que enviuvara recentemente. Ele era dono da fortuna de família, até agora sem herdeiros.

Com tais ideias futuras, apressou-se por escrever a resposta ao jovem pretendente, afirmando que esperaria que ele restabelecesse a saúde, porém, anexou outra carta endereçada ao senhor de Saint-Pierre, o conde de Y..., pai de Jean Claude, nestes termos:

> Prezado conde Georges Luís de Y... e Saint-Pierre,
>
> Espero encontrar-vos bem, assim como vossa família.
>
> É com imensa satisfação que respondo à carta de vosso filho, visconde de Y..., de forma favorável ao pedido dele. Como ele tem passado? Espero que esteja bem e que esteja se restabelecendo rapidamente do acidente que o impossibilitou de vir para a entrevista que solicitou junto a mim.

> Venho pedir vossa colaboração, pois muito me agradaria essa aproximação que vosso filho propõe. Tenho interesse em estreitar a relação cordial que sempre tivemos e que mantém nossas famílias em harmonia como vizinhos, há cinco gerações de nobres.
>
> Se for possível que o senhor o represente, conversaremos a respeito. Se vos apraz, amanhã estarei a esperar-vos.
>
> Cordiais saudações de vosso vizinho,
> Martin Felipe de Durant
> Conde Allorge

Enquanto as cartas cruzavam seus destinos, o jovem acidentado muito se afligia por não poder cumprir com a palavra empenhada junto à mademoiselle Étoile. Por demonstrar interesse, Jean Claude deu abertura para que os dois condes, seu pai e seu futuro sogro, se entendessem por carta marcando o dia para o encontro decisivo. Martin Felipe, preocupado com o destino de suas filhas, soube que teria um desfecho para sua primogênita, sem nem mesmo se preocupar em perguntar por qual delas tinha se interessado o vizinho. Como costume da época, ambos os condes estavam determinados a agirem nome da família.

Mais tarde, Martin Felipe quis aventar possibilidades futuras e escreveu outra carta destinada ao estimado amigo barão Mathias Lohan, para perguntar se ele gostaria de vir ao castelo Allorge. Poderia se entender com ele a respeito de Étoile.

* * *

Vamos encontrar os criados do castelo de Y... atarefados com as inúmeras compressas de ervas que deveriam ser aplicadas no tornozelo do doente e apesar de reclamar sempre, Jean Claude parecia bem melhor. Não era difícil por aquelas tardes de repouso, vê-lo a dormir em seu quarto depois de ter se deliciado com o repasto com grande apetite. Descansava entre sonhos de amor e possibilidades futuras. Pensava viajar pela Europa durante alguns anos por conta dos esponsais e após o tempo de harmonização com sua nova esposa, ocuparia a propriedade que receberia de seu pai de presente de núpcias, em Vannes. Pensava aventurar-se pelo comércio marítimo e manter o investimento da família. Com a união das fortunas, a partir do matrimônio, investiria nesse sentido.

Os dias passaram na lenta recuperação e para passar o tempo, o jovem visconde repetia os devaneios de futuro, certo de que seria aceito como noivo de Étoile. Pensava em como poderia se aproximar dela durante o noivado, imaginava venturas, palavras e posturas, quando sua perna ficasse boa. Impacientava-se, por esperar que o tempo daquela semana tediosa se passasse mais rapidamente, para que ele pudesse cavalgar em direção ao castelo vizinho. Pensou em escrever-lhe e adiantar que já tinha tomado a iniciativa esperada, porém não conseguia se decidir quanto ao que poderia escrever. Temia desagradá-la...

Neste meio tempo, sem que o jovem suspeitasse, os acordos em seu nome foram firmados. Com toda autoridade que lhes cabia exercer, os condes decidiram sobre o futuro de seus filhos e foi assim que Martin Felipe cedeu a mão de Esmeraud a Georges Luís, firmando com ele imediatamente a data do noivado. Isso era um procedimento comum, sendo realizado em algumas situações, mesmo quando se cogitava o destino de crianças que nem podiam andar.

Depois de tudo firmado, o visconde que já estava noivo sem o saber, foi visitado em seu quarto pelo senhor seu pai. Com voz potente, o conde revelou seu entusiasmo naquela tarde e veio tentar amenizar os sofrimentos do filho. Adentrou os aposentos particulares dele com estrondo, retumbando pelo assoalho a ponta de suas botas. Ele disse, assim que entrou, sem se fazer anunciar, como de costume.

– Jean Claude, meu filho, acabo de conversar com seu futuro sogro. Tudo acertado de nossa parte, pode ficar tranquilo.

O convalescente arregalou os olhos para ter certeza de que não sonhava. *Como seu pai poderia estar sabendo de seus planos, se nem ele mesmo tivera oportunidade de ir conversar com o conde Allorge? Poderia estar se referindo a outra pessoa, outra jovem? Por acaso comprometera-se?* Uma sombra de dúvida pairou em seu olhar e ele passou do abatimento físico à preocupação.

– Meu pai e senhor, como isso se deu? Por acaso ainda sonho? O senhor foi capaz de pedir a mão de uma jovem em meu nome? Perguntou aos criados sobre minhas correspondências? – com medo da reprimenda de seu pai sobre suas atitudes, suas palavras soaram indecisas e temerosas.

O velho pai apenas sorriu e disse mais para si mesmo:

– Os jovens pensam que não temos como saber o que se passa em nosso próprio castelo – ele fez uma expressão de enfado e caminhou pelo quarto até as janelas laterais.

Sua vista distinguiu os extensos domínios de sua propriedade. Carvalhos e castanheiros ao longe, mais próximo os desenhos sinuosos das veredas do parque ornado ao gosto da condessa de Y... Ele continuou a falar esclarecendo o mistério:

– Acabo de conversar com meu amigo, o nobre Martin Felipe de Durant em nome de nossa família, após receber dele uma carta onde me comunicou a respeito de sua rogativa de aproximação. – explicou o conde, calmamente.

– O senhor pediu a mão de mademoiselle Allorge? Oh! Como não pensei nisso? Eu me preocupava com esse assunto desde a semana passada, quando empenhei minha palavra... – ele se remexeu no leito, tensionando o corpo, queria se levantar sem o conseguir sozinho. Refreou a fala, porque não queria revelar que se encontrara com Étoile entre os carvalhos do parque.

O pai descansou a destra de forma suave no ombro do filho, demonstrando sua aprovação.

– Sua escolha muito me agrada, meu filho, já era tempo de se decidir. Em breve teremos um matrimônio que alegrará nossas famílias. Quero muitos netos correndo por esses parques. Vou contar para a senhora condessa o que decidimos. Já está tudo acertado, não se preocupe, já marcamos o jantar de noivado.

Dizendo isso, o velho conde retirou-se deixando o jovem imerso em pensamentos maravilhosos sobre o futuro.

* * *

A misericórdia divina é tão perfeita que suaviza as dores humanas da forma mais proveitosa ao aprendizado dos envolvidos, colocando ao lado de acontecimentos terríveis momentos de pura paz e de reflexão. Após a exéquias de mademoiselle Andrea, os primos aos poucos foram se dispersando e logo restavam apenas os que moravam juntos havia muitos anos. Com a decisão da partida para Madri, providências precisaram ser tomadas.

Os varões da família Guzman, Victor e seu pai Joseph Hugo, receberam um intendente vindo de Vannes que se responsabilizaria pelo castelo Saint-Omer. Os três reunidos se demoraram em conversa de negócios, porque muitos detalhes precisaram ser firmados. Além das questões administrativas, eles arrumavam os preparativos e eram organizados os baús que continham os valores ancestrais do castelo que poderiam ser transportados, algumas das relíquias de família. Desta feita, não saíam de forma discreta e urgente como tinham feito antes, mas como escolha de mudança, para o mesmo lugar onde foram felizes. Queriam esquecer as lembranças recentes que se fizeram tão áridas e pungentes. Separados os haveres que seriam despachados por terra, poderiam, outra vez seguir por via marítima até Santiago e de lá rumariam para o palácio de Montalban.

Ao findar as conversas exaustivas que incluíam decisões sobre o futuro, resoluto, Victor saiu para uma última passada pelos bosques que acolhiam sua visão com reflexos convidativos do brilho mais aquecido do dia. Aquelas paisagens davam ao irmão de Andrea a saudosa sensação de que não mais voltaria ali. Orava por sua irmã e refletia sobre sua própria vida. Na imaginação e na lembrança, vira-se na outra vez quando havia embarcado para a Espanha, em meados de 1788, como o jovem que cultivava o sonho de aprender nas plagas egípcias o mistério e os segredos da vida e da morte. Decidira seguir seu chamado interno e deixara uma vida rica sem pensar duas vezes. Esta foi sua melhor escolha, porque tudo que aprendeu por lá ampliou seus potenciais mediúnicos e deu-lhe habilidades para melhor ajudar aos que o buscavam.

Caminhando ainda pelos parques, circundou o castelo e se aproximou dos alpendres laterais, onde ficavam os aposentos de sua irmã. Logo vislumbrou a figura ágil de Matilde, a criada de quarto de Andrea, que saiu buscando por ele.

- Senhor visconde, rogo vossa atenção se puder ouvir-me, senhor!

Ao ouvir o apelo, ele parou e se voltou em direção a ela, assentindo com a cabeça, num gesto lento e gracioso.

- Vosso pai me avisou da viagem de vossa família, tenho um pedido a fazer-vos. Não posso ir, tenho família aqui e gostaria de voltar para a companhia deles, se não conseguir outro lugar em que possa servir como criada.

Rememorando a manhã, o jovem visconde se lembrou de que em suas orações pedira pelo melhor encaminhamento de todos os envolvidos com a morte de Andrea. Recebera orientação de que lhe surgiria uma oportunidade para retribuir a dedicação prestada a sua irmã.

- Se seu pedido não contrariar a vontade de meu pai, Matilde, posso encaminhá-la a Saint-Patrice e solicitar a Marcus de Villiers que a encaminhe. Não teremos tempo para aguardar que consiga outro lugar.

Os dois ficaram por alguns minutos em silêncio até que Victor agradeceu o cuidado dispensado a sua irmã pelo tempo em que a criada a tinha servido. Isso não era comum, uma demonstração de reconhecimento pelos trabalhos prestados, por isso as palavras do visconde foram breves e a jovem serviçal acatou com respeito o comentário.

– Já que nossos destinos vão se separar, gostaria de agradecer por seu carinho e atenção no trato com minha irmã – ele disse, atenuando a voz e escolhendo as palavras e ouviu a resposta:

– Meu senhor, não fiz mais que minha obrigação. Foi uma honra servir à vossa família, mas creio que a minha presença seja agora um estorvo para vós.

– Acredito que meu pai não se oponha, siga seu destino e tenha certeza de que será sempre bem-vinda entre nós – acrescentou Victor, já continuando o caminho.

Naquela mesma noite, pai e filho se entenderam a respeito do pedido daquela que para eles só representava amargas lembranças e a criada de Andrea, no dia imediato, rumou para seu novo destino, conforme seu desejo, ali mesmo na vizinhança de Saint-Omer.

Ao embarcar para a Espanha com sua família, dias depois, conjugando as lembranças da viagem de sua juventude com a nova experiência, Victor estremeceu levemente e teve um pressentimento. Alteou o olhar para os rochedos pontiagudos, vislumbrou as baías, já distantes, e sentiu que não mais voltaria ao lugar que o vira nascer. Sentiu o molejo do navio, sacudido em suas estruturas e percebeu as diversas ilhas que demarcavam os faróis, pensando consigo mesmo que, naquele gesto deles de deixar a pátria, estavam levando em seus corações sofridos a tradição da honrada família e, em contrapartida, o passado ficava para trás.

Capítulo 7

O JANTAR DE NOIVADO

A providência é a solicitude de Deus para com Suas criaturas. Deus está em toda parte, tudo vê e tudo preside, mesmo às coisas mais insignificantes.

(*A Gênese*, Cap. II, item 20)

O tempo virava suas páginas apresentando a sequência dos acontecimentos, as semanas se seguiam e o visconde de Saint-Pierre ainda não conseguia o pleno restabelecimento para poder vestir-se e calçar-se como exigiam formalidades dos de sua classe. Envergonhado protelava sua visita e acatava os conselhos de seu futuro sogro que queria fazer o anúncio do noivado à noiva quando todos estivessem reunidos em banquete, numa bela surpresa. Dizia Martin Felipe em sua carta de resposta que estava ciente da preferência de sua filha. Melhor seria se os dois se encontrassem como noivos.

Neste ínterim, chegaram ao castelo de Y... os convites para o jantar oficializando o desejo de união entre os jovens. Aflito com a urgência do tempo, Jean mandara alargar seus *scarpins* para caber seu pé ainda um pouco inchado e doendo ao andar. Teria de ir pessoalmente conversar com seu futuro sogro, finalmente, conseguiria ver Étoile.

No dia anterior à festa, podia-se perceber que o castelo Allorge tinha sido preparado com riqueza de detalhes para receber os condes e a condessa de Saint-Pierre para o jantar, como desejo dos patriarcas. Como toda vida castelã da época, o senhor tinha plenos poderes sobre a família e tomava suas decisões com a conveniência de interesses. A pedido do anfitrião, os anúncios seriam feitos durante o jantar.

Como costume para esse tipo de evento, a prataria tinha recebido polimento, os vasos de alabastro, decorados em ouro, mudaram de lugar ganhando maior destaque e os candelabros, iluminados por dezenas de velas, davam aos salões o *glamour* de que necessitavam naquele dia especial e comemorativo. Cuidado especial foi dedicado às estruturas em arcos onde jaziam figuras humanas em bronze, sustentadas por pilares jônicos em mármore, que se repetiam tanto no *hall* de entrada quanto no meio de cada um dos salões reservados aos convidados.

As filhas do conde Martin Felipe sabiam apenas que iriam receber convidados, sem ter sido participadas sobre as decisões paternas a respeito do noivado. Prepararam-se com o luxo e etiqueta de sempre, sem suspeitarem de nada especial. Nos dias que antecederam o evento, as duas irmãs ensaiaram uma peça de piano e canto para entreter os convidados, a pedido de sua mãe, que somente adivinhava o que viria daquela celebração devido ao esmero que fora pedido que ela encomendasse as iguarias que seriam servidas. A condessa deu ordens para preparar a comida preferida de Esmeraud, os *brochettes d'ortolans* – o prato principal.

Na manhã do evento esperado, a condessa Camile Ambre desceu as escadarias que levavam ao corredor das alamedas térreas do castelo e dispensou duas ou três criadas que ainda davam polimento nos metais dos candelabros e nas aldrabas e maçanetas das portas. Adentrou o grande salão onde o jantar seria realizado e perguntou ao mordomo, Armand Privost, se estava tudo como tinha sido planejado. Armand era um homem grande e solícito, que se dedicava lealmente àquela família. Ele chamou a governanta para se certificar dos detalhes, antes, porém, respondeu:

– Perfeitamente, senhora condessa. As baixelas estão lustradas, a senhora gostaria de escolher o aparelho de jantar que será usado logo mais? Já selecionamos a equipe que fará os serviços diretamente à mesa, madame.

O serviçal ficou sem resposta, porque a condessa distraiu-se com a azáfama. Via o senhor conde dando ordens a vários criados para se dispersarem pela esquerda ou pela direita. Ele parecia entretido com sua mais nova preocupação: seis lindos cisnes que tinha mandado trazer especialmente para enfeitar sua propriedade. Um deles tinha voado e corria por entre os alfobres para o desespero dos jardineiros. A condessa estranhou aquela agitação em seus parques e se aproximou para ver melhor, projetando o corpo pelas cercas do alpendre pela murada lateral. O movimento foi repentino e quem pudesse perceber o que ocorria do lado de fora concluiria o que a senhora condessa pretendia. Vista de dentro do átrio, porém, parecia que ela se jogara do beiral sobre os espinhos no jardim de rosas, trecho do parque que ladeava as alamedas laterais, com diversas espécies coloridas.

Mademoiselle Étoile descia as escadas internas que davam para o salão de jantar. Ela olhou para sua mãe que se projetava de repente sobre a paliçada e fechou os olhos novamente invadida pelas imagens do mar e do abismo. Ultimamente, vinha lutando com as vertigens que sentira ao olhar alturas, refletia sobre a dor e a coragem de jogar-se como Andrea de Guzman fizera. O abismo sussurrava um apelo constante chamando a sua atenção, chegava a sentir o cheiro da maresia, embora estivesse longe do mar. A impressão ruim causava-lhe recorrentes tonturas e ela buscava reagir e firmar o corpo colocando a atenção em algum objeto à sua volta.

Em sua imaginação, via sua mãe atirar-se pela lateral, sobre a cerca, num ato desesperado, tentando dar fim à própria vida. Por aqueles dias, tinha estado muito ansiosa a respeito do assunto de morte e de suicídio. Tivera pesadelos com o mar altivo e selvagem, sentira que caía, sempre caía sem encontrar sustentação para o corpo. Tinha tomado pavor da noite, por conta da aflição que a incomodava. Após deixar o penhasco, no dia em que conversou com Ariane, a sensação desagradável ressurgia repentinamente trazendo detalhes desesperadores da história de Andrea. Suas aflições íntimas a respeito do futuro se confundiam com as dores da suicida. Voltara a sentir um pavor indefinido que misturava o pressentimento de que não se casaria com Jean Claude, com uma curiosidade mórbida por assuntos relacionados a quem buscava a morte. Chegara a pesquisar na biblioteca do pai mais livros sobre o tema do suicídio, sem sucesso. Ela sabia que aquele tipo de informação não seria comum de se encontrar porque era um assunto proibido. Ela mesma não sabia ao certo por que tinha recontado a história de mademoiselle de Guzman para Élodie Ariane, nem como se lembrara de tantos detalhes.

Naquele momento, no alto da escada, Étoile sentiu o mundo rodar, fechou os olhos com medo de olhar para baixo. Apoiou no corrimão assustada, com medo de cair e percebeu que aquele não era seu desejo, magoar o corpo frágil numa queda, fosse do penhasco, da escada ou da janela. Refletiu sobre as razões de se sentir atraída para o assunto e voltou ao momento presente, preocupada com a própria mãe. Não queria encontrar o corpo dela pendurado na linda cerca que ornamentava as varandas de latadas de rosas. Insegura, parou onde estava, aguçou o ouvido e esperou alguns segundos até ouvir o farfalhar do vestido de luxo que a condessa usava. Ao acabar de descer a escada constatou que sua mãe estava bem viva e aquela atitude não passou de um esforço para enxergar melhor o animalzinho perdido. Já no piso térreo, Étoile pôde avistar o cisne que sobrevoava os canteiros nos parques do lado de fora, entre as flores.

Quantos minutos se passaram sem que ela tivesse coragem de abrir os olhos não conseguiria dizer. *Estaria tão tocada pela desgraça da senhorita Andrea que repetia seus sentimentos descompassados?* Ainda refletindo sobre sua própria atitude buscou os criados para servirem um chá, queria recompor-se para a noite, não podia dar mostras de indisposição, de olheiras ou de mau humor. Afinal aquele seria seu grande dia, pensava ela, na esperança de que Jean Claude tivesse a chance de se entender com seu pai, como prometera.

Recebera do visconde de Y... um único bilhete pelas mãos dos criados onde ele dizia ainda sofrer dores e avisava que o facultativo o tinha proibido de sair da cama, mas que ela teria uma surpresa em breve. Este bilhete mais confundia os sentimentos de Étoile deixando um vazio de incompreensão a ser preenchido de dúvidas. Ela não tivera coragem de enviar resposta ainda que lacônica como a mensagem recebida, nem de perguntar a respeito do que ficou acertado entre os lilases.

Nesse contexto de surpresas e desentendimentos, a tarde do inevitável encontro chegou.

Os condes e o visconde de Saint-Pierre desceram da carruagem que os trazia pontualmente no horário combinado para o jantar, pai e filho envergando seus fraques e a dama escolhera tons de bege para seu vestido de veludo e babados, como ditava a revolução da moda na corte francesa, causada pela nova imperatriz Josefina, embora estivessem muito longe de Napoleão.

Nos salões de recepção decorados e iluminados por ricos candelabros, o senhor de Durant estava esperando em clima de festa e tinha começado a beber seu vinho especialmente aberto para a ocasião desde a hora do almoço, quando falara a seus parentes de uma surpresa deixando suspense no ar. O que seria essa novidade não explicou e as jovens irmãs se entreolharam esperançosas de receberem notícias de seus pretendentes. A senhora condessa, um tanto fria por não saber do que se tratava, tinha fechado o semblante em reprovação.

Antes do jantar, o movimento da copa estava intenso, pois o conde exigia que fossem servidos canapés e o melhor vinho. Os familiares mais atentos notaram que o comportamento do anfitrião estava muito diferente dos dias habituais quando se mostrava sério e distante. Naquela noite, estava caloroso com os convidados e com a família. Em parte, simulando que já estava tocado pela bebida e em outra parte, por se ver mais aliviado da responsabilidade que detinha em cuidar de suas filhas. Ao casá-las passava adiante aquele encargo, como era o pensamento comum dos pais, encaminhando-as para a constituição de novas e nobres famílias, pois não queria que suas flores preciosas tivessem algo menos que a felicidade.

O mordomo acionou os serviços para as refeições, quando os anfitriões decidiram que era chegada a hora. Os convidados se dirigiram aos pares para o salão maior, anexo ao pátio interno, onde magnífica mesa para vinte lugares estava arrumada com precisão milimétrica. Pelos corredores, constava a pinacoteca particular dos ancestrais Allorge que colecionavam retratos dos parentes pintados à óleo e emoldurados em ouro. O salão parecia brilhar à luz dos candelabros polidos quando outros familiares foram chegando e preenchendo seus lugares. Surgiram olhares admirados e elogios ao fino mobiliário florentino, à prataria ao estilo Luís XV em contraste "Cabeça de Minerva" e ao fino jogo de toalha e guardanapos em linho egípcio e bordados com estilo. Primos e primas dos anfitriões elogiavam o requinte dos ornamentos floridos e o bom gosto dos Saint-Pierre pelo luxo que encontraram ali.

As mademoiselles Allorge foram as últimas a ocupar seus lugares no recinto, após a solicitação de seus pais que se sentassem, redobrando seus vestidos elegantes à romana, como última moda parisiense. Esmeraud vestia branco com detalhes em dourado, num corte reto de sedas leves exibindo rendas e brocados e Étoile usava uma túnica na cor branca com mangas bufantes em telas de prata e ornamentos adamascados. Naquele jantar, ensaiavam o rigor das reuniões formais que ocorriam periodicamente entre os de sua classe, para os quais muito se tinham preparado durante as aulas de etiqueta.

Quando o prato principal foi servido, as pessoas conversavam elegantemente ao redor da extensa mesa. As damas conduzindo as novidades vindas da corte e da moda, os cavalheiros exibindo sua perspectiva sobre os acontecimentos recentes, porém ninguém falava de tragédias ou adversidades. Os acontecimentos marcantes para a região, vivenciados recentemente com a família de Guzman, não foram comentados.

Alheia ao burburinho que ecoava ao seu lado, Étoile estava com a cabeça nas nuvens, sentia as mesmas vertigens e as mesmas sombras embaçavam seus olhos quando se lembrava do mar e do suicídio de Andrea. Ali, diante dos convidados, tentava controlar os impulsos de retirar-se para o quarto até que o estonteamento passasse. Diante de tanta gente, tantos comentários polidos e elogiosos a deixavam sem espontaneidade e cansada. Como se suas forças estivessem sendo tragadas pelos parentes e amigos que ali se compraziam na mesa farta de seu pai. Em poucos segundos, despertava do torpor e retornava mentalmente ao único assunto que a mantinha naquela reunião – queria saber sobre seu futuro, queria conversar com Jean Claude e saber se ele tinha feito o pedido formal para seu noivado. As dores se misturavam à alegria e as perspectivas futuras se dissolviam em dúvidas mais uma vez. De súbito, um grave pressentimento a acometeu de que iria embora dali e nunca mais veria seus pais. A noite corria lenta e desconfortável. Um presságio claro de que algo desagradável se sucederia.

Em determinado momento, o conde Martin Felipe ergueu sua taça, tomou a palavra e propôs um brinde, anunciando orgulhoso o primeiro casamento em sua descendência:

– Meus amigos e parentes, esse jantar é muito especial para nossas famílias aqui reunidas. Chamei-os por um motivo muito feliz! Tive a honra de ceder a mão de minha mais pura joia: Esmeraud – ao amigo e vizinho o visconde Jean Claude de Y... e Saint-Pierre! Proponho um brinde aos noivos.

Diante do olhar estarrecido de Étoile, os convidados ergueram suas taças e brindaram ao enlace de sua irmã e de seu antigo pretendente. Ela olhou para Jean Claude, que desviou os olhos voltando-os, por sua vez, ao próprio pai, numa interrogação tácita. Ninguém conseguiria desfazer o mal-entendido naquela hora. Esmeraud sorria alegre e não olhava para o lado onde estava Étoile, por saber das preferências da irmã mais nova. Jean Claude sabia que precisava solicitar uma audiência com o próprio pai e com o futuro sogro, porém se sentia constrangido diante de Esmeraud, que seria preterida em favor da irmã mais nova, agora que o anúncio tinha sido feito. Nada poderia ser discutido diante de todos, porém.

Ondas de calor invadiram o rosto do jovem pretendente que erguia a taça indeciso e trêmulo. Seu pai entendera errado sua escolha, quisera ajudar, mas se precipitou. A tensão aumentou entre as duas irmãs sentadas próximas uma da outra, quando Jean Claude começou a evitar olhar de volta aos apelos silenciosos de Étoile e começou a ceder sua atenção a Esmeraud, como se realmente aquela união fosse de sua escolha.

Os minutos se passaram com estranha morosidade. As palavras de felicitações aos noivos pareciam setas que cortavam o coração de Étoile e ela sentia as tonturas de antes, agora acrescidas de instantes de ausência, como se nada despertasse seu interesse, como se estivesse em outro lugar muito longe dali. Um mundo triste e sombrio onde o futuro imaginado se desmoronasse por completo – não havia mais noivo, sua família demonstrava preferência por sua irmã e seu pretendente era um cavalheiro sem vontade. Ela entrara em uma espécie de devaneio onde enxergava como única solução seguir o exemplo de sua vizinha e se atirar do penhasco. Em seus argumentos mentais ela queria, como Andrea, vingar-se de seu pai que fizera acordos matrimoniais sem conversar antes de se comprometer. Depois, pensou em Esmeraud. Que maior traidora! Vinha convencendo seu pai de suas exigências havia muito tempo, vinha manipulando seus pais com seus achaques de criança mimada. Se não fosse possível fazer suas vontades caía doente, tinha febres, tossia à noite e logo todos cediam aos seus caprichos e ela melhorava.

O jantar continuava requintado, enquanto os anfitriões exibiam suas melhores reservas de vinho aos convidados. Lentamente, Étoile despertou do devaneio ao qual se entregou revendo cenas do passado e atendeu ao novo chamado de seu pai.

Ainda empolgado com os aperitivos que tomara, o senhor conde de Durant resolveu declarar suas cogitações mentais. Ele estava exultante de felicidade, tendo pensado no futuro e tomado suas resoluções a respeito da vida de suas filhas. A filha mais velha o tinha alertado também sobre o destino de Étoile. Ela era jovem e insegura, muito inexperiente, quanto antes se casasse, melhor seria. Um pretendente de longe dali, com certeza. Um negociante parisiense, quem sabe do exterior seria mais adequado à sua filha mais jovem, que adorava viver aventuras. Ele pensava como era bom vê-las assim crescidas... a linda Esmeraud estaria por perto e a adorável Étoile seguiria pelo mundo... *Como tinha investido em suas filhas!* Pensava o conde orgulhoso, sempre prezara muito pela educação de suas meninas, dera a elas tudo de melhor que a época poderia proporcionar, não media recursos para que estivessem sempre vestidas com luxo e que estivessem muito saudáveis. Tinha verdadeira adoração por Esmeraud e sim, como queria vê-la desabrochar em mãe de seus netos. *Quem sabe ela teria um varão por filho?* Por algumas vezes, ela o buscava para conselhos sobre os cavalheiros com quem dançara. Uma dessas entrevistas foi sobre o jovem Jean Claude de Y..., o visconde vizinho deles. Ele aconselhara da melhor maneira e vira ali o interesse da filha. Sofrendo a influência indireta de Esmeraud, olhou em direção de sua primogênita para concordar com ela, depois desviou o olhar para Étoile. Ela também merecia um pretendente. Ele chamou a atenção dos convidados, elevou sua taça outra vez e pediu que os convidados o ouvissem:

– Meus amigos, perdoem-me o entusiasmo, hoje resolvi que minhas filhas não podem mais esperar solteiras até que outras guerrilhas abalem o *status* social dos pretendentes. Um amigo me procurou por carta, ele está em busca de uma noiva e, em breve, entraremos num acordo sobre o destino de minha outra filha, minha segunda joia: Étoile – terá minha bênção para se casar com o barão Mathias Lohan Lasneaux. Todos o conhecem, estão lembrados dele? Somos amigos, desde os tempos de solteiro, ele se tornou viúvo há alguns anos e não possui filhos de seu primeiro casamento. Busca agora outra chance para gerar descendentes. Proponho outro brinde ao futuro de minha querida Étoile.

Os convidados ergueram as taças mais uma vez e, como já tinham bebido muito, poucos se lembravam do que estavam comemorando ou do nome dos noivos anunciados. Encerrados os pratos elegantes e as sobremesas mais elaboradas, os homens se retiraram para o salão reservado ao fumo e carteado e as mulheres para as salas menores onde seriam servidos outros doces, bolos e chás. Étoile não podia conversar com Jean Claude, mas seus olhos cobraram dele, quando se encontraram ainda no salão de jantar, uma postura e uma decisão. O mal-entendido gerava uma impressão de impotência, um gosto amargo de traição e perda. Ele parecia impassível e resignado, como se essa fosse sua escolha. Provavelmente, não diria nada.

As primas Johane e Anabela de Durant e Delyon cumprimentaram as irmãs nubentes que se posicionaram em torno da mesma mesa pequena onde poderiam apreciar os *petit éclair* e os *clafoutis* especialmente preparados para o evento. Étoile recusava os doces e Esmeraud tinha de engoli-los rapidamente para responder os cumprimentos por seu noivado. Entre uma mordida e outra, quando os cumprimentos cessaram, Esmeraud disse à sua irmã mais nova, displicentemente:

– Não sabia que o conde de Saint-Pierre tinha tomado essa iniciativa junto a nosso pai. Não o vi por aqui e ele não confirmou comigo seu interesse. Quando dançamos na *maison* de madame Blanchard, ele elogiou meu perfume e disse que meu vestido tinha caído bem. Elogiei de volta a delicadeza dele em conduzir a dança, mas foi só o que conversamos de mais íntimo. Sempre nutri por ele um interesse secreto. Perguntei a nosso pai o que ele me aconselhava e obtive resposta favorável. Ele sabia minha preferência.

Percebendo que Esmeraud não tinha a menor noção da promessa feita entre os lilases, Étoile só pôde concordar e dar também ela os parabéns à irmã. Se Esmeraud soubesse o que ocorreu sob os carvalhos do parque a chamaria interesseira e sem princípios, não podia revelar nada, nem contar como se sentia, como amava e era correspondida. Nesse fluxo de pensamentos se deu conta de que nunca mais poderia conviver com a irmã. Em nenhum momento, pensou em conversar com o pai, sentia o coração destroçado apenas, mas estava longe de resignar-se ou expressar-se. Os acontecimentos daquela noite vinham confirmar a intuição daqueles dias, que nada sairia de acordo com sua vontade, que estaria em pouco tempo longe dali, talvez casada com um desconhecido, talvez morta ou louca em uma casa de repouso. A determinação de Andrea de Guzman facilmente voltava à sua memória – mas, *teria coragem de matar-se no abismo?*

A marca no rosto de seu pretendente fez-se viva na memória de Étoile. Ela se lembrou do homem que tinha vindo passar uma temporada no Castelo Allorge durante um período de sua infância. As telas do passado regressaram de uma vez à sua mente e ela se viu como uma criança, tendo saído de um dos aposentos de dormir procurando por sua mãe ou pela ama e se deparara com ele, sem o tapa-olho e com a enorme cicatriz que traçava seu olho. O susto gerou um choque em sua mente e a criança que ela era saiu gritando apavorada pelos corredores vazios e enormes para seus passos. Agora que já era adolescente, ainda trazia no fundo da alma o medo cristalizado por se lembrar daquele dia. Não poderia se casar com alguém assim, que lhe causara espanto.

A festa terminou de forma constrangedora para as duas irmãs que nunca mais desfrutariam da amizade que nutriam uma pela outra antes da rivalidade amorosa tomar seus corações. Foram dali para frente frias uma com a outra, como estranhas, mas um dia tinham se conhecido muito.

Capítulo 8

O PENHASCO ALCANTILADO

843. *Tem o homem o livre-arbítrio de seus atos?*

Pois que tem a liberdade de pensar,
tem igualmente a de obrar.

(*O Livro dos Espíritos*)

Examinei os arredores do local onde me encontrava, a altura de cinquenta metros estimativos sobre o nível do oceano, prolongava-se para o continente o vestígio de uma estrada nobre (...) Tufos de velhos redodendros vermelhos, de glicínias e giestas, frondosas galhadas de lilases e acácias e profusão de plantas preciosas, próprias dos antigos parques senhoriais (...) enquanto carvalheiros e pinheiros soberbos recordavam o esplendor de um parque que outrora teria sido o orgulho de velhos fidalgos bretões.

(*O drama da Bretanha*, **prólogo**)

Alguns dias depois da despedida dos condes de Guzman, Marcus de Villiers ainda sofria com as repercussões dos acontecimentos. Ele não sabia que tinha contraído provas a partir de sua responsabilidade como pai do filho de Andrea e que sua vida, possivelmente, deveria se tramar, no futuro longínquo para reencontrá-la e resistir a ela, como prova de autossuperação. Por enquanto, precisava de uma nova esposa que se dispusesse a aceitar essa mesma criança, que tinha urgência em nascer, embora ele de nada soubesse sobre reencarnação.

Conforme o tempo fluíra, os momentos mais difíceis foram ficando para trás na longa caminhada da existência. Certa manhã, em que os ventos menos gelados anunciavam o final da primavera, o conde de Villiers se olhava no reflexo de sua espada há muito esquecida num canto do salão e que, naquele dia, recebia a atenção de seu dono. Viu na imagem refletida que sua pele, antes amorenada pelo sol das Américas, agora perdera o viço e parecia pálida. Seu olhar, que quando jovem fulgurava de paixão pela vida, pareceu-lhe sombreado pelas marcas das noites insones, como as olheiras de um doente.

Algum tempo se passou desde a morte de Andrea e ele ainda pensava nela e revivia aquele conflito íntimo. Os ecos das palavras de Victor na tarde fria dos funerais ainda eram vívidos em sua mente. Naquele instante, ele se deu conta de que era urgente mudar, arejar a casa e a cabeça. Retornar às terras férteis da Louisiana. Precisava resolver isso e sua situação matrimonial. Casar-se com uma mulher de sobrenome nobre, que seria sua condessa, constituir nova família, ter outro filho. Essas possibilidades giravam em sua mente, como se no futuro tudo fosse se tornar mais claro, mas agora continuava ofuscado pela dor.

Ergueu o corpo aprumando-o e retomando a posição altiva de sempre. Reagiu dentro de si mesmo e jurou recomeçar. Tinha errado muito ao seduzir aquela jovem vizinha que roubara seu coração, mas estava feito. Não esperava que ela fosse tão imatura ou que estivesse tão contrariada quando dava mostras de dedicar a ele o mesmo amor e admiração de que era alvo. Tinha, sim, culpa por insistir, por fazer prevalecer sua vontade e se arrependia disso rogando a Deus que desse oportunidade de reparar seu erro dali para frente.

O reflexo da arma brilhou de novo chamando sua atenção e ele viu os cabelos crescidos e com brilhos prateados sobre as têmporas, tinha envelhecido naqueles últimos tempos. Completara quarenta anos, já não era tão jovem como Andrea e ele se deu conta disso, de que precisava pensar no futuro. Seguir com a vida que se descortinava como perspectiva de sair daquela paralisia, daquela dor. Entrou a pensar em novas perspectivas e chegou a conjecturar como seria sem Andrea, com outra pessoa. Se houvesse outra mulher de seu interesse, ele poderia levá-la para as Américas e entregar mais uma vez o castelo de Saint-Patrice a um intendente. Constituiria família no mundo novo. Não poderia viver ali, à sombra de um suicídio, convivendo em um local cheio de lembranças caras e amargas.

Despertando da letargia, reagiu. Naquela mesma manhã ordenou aos criados que preparassem sua montaria para uma cavalgada. Havia semanas que não se aventurava fora do próprio castelo. O sol parecia convidativo e ele se lembrou de que precisava voltar à América, onde havia mais calor. Naquele tempo que passara ali, recolhido em seu luto, tinha visto apenas uma pessoa: Matilde, a camareira de Andrea que apareceu certa tarde dizendo que tinha sido encaminhada ali por Victor de Guzman, para trabalhar com a nova senhora de Saint-Patrice, caso houvesse, pedia comovida se o senhor de Villiers poderia dar-lhe trabalho. Compadecido, reconheceu a fidelidade a sua amada Andrea e quis compensar aquela que muito a ajudara nos momentos de suas piores crises. Os condes de Guzman já tinham partido e ele, em seu luto, não se lembrara de cuidar desse assunto. Matilde passou a trabalhar no castelo e Marshal ficou tão alegre que confessou ao amo que queria se casar com ela. A situação dos serviçais se tornou oficial. O conde Marcus pensou em sua partida próxima e, como levaria seu criado de quarto, poderia também levar Matilde a aproveitá-la em outro serviço.

Quando efetivamente saiu, alguns minutos depois, teve a impressão de que o vento cortaria sua pele, mesmo assim ele insistiu. A neve tinha derretido quase completamente e ele despertava daqueles dias de tristeza, como quem sai da caverna obscura da perda. Não pretendia cavalgar pelas terras de Saint-Omer, então rumou para o lado oposto, dando uma grande volta pela própria propriedade. O animal estava com saudade do exercício e correu muito, de forma bem livre. Como se o peso de um homem nada significasse para ele.

Distraído com a Natureza bela, passando horas agradáveis relembrando os pequenos prazeres que já não se permitia, o conde não percebeu que sua montaria acertara a direção e voltava a enveredar-se rumando ao palácio de sua amada Andrea. Não queria ir para lá, mas não tinha forças para impedir a corrida livre. Quem sabe alguma força invisível estivesse direcionando o cavalo e fosse preciso mesmo lavar a alma e despedir-se do lugar. Deixou-se ir mais e mais, em silêncio e respeito por aquela que amava. Voltara ao passado. Assim que adentrou o terreno, tão conhecido de seu coração, percebeu a dura verdade - os parentes de Andrea não moravam mais ali. Não havia jardineiros, criadagem, nem movimentação.

Em sua mente, voltou ao dia sinistro do acidente no penhasco. Se, naquele dia, tivesse ele também saído do gabinete de seu sogro, onde assinava o contrato de casamento e descido as escadas, descobriria o que se passava com a noiva, talvez tivesse conseguido gritar por ela ou alcançá-la. Os apelos de Alexis por meio do mordomo Jacques Blondet chamavam apenas o pai e o irmão de Andrea[9]. Marcus não quis se mostrar indiscreto no que não lhe dizia respeito. Assim, esperou que os cavalheiros retornassem em vão. Ao ouvir a correria, desceu para o salão e quando chegou ao átrio que levava ao parque já ouvia os gritos desesperados. Já não era noivo, mas desgraçado.

Orou mais uma vez para afastar os pensamentos e sentimento de culpa. Desceu da montaria e caminhou pelo extenso parque, agora desabitado. Talvez não tivessem conseguido arrendá-lo ainda e ninguém parecia estar cuidando da propriedade. As gea-

9 Referência à obra *O drama da Bretanha.*

das das últimas semanas tinham derretido e os jardineiros não retornaram para replantar as flores. O cenário desgastado pela falta de trato foi se desvanecendo e dando lugar às lembranças onde revia as cores de outrora, vivas e cheias de alegria. Os recantos mais amados de seu coração readquiriram brilho e o entusiasmo de seu peito apaixonado. Os olhares promissores de sua amada voltavam a cada detalhe. Até mesmo as pedras ou o vento, que soprava o frio em seu rosto, eram familiares porque vivera as madrugadas de espera e felicidade ali mesmo, entre aquela paisagem.

Assim envolvido, para onde olhasse via Andrea encarando--o de volta, de forma chamativa e lamentosa. Ela estava sob a latada de rosas, deitada em seus braços, correndo os dedos por sua barba, depois arranhando sua pele e do outro lado, onde primeiro se encontraram, cedendo beijos e lágrimas. Estava nas varandas do palácio junto à porta que levava aos seus aposentos, soprava beijos, depois franzia o cenho agitando a cabeça em negativa. Sorrindo, caminhava pela trilha que levava ao penhasco e acenava antes de correr para o abismo. Quando ele se aproximava do lugar em que a via, simplesmente, ela se movia para outro lado, por trás dos pilares, roçando as saias pelo salão e cantando alegre, ao mesmo tempo muito triste, num antagonismo sem explicação.

Num minuto, ele estava sorridente em seus braços, depois distante, recebendo bilhetes das mãos de Matilde, sob o olhar de censura de seus parentes. *Estaria ele louco ao vê-la ou a paixão que nutria por ela provocava aquelas lembranças?* Não poderiam ser salutares aquelas aparições de uma morta, que se fora em situação tão trágica. Ouviu, pela primeira vez, o grito dela e uma gargalhada sinistra. Parecia vir do ronco do mar que arrebentava nos rochedos furiosamente. A aridez das pedras, o sal das águas parecia impregnado na figura de sua noiva – linda à distância, cativante em seu amor, porém perigosa ao se aproximar muito.

– Cuidado, ela é como o abismo e um mergulho o fará sofrer, porque ela o arremessará contra as pedras. O sal de sua recusa queimará a pele e ficará registrado na alma até um dia, quem sabe, em que tenha outra oportunidade de tê-la em seus braços ou de desprezá-la como ela o desprezou... – disse uma voz à sua esquerda e ele não viu quem era. *Seria sua consciência a cobrar por seu ato impulsivo de amor?*

O conde de Villiers sentou o corpo cansado num banco do parque e manteve a cabeça entre as mãos por alguns minutos, tentando retomar a mesma postura interna que tivera mais cedo ao olhar sua espada. Não queria mais ver aquela paisagem convidativa às lembranças, não queria pensar no que não poderia mais acontecer, então se tornava uma grande frustração. Não poderia sofrer por algo que não tinha como voltar a ser como era, que não poderia mudar. Ali enlouqueceria também como Andrea enlouquecera. Levantou-se resoluto, mas antes de deixar o pátio, deu uma olhada de esguelha para o caminho que levava ao abismo. Vereda que Andrea tomara sem hesitar no dia que seria de suas bodas e que ficou marcado como dia de sua morte. Assim que olhou, pensou que as visões nunca mais o deixariam. Ele a viu correndo. Era Andrea de novo ou sua alma... *estaria ela presa ao momento de loucura? Revivia em espírito o impulso de tirar a própria vida? Que desespero!*

O longo vestido branco à romana, que ela usara, à moda de Josefina ao ser coroada em Paris, ganhava destaque em meio à vegetação rasteira. Ele se lembrava bem do que vira do andar superior, no dia da tenebrosa ação derradeira, tinha corrido à balaustrada que dava para o mar e debruçara-se para ver a cena terrível que não lhe saía da mente. *Agora revivida parecia diferente, seria alguém que corria ou uma visão do que houve?* Não soube dizer, mas em dado momento os acontecimentos se tornaram diferentes. As vestes vaporosas de seda fina, no esforço de conter-lhe os passos delineavam suas pernas ágeis. Ele viu os cabelos louros arruivados tão queridos em desalinho e a tez branca fustigada pelo vento marítimo. Não poderia ser que a cena se repetisse constantemente, era muita tortura, muita dor. *A morta, ou sua alma, estivera ali, revivendo o desvario por aquele tempo?* Queria desviar os olhos, gritar por ela, mas permanecia imóvel, boquiaberto, petrificado.

No inusitado da situação, percebeu que algo acontecia diferente do que vira da sacada e que lhe fora recorrentemente narrado pelos parentes de Andrea. A jovem que corria, embaraçou-se nas próprias roupas e caiu ao chão. Na dúvida esperou ainda, seria loucura ir socorrê-la se já sabia o desfecho da cena. Se era o fantasma de Andrea iria sumir ou mudar de direção se ele se aproximasse. De súbito, reviu mentalmente o trajeto de sua noiva perseguida pelos varões de Guzman... ele se lembrou de que a queda não acontecera e ficou confuso com o que presenciava. *Seria Andrea ou outra pessoa?*

Chamado à realidade, Marcus despertou e, levantando-se, correu em direção ao incidente marcante que acontecia. Aquela não era uma aparição, tão pouco visões de seu coração inconsolável. Era outra jovem que corria. Não poderia permitir outro suicídio.

O vento forte fustigava seu rosto, o cheiro de maresia invadia seu nariz, o caminho pedregoso alertava para ter cuidado com os passos, quanto mais ele se apressava. Ia para o pontal com a alma pequena de aflição, se tivesse feito isso algum tempo atrás, talvez ainda celebrasse a felicidade do casamento e, meses depois, da paternidade. *Por que não se fizera guardião de seu próprio tesouro que era sua amada? Por que razão naquele dia, não pediu para vê-la, não exigiu seus direitos de noivo para uma entrevista?* Na oportunidade, sondaria a alma revoltada de sua querida e talvez pudesse ter impedido que se matasse. As lágrimas escorriam por seu rosto e ele voltou à cena e costurou com ímpeto a sucessão dos acontecimentos do passado e imaginados com aqueles que agora ocorriam. Era o dia das bodas, ele ouvira os gritos e descia em disparada para salvá-la. Ele tomava a direção do abismo passando à frente do pai e do irmão de Andrea, corria mais do que suas pernas poderiam e, chegaria a tempo de contê-la nos braços.

– Não faça isso, querida, deve pensar em nosso filho, em nossa vida. Meu castelo precisa de uma dama, precisa da mais bela rosa para enfeitá-lo. Sem o seu carinho não sei mais...

Nesse momento, ele chegava à moça e, diante dela, caiu de joelhos, tomou sua amada nos braços e beijou-lhe o rosto repetidas vezes, dizendo: – Andrea!

Capítulo 9

VAGANDO PELA MADRUGADA

– Ó, senhor conde, quem disse que vos desprezo? – exclamou, vibrante, a donzela, vendo assustada, que o interlocutor se irritava. – Eu não vos desprezo, apenas...

– Apenas...

– Sou prometida de meu primo Alexis, nossas famílias resolveram casar-nos, trata-se de um compromisso de honra; procurai compreender, senhor!

– Casar-te-ás, pois, com ele?

– Sim, senhor conde, devo casar-me com ele, nós nos amamos desde a infância.

Mas o senhor de Villiers não a soltava.

(Diálogo entre Andrea e Marcus, em *O drama da Bretanha*, **capítulo 9)**

Naquela madrugada, antes um pouco do amanhecer e, portanto, do passeio do conde de Saint-Patrice, havia um clima de sofrimento que perseguia a filha mais nova do castelo Allorge. Ela não sabia que quando se entra em contato com a mente confusa e tumultuada de um suicida ocorre como uma invasão de pensamentos e emoções mal contidas que potencializam qualquer dor. Quando Étoile contou a triste história de Andrea viu-se, de forma inconsciente, próxima à suicida. Agora a tensão da escolha matrimonial as havia aproximado ainda mais e a falta de vigilância culminara no assédio por sintonia. A suicida de Saint-Omer não conhecia mademoiselle de Durant, talvez se tenham visto uma ou duas vezes, contudo a displicência da segunda acessou o drama íntimo da primeira e houve a confluência maléfica. Um suicida em sofrimento e na ignorância de sua condição pode influenciar com sua mente detida nas mazelas morais, os ambientes e os corações sensíveis que se aproximam. É uma atração irresistível que exerce pressão como um peso extra colocado sobre os ombros, há choro e tristeza mesmo que não haja motivo. No caso que acompanhamos, a jovem era extremamente sensível ao caso de Andrea porque havia entre elas além da coincidência de frustrações, uma afinidade de almas.

Alheios ao tormento do coração de Étoile, os convidados continuavam no mesmo clima de festa. Os salões mantiveram os candelabros acesos até quase amanhecer quando os últimos convivas se cansaram dos petiscos e se retiraram da sala, alguns que jogavam cartas encerraram o jogo e o conde pôde, finalmente, procurar o leito.

As jovens já tinham se recolhido mais cedo, como convinha. Esmeraud se entregara aos serviços de quarto sendo cuidada pelas criadas e, após se deitar, imediatamente fechou os olhos e adormeceu, com a certeza de que tudo que as pessoas viram com surpresa, tinha sido resultado de seus planos nos mínimos detalhes. Étoile, em contrapartida, adentrou os pórticos de suas câmaras particulares ainda em estado abalado, atônita pela mudança que ocorreria em sua vida dali para frente. Várias perguntas sem resposta foram surgindo em seu íntimo como num exercício reflexivo com o qual ela compreendia suas emoções. Pensava em seu pai e como podia ter se comportado de forma tão distante e indiferente ao destino de sua própria filha. *Por que não se aproximou dele para insinuar suas preferências como fizera Esmeraud?* Depois concluiu que não, que ela não poderia nem queria manipular o próprio pai, entretanto, poderia ter sido sincera e aberto seu coração antes que ele tomasse a decisão final. Ela pensava que ainda teria muito tempo para decidir-se e por sua pouca idade. Que Jean a pediria em casamento como prometera. Pensando nele, exclamou para si mesma:

– Que papel! Talvez ele se estivesse insinuando às duas irmãs para ver qual delas cedia aos seus apelos...

Devidamente vestida e penteada para dormir, viu a vela de cabeceira como única fonte de luz naquela noite agitada se apagar. Os movimentos do castelo, por mais longínquos que estivessem roubavam sua tranquilidade, porque sabia que os convidados ainda se divertiam e comentavam seu nome para futuras celebrações. Ela não conseguiu conciliar o sono e revirava de um lado ao outro na cama, revivendo as últimas cenas vividas. Insistentemente, as palavras de seu pai e os brindes aos noivos voltavam à sua memória. Seu pensamento vagou para o drama de Andrea facilmente e para a história que ouvira sobre o fantasma que assombrara a jovem desgraçada. *Estaria ela também assaltada por seres invisíveis que traziam as ideias de autocídio e complicavam ainda mais seus problemas?* Afastou o pensamento e tentou ver de forma mais racional sua própria situação. A promessa feita entre os lilases, naquela linda tarde que passou em companhia do visconde de Saint-Pierre tinha sido uma grande ilusão, talvez no futuro, quando tivesse uma chance de conversar com ele poderia saber o que pensou ou por que resolveu depois escolher sua irmã. Quanto a seu pai a mágoa se tornara ainda maior, pois ele não tivera nem a preocupação de consultar sobre seus sentimentos antes de anunciar a todos os parentes aquelas ideias absurdas sobre um casamento arranjado...

As mesmas ideias e sentimentos iam e voltavam de forma recorrente revelando um estado íntimo bem delicado. Ao se lembrar da suicida, Étoile se deu conta da semelhança e se viu forçada como Andrea estivera havia alguns meses. Sentiu que a sombria situação da jovem de Guzman a envolvia como um véu de tristezas, embaçando seus olhos para a realidade, oprimindo seu peito, minando sua força de vontade. Talvez a melhor solução fosse mesmo entregar-se às vagas acolhedoras e ao impacto frio das rochas que roubariam sua vida de uma única vez a esperar o casamento com o barão Lohan. Uma união com um homem assim, por mais honrado que fosse, não poderia nem ao menos contar com respeito, já que o sentimento que nutria por ele era o medo do pior tipo: uma pavorosa impressão de infância fixada em sua mente como um momento de desespero.

Tentou calar os argumentos mentais sem conseguir, mesmo assim, um grande silêncio a tomou quando decidiu seguir o mesmo destino de Andrea. Matar-se-ia porque ninguém a compreendia ou amava. Não tinha forças para lutar. Precisava sair dali naquele momento, para que sua família entendesse a contrariedade que causara. Seria vingança ou revolta, chamassem pelo nome mais cômodo. Assim como mademoiselle de Guzman, ela se sentia constrangida e infeliz. Precisava resolver o quanto antes.

Os sons distantes tinham cessado quando Étoile vestiu seu vestido que usara na noite anterior e que ainda estava dobrado em um canto do quarto, esperando para ser levado pela criada da limpeza que viria pela manhã. Apressadamente, ajeitou sobre as vestimentas de dormir o fino tecido do traje de gala e apanhou uma mantilha para cobrir-se sem se preocupar com outros detalhes da vestimenta feminina que iriam requerer ajuda para serem colocados. Assim, não se vestiu adequadamente como convinha às damas que saíam ao ar livre para uma cavalgada, não usou as roupas de montaria, nem o espartilho que continham seu corpo, nem as meias que a condessa encomendara, tão caras, vindas de Paris. Amarrou os cabelos num véu de seda ricamente bordado, para que não caíssem sobre o rosto, colocou um chapéu e correu, escada abaixo, esgueirando-se pelos recantos já sob os reflexos da madrugada que ia alta. Desceu a escadaria, contornou pelas alas inferiores, passou pela entrada do grande salão, agora vazio e continuou sua busca insone. Tinha de fugir de si mesma, dos pensamentos que não cessavam. Talvez o vento frio espantasse as ideias terríveis que tivera ou talvez as agravasse.

Abriu uma das portas laterais, porque queria se lembrar do pátio antes de partir. Vagou pelas árvores amadas que traziam tanta recordação de infância. Correu pelos canteiros como se ainda fosse mesmo uma criança livre e inocente, respirando o ar límpido e frio. Reviu os rododendros vermelhos, as glicínias e lilases que tantas lembranças despertavam e arrancou algumas das acácias para esmagar as pétalas entre os dedos e sentir o perfume. Percorreu o caminho preferido até o castanheiro maior e mais antigo e sorriu ao acariciar o seu tronco. Quando percebeu as primeiras luzes do sol, despontando numa extremidade do céu que se coloria de vermelho e dourado, cansou de correr e não quis mais chamar atenção por ali. Fugiu novamente quando percebeu que aquela liberdade não mais lhe pertencia e rumou aos lugares reservados aos animais. Buscou algum cavalariço que já estivesse acordado para preparar-lhe a montaria, porque precisava com urgência cavalgar rumo ao castelo de Saint-Omer. Um deles apareceu alguns minutos depois, começando os labores do dia. Étoile lhe ordenou que preparasse sua égua para cavalgada e ele obedeceu sem titubear.

Algumas horas depois, quando o sol já estava alto e a manhã anunciava a maravilhosa luz do dia, a jovem em crise chegou a seu destino: o cenário do suicídio de Andrea de Guzman. Tudo parecia abandonado e foi entrando pelos domínios sem impedimentos.

Deixando de lado a montaria, ela se sentou num dos bancos do parque de Saint-Omer e sentiu junto a si a figura de sua antiga vizinha. Partilhavam as mesmas dores morais, o medo de ser entregue a um homem com o qual não queriam estar, a revolta por ver o destino traçado sem que elas pudessem opinar. Foi naquele mesmo banco onde meses antes estivera Andrea, cogitando seu destino, que Étoile chorou amargamente por alguns minutos. Continuou vagando por ali sempre em busca da exuberância da natureza para consolar seu coração com cores e perfumes singelos, mas o parque da dedicada família de Guzman refletia uma pálida expressão do que fora antes. As famosas latadas de rosas se embolavam pelos ramos sem corte e pelos severos espinhos, cresciam silvas pelas alamedas fugindo dos canteiros e as folhas mortas eram tantas sem se recolher, que expressavam a lúgubre situação do lugar. O gelo tinha derretido, mas o vento frio e constante, vindo do mar, soprou despenteando os cabelos e levando embora o chapéu enfeitado da jovem de Durant, que então se desesperou e se sentiu sozinha. A cada pensamento desvairado, mergulhava mais na personalidade conturbada da suicida.

Em cogitações, pressupunha a atenção de que Andrea fora alvo. Talvez tivesse contado com a ajuda de Alexis, com certeza também com o irmão dela, Victor de Guzman, que a amava muito e tentaria interceder de todas as formas possíveis. Onde estariam todos eles agora? Longe, muito longe dali. Onde estariam aqueles com quem ela própria poderia contar? Ao contrário de mademoiselle de Guzman, não havia nenhum afeto dentro de sua família com quem pudesse abrir seu coração, ninguém em condições de entender seus problemas. Talvez merecesse mesmo morrer sozinha... As cenas dos três varões correndo ao penhasco atrás da suicida vieram à mente de Étoile, que ficara sabendo dos detalhes da tragédia pelos criados que conheciam Matilde e receberam informações diretamente dela. O drama de Saint-Omer se refazia, como se as cenas se passassem mais uma vez.

O barulho do vento chamou sua atenção e ela sentiu um frescor diferente, virou o rosto para o castelo vendo-o cercado por pinheiros e outras árvores coníferas daquele ângulo de visão. Do alto de uma das torres, viu uma luz diferente, como se um anjo soprasse bênçãos ao seu coração. Um ser amoroso que cuidava dela como um protetor que velasse no silêncio de seus pensamentos, que a conhecesse profundamente. Esse anjo teria forças para alçá-la do lamaçal de emoções conturbadas em que se atirara? Um sorriso triste veio-lhe ao rosto e ela não quis morrer, somente acabar com as pressões que sofrera. Sua família a chamaria de louca se ela fosse contra a proposta de seu pai. Se ela ousasse contestá-lo, poderia ser relegada a uma vida de dependência de outros familiares, sem se casar pelo resto da vida, era o que sua mãe sempre dizia. Mais tarde, viveria às sombras de Esmeraud e de Jean Claude... da boa vontade deles. Ela engoliu a amargura das próprias elucubrações. Não queria um estranho por marido nem a caridade de sua própria irmã.

Ainda buscando um salvador, um amigo ou alguém com quem pudesse contar, ela clamou por seus ancestrais mortos, sua avó materna com quem tinha afinidades e com certeza poderia aconselhar e interceder por ela. Não se lembrou de orar, nem quis agradecer ao anjo que pressentiu em seu coração. Assim, a impressão de apoio desapareceu e ela preferiu concluir que todos tinham saído dali, fugindo das lembranças que o lugar proporcionava. Pensou outra vez em Alexis, veio-lhe à mente o pobre Arthur, mesmo sabendo que ele estava preso ao leito. Se morresse naquela hora, sentiria saudade de sua mãe e de sua criada Martha, que tinha sido também sua ama na infância e a tratava com muito carinho e respeito.

Como recurso desesperado, no auge da dor, resolveu dirigir-se à suicida, agravando ainda mais sua situação. Ela disse, em pensamento:

– Senhorita condessa de Guzman, meu destino é como o seu. Também a mim desprezaram meus sentimentos, meus ideais e minha vontade. Sinto que tenha de terminar da mesma maneira, engolida pelas águas, destroçada pelas rochas. Fazemo-nos, assim, irmãs em sofrimento, porque me inspiro em seus passos. Não nos conhecemos em vida, mas estamos juntas na morte. Quem sabe poderei encontrá-la ainda hoje? Agora percebo que minha vida foi vazia de afetos, cerceada de relacionamentos, uma existência perdida, sem propósito nenhum. Fui traída, mademoiselle Andrea, por meus afetos, assim como me contaram que foi a sua história, sou obrigada a me casar com alguém que não quero. Jean Claude destroçou meu coração e não darei a ele o prazer de saber a causa de minha morte. Foi por revolta, não por amor... as sombras que vejo agora, são o seu abraço, minha amiga, sigo logo atrás! Já não estará sozinha no mar.

Dizendo isso, as sensações de desespero se multiplicaram e ela disparou em correria para o abismo, recordando os detalhes do que foi contado e recontado pelas mais diversas bocas dos conhecidos. O peito de Étoile arfava, seus cabelos se soltaram e balançavam livres em suas costas, seu lenço e echarpe tinham caído dos ombros e suas pernas fraquejavam fazendo com que o corpo magro oscilasse pelo solo, duro e arenoso, manchando de terra úmida o couro de suas botinhas, calçadas apressadamente naquela madrugada.

Por maior sorte dela, correr não era um exercício que praticava como o piano e naquela manhã estava exausta por muito ter vagado e cavalgado. Suas vestes, colocadas às pressas não ficavam no lugar e ela sentia as sedas e o linho atrapalhando suas passadas cada vez mais. Numa das curvas do caminho pedregoso, trançou o pé nas fímbrias das próprias saias e caiu ao chão. Por alguns momentos, pensou ter morrido devido à dor que sentia, mas logo foi alcançada por um cavalheiro. A areia agrediu sua pele frágil, uma pedra de ponta cortou seu supercílio e doeu muito, enquanto ela pensava estar estilhaçando o corpo nas fragas do mar.

Como sabemos, o cavalheiro era o aflito Marcus de Villiers, o conde de Saint-Patrice, que, naquela manhã, tivera a intuição de despedir-se do castelo de Saint-Omer.

O conde ajoelhou-se no chão árido e tomou-a nos braços, querendo crer que se tratava de sua amada Andrea. A jovem Étoile recobrou o domínio de si quando viu o corpo dele muito próximo e percebeu sua expressão preocupada. Ele era muito belo, o rosto largo ao estilo romano, os cabelos bastos e a barba bem cortada davam-lhe a fidalguia das melhores ascendências francesas. O porte atlético e a vestimenta cara compunham a figura impressionante do senhor de Saint-Patrice. A voz grave, adocicada pela ternura, ressoou bem próxima ao ouvido dela, porque ele a abraçava e a chamava pelo nome de Andrea.

– Minha querida, eu consegui salvá-la e não permitirei que cometa mais a loucura de precipitar-se para o oceano inclemente. Não, Andrea, em nome de nosso filho e do nosso amor, não se atire! Venha comigo para uma vida faustosa, diga que me ama como eu a amo!

Ele viu o sangue escorrendo no rosto da jovem e buscou um lenço nos bolsinhos do colete para secar sua face. Ao encostar as pontas alvas do bordado percebeu seu rosto magro contrair-se e notou que ela estava viva. Reconheceu depois de observar com atenção que não se tratava de sua noiva, mas de outra moça muito semelhante, que trazia os cabelos com brilhos fulvos e a pele muito clara. Despertou, por fim, de suas alucinações, quando ouviu a voz da jovem que detinha nos braços:

– Não sou mademoiselle de Guzman, meu senhor! – respondeu a acidentada. – Quem me dera eu tivesse a mesma coragem de Andrea! Atirei-me ao chão, ou meu vestido, com seus brocados, impediu-me de seguir no ímpeto de morte, que vexame! Em verdade, já não sei o que fazia aqui. – Embaraçada em suas lembranças, como se despertasse de um estado de alucinação, a jovem tentou se erguer, enquanto vertia duas lágrimas e tremia o corpo recobrando a consciência pela ajuda que obtivera. Ele contrapôs, solícito e enternecido.

– Seus cabelos têm o mesmo brilho e sua tez é tão clara. Ao longe não pude distinguir e o coração aflito atraiçoou minha visão. Perdoe-me, mademoiselle – ele a suspendeu do chão e retirou as mãos para longe da desconhecida. Depois, pensou que seria indelicado se não soubesse de quem se tratava. Resolveu por apresentar-se, enquanto a entretinha, desfazendo o torpor pelo ato que parecia querer cometer.

– Chamam-me Marcus de Villiers Stainesbourg e Saint-Patrice, ao seu dispor, mademoiselle. A quem devo a honra de conhecer?

Étoile recompôs a postura, apesar da roupa amarrotada e rasgada e do rosto arranhado pelas pedras, conseguiu dizer seu nome com elegância, enquanto recobrava a lucidez e tentava em pensamento agradecer a Deus por estar viva. Que loucura estivera prestes a praticar? Se não fora o cavalheiro...

– Sou Étoile de Durant e Allorge. Agradeço, porque o senhor conde acaba de salvar-me da loucura e da inconsequência... – ela reconheceu os sobrenomes como sendo do castelo vizinho e fez uma pausa nas palavras para respirar fundo, depois continuou a contar o que se passava intimamente em seu coração.

As lágrimas molhavam seu rosto e ela não teve nenhum pudor de descortinar seu íntimo a um desconhecido. Sentia que ele a queria ajudar.

– O senhor conde não tem ideia da agonia em que me encontro, se veio até mim, pode ouvir-me um pouco. Preciso desabafar – ela lançou um olhar revoltado para as rochas e para a vegetação. Havia tanto lamento em sua fala, que pareceu que o vento frio do mar chegava mais perto da pele para avisar como era lancinante sua dor.

– Mademoiselle Allorge, pode contar comigo. Vamos nos sentar e a ouvirei com atenção. Creio que estamos aqui pelo mesmo sentimento de impotência. Todos aqui sabem de minha triste história, não vou importuná-la ao repetir. Tento recomeçar minha vida sem aquela que seria a minha condessa. Busco esquecer apenas. Quem sabe, Deus a colocou em meu caminho, hoje, para me mostrar que ainda posso construir algo em nome de minha paz? Creio que posso fazer mais para aliviar seu sofrimento, há poucos minutos, eu orava a Deus por uma oportunidade de erguer uma obra aos pobres em nome daquela com quem dividiria a minha vida. Por que não me conta o que houve? Temos tempo...

Receoso pela fragilidade daquela que tinha diante de si, o conde sugeriu que saíssem dali e caminharam de volta até os parques de Saint-Omer para ficarem longe do vento e da ribanceira provocativa. Em breves palavras, Étoile fez um resumo de sua dor, que assim, vista após aquele susto, nem parecia tão complicada. Estava envergonhada e arrependida. Durante a caminhada de volta, em breves minutos percebeu a loucura e as influências que recebera ali. Ela disse, quando parou de soluçar:

– Minha história é parecida com a de mademoiselle Andrea. Também meu pai quer decidir meu destino à revelia de minha vontade. Não quero crer que esteja louca, senhor de Saint-Patrice. Sou duplamente desgraçada, porque aquele a quem eu julgava amar está noivo de minha irmã. Meu pai quer casar-me com um cavalheiro amigo dele, que traz no rosto uma cicatriz a qual tenho medo desde tenra infância.

Marcus passou as mãos pelos ombros buscando sua própria capa de lã para oferecer, mas não encontrou, então, tirou a sobrecasaca e cobriu os ombros da condessa de Durant, porque supôs que ela tremia de frio. Convulsionada pelos soluços, não pôde continuar com a narrativa e parou de falar, esperando que ele a consolasse.

Sem pensar muito, apenas movido pela delicadeza da situação, ele disse no ímpeto do momento, ainda confundindo um pouco o passado e o presente:

– Case-se comigo. Estou indo embora para as Américas, onde tenho propriedade rural que prospera há mais de dez anos. Vamos embora, senhorita Étoile. Não vou tentar convencê-la a fazer isso. Aprendi bem minha lição. Se me quiser por marido, tenho tudo preparado para fazer de uma mulher a minha condessa. O seu rosto e o seu cabelo lembram-me minha amada e quero em nome dela salvar o seu coração partido. Posso oferecer meu nome em aliança com sua família. Sei que não sou amado, mas terá de mim o mais profundo respeito. Podemos entrar num acordo e falarei com seu pai ainda hoje.

– Meu senhor e conde, não sei o que dizer, a desgraça nos uniu... O que farei eu nas Américas? – ela disse, respirando profundamente como quem desperta de um pesadelo e enxerga a oportunidade de mudar completamente seu destino. Marcus apesar de não ser tão jovem como ela, era figura cativante e muito rico. Seus títulos e propriedades impressionariam o conde Allorge a ponto de ele mudar de ideia. Ele se entusiasmou pelas perspectivas e um brilho de esperança surgiu em seus olhos quando respondeu:

– O que fará junto a mim? Será a condessa de Saint-Patrice. Não sou mal apessoado, embora já não seja tão jovem. Com certeza, a senhorita não tem nem terá nenhuma lembrança ruim associada à minha pessoa, como me narrou que sente por seu prometido. Nas Américas, há muito sol e a vida brota em todas as formas. Teremos filhos que alegrarão nossa união e nunca mais a senhorita se lembrará deste dia e do desespero; decerto, viverá o sonho de toda jovem de sua idade. Longe daqui, não sofrerá a dor de ver sua irmã com a felicidade que queria para si mesma e isso a poupará de dissabores futuros. Até minutos atrás eu me sentia um desgraçado por minha perda e pedia a Deus uma segunda chance. A senhorita surgiu como essa oportunidade, tenho certeza. Deixe-me fazer algo para ajudá-la e a mim mesmo.

A jovem olhou de volta para ele, tentou sorrir e reuniu em si o que tinha sobrado de seu bom-senso. Aquela era uma boa proposta, uma esperança, uma solução. Quem sabe o anjo que vira em torno do castelo Saint-Omer soprara a Marcus aquelas ideias tão oportunas. Ela falou em resposta se sentindo um tanto melhor.

– Aceito, conde de Villiers, que tente falar com meu pai, que se aproxime da minha família e espero que consigamos reverter nosso desespero em uma relação de amizade. Tenho esperança agora que tenha entendido mal e que minha família não tenha empenhado a palavra com o barão Lohan e que ele não esteja a caminho daqui. Oficialmente, ainda não o conheci, nem houve nenhuma reunião de negócios em meu nome, que eu saiba.

Pode ser que o senhor tenha sorte, ou melhor, que eu ainda tenha chance de sair dessa península. Quem sabe se unidos por nossas desditas possamos construir nossa transformação?

Ele tomou as mãos dela e depositou um suave beijo entre seus dedos delicados. Enquanto caminhavam em direção oposta ao mar, ele compreendeu que ela o aceitava e continuou a consolá-la, cada vez mais consciente da responsabilidade que atraíra para si, em compensação ao que fizera a Andrea. Agora, tinha o dever de resgatar uma mulher de um casamento contra a vontade dela e por pura obrigação. Teria oportunidade de ser íntegro em sua escolha, de propor honestamente sua aproximação. Quando Andrea lhe dera esperanças o fizera por imaturidade, porque preferia mesmo o primo, quanto a Étoile, ela sabia que estava entrando num acordo de conveniência que a salvaria do casamento contrariado. Pensando em como poderia ajudar mais naquele momento, ele disse:

– Independente da aprovação de seu pai, muito me interesso por suas dores, senhorita Étoile, porque são as mesmas de Andrea. Quero ajudar, quero entender, quero me libertar da culpa que sinto e aqui estou sendo muito sincero. Mademoiselle de Durant, se possível, gostaria de propor que a senhorita escrevesse ao médico espiritualista – visconde Victor de Guzman. Ele é o único que conheço que poderá entender as suas dores da alma. Saberá explicar por que esse castelo exerceu em nós dois essa nefasta atração. Se não me engano, a família viajou à Espanha. A senhorita pode alcançá-lo antes que chegue ou talvez seja mais seguro endereçar ao palácio de Montalban, em Madri. Ainda tenho comigo os endereços, se precisar, ainda hoje, Marshal, meu criado particular, poderá entregar no castelo de seus pais.

Os dois continuavam a caminhar de braços dados, ela apoiada tentando manter a dignidade e ele caminhando com galhardia que lhe era característica, cheio de sonhos e de boa vontade de reerguer-se.

Do alto dos muros do castelo Saint-Omer, a figura vaporosa que foi percebida por eles aquiescia da decisão que tomaram. Tratava-se da guardiã familiar do castelo Saint-Omer, Louise de Guzman, que tinha inspirado Marcus a vir salvar a jovem do ímpeto de seguir Andrea. Se isso se consumasse, além de ser terrível para Étoile, as responsabilidades de mademoiselle de Guzman se duplicariam e ela demoraria mais para sair dali. Haveria duas desgraçadas no mesmo penhasco.

Capítulo 10

O PODER DA ORAÇÃO

... os condes de Guzman d'Albret e de Guzman d´Evreux, os quais, sensatamente, prevendo o que sucederia à França com a tomada da Bastilha pelo povo enfurecido, em 1789, a tempo se haviam transportado para a Espanha, por via marítima, sem que nenhum incidente os perturbasse, pois, vivendo no seu castelo solitário à beira-mar, nos arredores de Vannes, na Bretanha, fora-lhes fácil escapar em embarcações inglesas...

(*O drama da Bretanha*, **cap. I**)

A encarnação apenas separa os espíritos momentaneamente, porque, ao regressarem à erraticidade, reúnem-se novamente como amigos que voltam de uma viagem. Se uns encarnam e outros não, nem por isso deixam de estar unidos pelo pensamento. Os que estão livres velam pelos que se acham em cativeiro. Os mais adiantados se esforçam por fazer que os retardatários progridam. Após cada existência, deram mais um passo no caminho da perfeição.

(*O Evangelho segundo o Espiritismo* – **cap. 4 item 18**)

As tradicionais famílias nobres, cujo brasões e insígnias distinguiam a genealogia por gerações, se destacavam pela identidade de almas que criavam tanto com seus antecessores como com seus sucessores. Muitos deles qualificados como bravos defensores de suas terras ou de reinos, serviam a um ideal maior, não raro, definido antes do retorno deles ao mundo físico. Envergando a responsabilidade por destinos de pessoas, vilas ou cidades, faziam muito mais do que manter seus domínios; mantinham a integridade e a honra de um grupo e eram tidos como exemplos de posturas, representando os valores daqueles que já não mais viviam na Terra – seus parentes mortos. Por princípio, iam, paulatinamente, emprestando virtudes aos que os sucederiam.

Quem conhece a realidade do invisível sabe que há em cada família alguns antigos membros que são guardiões de seus descendentes, ocupando esse digno encargo, após a morte de seu corpo. Avós e tetravós, tios e primos que se mantêm conscientes tornam-se protetores de filhos e netos, assim como há defensores de reinos e cidades.

Louise de Guzman demonstrara seu amor incondicional a Victor desde que ele nasceu. Durante o tempo em que o menino crescia, como avó dedicada, orava por seu neto diariamente, mantendo com ele verdadeira identidade de coração. Depois de seu falecimento, a nobre mãe de Joseph Hugo alcançou rapidamente seu percurso de evolução, retornando à Terra sempre que preciso, em espírito, para orientar e proteger a família. Para onde os de Guzman seguissem, contariam sempre com essa protetora e com outros parentes que tinham responsabilidades junto aos Maiores da humanidade.

A viagem marítima pelas costas rochosas entre a França e a Espanha não deixava de significar certo perigo, mesmo com tempo calmo. Pequenas ilhas de pedras, onde fulguravam distintos faróis faziam a orientação das naus até que saíssem a mar aberto, para desfrutar de maior segurança. As vagas fustigavam o casco do navio inglês e o vento irrequieto tecia lamentações durante o percurso, enquanto a família de Guzman seguia altiva, carregando no coração a coragem de recomeçar. Após a excursão de navio, refizeram-se em terra firme por uma noite, asserenando as impressões do movimento repetitivo do mar. Uma vez aportados em Santiago, buscaram uma pequena pensão bem discreta.

No dia imediato, rumaram ao interior da Espanha e, enquanto a carruagem corria para longe da beira do mar, as longínquas impressões da península da Bretanha iam ficando para trás, embora fossem inesquecíveis. Pelo caminho, fizeram várias paradas quando se entediavam do molejo das rodas ou quando encontravam lugar aprazível para descanso. Pernoitavam e seguiam de vilarejo em vilarejo, não tinham pressa de chegar.

O palácio de Montalban, residência dos condes de Guzman ficava em Madri, era uma antiga construção erguida por seus antepassados. Embora atendesse bem as necessidades de todos, era muito menor em extensão em comparação ao castelo de Saint-Omer ou ao palácio de Guzman, que ficava em Paris. A sóbria estrutura ovalada, composta por pedras polidas, ocupava o centro do parque ajardinado ao final de alameda ladeada por um gramado verdíssimo. Árvores que floriam na primavera compunham a passarela de acesso. Ao centro do grande jardim havia um chafariz branco encimado por figuras humanas que portavam jarros como se fossem verter água. Havia outras estátuas de mármore modelando perfeitos anjos alados ou deuses gregos em poses clássicas. Ao redor dessas estruturas, dispersas pelo gramado, havia composições de campos de flores coloridas e bem cuidadas. Pássaros de diversas espécies achavam motivo para seus trinados no intervalo entre a brincadeira de se molharem nos respingos de água ou no voo baixo quando roubavam ciscos na grama.

O bom gosto persistia pela acolhedora mansão finamente decorada: o mármore se mantinha nas escadas e nas estátuas pelos aposentos mais amplos e as paredes, preenchidas por quadros raros comprados de colecionadores, destacavam-se pelo brocado de seu acabamento em tons delicados de rosa marfíneo.

A criadagem do palácio Montalban os esperava do lado de fora, em fila e o conde Joseph Hugo foi o primeiro a descer da carruagem que os trazia. Victor o seguia de perto, na certeza de que as horas perdidas aos solavancos e sacudidelas tinham efeito nauseante. O conde, pai de Andrea, desceu os botins no chão de seu novo lar e cambaleou, sendo imediatamente apoiado pelo filho solícito. Seu olhar perdera o endurecimento do orgulho assumindo um ar questionador que denotava sua incompreensão diante daquilo que não poderia ser mudado. Sentia-se como um fugitivo do passado, quando o tribunal de sua família, a qual sempre honrou seguir, o tinha atraiçoado com a indiferença. Ali estava ele mais uma vez em Madri, mas seus pensamentos tinham seguido para a Baviera, para Flandres e para outros castelos na França com seus primos que condenaram as atitudes de Andrea e se afastaram. Vendo que o momento de titubeio passara e que seu pai se mantivera firme, o visconde deu a mão à condessa para que ela descesse por sua vez.

Os criados particulares só chegariam dias depois, porque cruzavam a distância por terra, trazendo os pertences do castelo Saint-Omer e outras relíquias de família da qual Joseph Hugo não queria se separar.

O filho dedicado sentiu que sua mãe estava trêmula e a conduziu para dentro apoiando em seu braço. Françoise Marie viera a adoecer sofrendo acamada nos dias que sucederam à morte de Andrea, requerendo cuidados. Somente quando a primeira crise abrandou e ela demonstrou melhoras, puderam seguir com os planos de viagem e, agora que tinham chegado podiam perceber como fora importante essa mudança de ares. A última vez que ali estiveram foram felizes, mas pretendiam voltar à França e o fizeram quando a situação do país se pacificou. Desta vez, porém, vinham definitivamente, sem previsão de retorno.

A carruagem que trazia os gêmeos de Guzman d´Evreux parou logo atrás e o conde Alexis saltou célere, movendo o corpo para esticar os músculos retesados pela longa jornada. Infelizmente, seu irmão Arthur não poderia fazer o mesmo pela impossibilidade motora que vivenciava. Os dois irmãos se olharam com cumplicidade, unidos pelo amor que nutriam um pelo outro. Arthur sentia-se cansado e ainda remoía as mágoas e a indignação pelas atitudes de sua prima, enquanto Alexis, que tinha o direito de se sentir assim por ser o noivo traído, a tinha perdoado e sentia por ela profunda compaixão. Via-se pela expressão dos dois que este que se libertou do passado vivia em paz, enquanto aquele outro trazia o peso do descompasso emocional somatizado em seu corpo.

Minutos depois, Victor atravessava o vasto salão dando ordens aos criados sobre as bagagens e a ocupação do palácio. Queria dar maior conforto aos pais e aos primos e recomendou que descansassem até o jantar, que seria servido em seus aposentos. Devido aos longos dias de jornada, os membros da família aceitaram aquela reserva e recolhimento pelo resto da tarde e pela noite. Precisavam de repouso.

O palácio guardava caras lembranças e Victor relembrou quando ali permaneceu antes de sua viagem ao Egito e os felizes meses após seu regresso, quando conheceu sua irmã Andrea, antes do retorno deles à França. Andrea nascera enquanto ele estava em viagem. O visconde adentrou suas câmaras particulares conferindo objetos e recantos preferidos há muito não visitados. Não solicitou serviço de quarto e tirou por si mesmo as botas e o casaco empoeirados da viagem, lavando-se na bacia de porcelana depositada sobre a mesa de ébano esculpida com acabamento delicado. O quarto estava exatamente como ele se lembrava e mentalmente impôs silêncio aos pensamentos para orar. Remexeu nas prateleiras e encontrou um exemplar da Bíblia que sempre usava em seus discursos. Como descanso, ele se sentou e pôs-se a ler os Evangelhos.

Para curar mais rapidamente as feridas, Victor de Guzman percebeu que deveria empreender o recurso da prece e convidou seus parentes a iniciar os encontros para leituras evangélicas e orações. Os dias se sucederam em dedicação a essa prática deixando que a suavidade das lembranças boas do passado vivido entre aquelas paredes, apagasse aos poucos os últimos acontecimentos de Saint-Omer.

Com o clima mais quente, a condessa Françoise Marie passou a se sentir melhor e Arthur animara-se a sair da reclusão que se impusera dentro do próprio quarto, sendo levado pelos criados a uma poltrona acolhedora que dava para as janelas do parque dali, muito mais vivo em cores. Os primos vinham conversar com ele e todos ficavam por algumas horas juntos na sala onde seria servido o chá, recebendo as instruções do Evangelho que muito significavam agora para aqueles corações sofridos. Victor lia passagens bíblicas e comentava segundo sua experiência e reflexão, exatamente como fazia nos séculos passados, numa de suas encarnações em que dera o testemunho de sua fé e quando perdera a vida[10]. Esse costume familiar nunca foi tão apreciado como agora, no momento de maior fragilidade, quando os corações se devotavam a Deus. Criaram mesmo o hábito de cuidarem de seus afazeres em outras horas do dia porque ao se aproximar o final da tarde, todos se reuniam, esquecendo as finas porcelanas sobre a bandeja de prata, para beberem do alento e do consolo que os sermões do filho mais velho proporcionavam.

Mais tarde, após a ceia, eles se recolhiam aos aposentos particulares pedindo uns pelos outros em oração. Ultimamente, não se distanciavam dessa rotina de trabalho e vigília conseguindo assim harmonizar a ambiência a ponto de formarem ali um local aprazível de acolhimento e de consonância de pensamentos e sentimentos. Os protetores familiares velavam por sua vez, durante o sono, num trabalho concomitante de consolo e planejamento para melhor orientar aqueles corações doloridos pelo impacto da morte da caçula da família.

Em ocasiões tranquilas, antes ou após as orações, Victor conversava com Arthur para levá-lo a refletir sobre si mesmo e os acontecimentos passados. Esclarecia o irmão de Andrea algumas noções sobre a imortalidade da alma e sobre as Leis soberanas de

---

10 *Nas voragens do pecado* – Yvonne do Amaral Pereira.

Deus. Ilustrava com histórias bíblicas, como a parábola do Credor Incompassivo[11] e, após contar, o espiritualista revelava ao neófito como as marcas do passado podem ser dissipadas entre aqueles que se perdoam verdadeiramente, eliminando possibilidades de cobranças futuras. Contava-lhe repetidas vezes a mudança de Zaqueu - tocado pela figura do mestre Jesus - de cobrador de impostos a pródigo servidor da causa cristã e o deixava pensando no assunto.

Certa feita, estavam a conversar sobre a passagem em que uma mulher derrama perfume nos pés de Jesus e sobre as lições do Mestre ao mercador de nome Simão[12] em cuja casa ele se encontrava, quando Arthur logo exortou:

- Entendo o posicionamento de Simão que queria prevenir o Mestre quanto ao que ele aceitava como presente vindo de uma mulher de vida dissoluta. Não seria imprevidência? Mas Jesus aceita e não se importa com a conduta dela e ainda a perdoa...

Victor interveio para orientar seu pensamento:

- Na passagem descrita, mais adiante, Jesus está explicando como funcionam os mecanismos das Leis de Deus. Os corações mais puros e compreensivos abstraem da inflexibilidade do mundo e alcançam as brandas luzes do perdão, caro primo. Quem muito deve e é perdoado se sente mais amado.

Arthur começava a cair em si e a refletir. Foi no mesmo horário de reflexão e estudo evangélico que o jovem convertido chorou

---

11 Mateus, 18:23

12 "Ao ver isso, o fariseu que o havia convidado disse a si mesmo: "Se este homem fosse profeta, saberia quem nele está tocando e que tipo de mulher ela é: uma 'pecadora' ". Respondeu-lhe Jesus: "Simão, tenho algo a lhe dizer". "Dize, Mestre", disse ele. "Dois homens deviam a certo credor. Um lhe devia quinhentos denários e o outro, cinquenta. Nenhum dos dois tinha com que lhe pagar, por isso perdoou a dívida a ambos. Qual deles o amará mais? "Simão respondeu: "Suponho que aquele a quem foi perdoada a dívida maior". "Você julgou bem", disse Jesus." **Lucas 7:39-43**

endereçando a Deus e a sua amada prima a rogativa de perdão e disse também em suas preces que a perdoava. Naquele momento, o visconde tocou o alto da cabeça de seu primo e orou em voz alta, pedindo à misericórdia de Deus por todos os envolvidos no caso. Sugeriu que ele incluísse o nome do perseguidor de Andrea e que pedisse a ele para também perdoá-la. Arthur obedeceu, embora não se lembrasse de sua outra encarnação, nem de Arnold, sentiu que estava cansado de sofrer e que estava pronto a se libertar daquele peso.

Assim passou-se o tempo e os laços de amor invisíveis que nunca se cansam de tecer suas tramas renovadoras foram se curando pelas orações e pela fé.

O médico espiritualista tinha preparado o ambiente como convinha, convidando seus primos à disciplina de preces e incentivando seus pais a manterem o pensamento positivo. Vez por outra, em seus sermões buscava também a criadagem e detinha-se a pregar os Evangelhos com amorosidade e paciência, por isso era respeitado e amado pelos que o serviam.

Certa noite em que o visconde mantivera a devoção desde cedo, ensinando, servindo e orando como era esperado de um seguidor do Cristo, vamos encontrá-lo cismando em seu quarto. Mentalmente contribuía para a atmosfera tranquila, que lograva conquistar, criando ambiência propícia para atrair os seres do invisível comprometidos com as causas do reerguimento moral e da caridade. Ciente de sua responsabilidade, ele pensava em colaborar e passou a pedir a ajuda e a disponibilizar-se pelo pensamento concentrado. O silêncio do palácio preenchia a madrugada, enquanto as luzes do labor realizado mais cedo se acendiam e a movimentação no mundo translúcido se intensificava na harmonização da família.

Figuras ilustres entre os antepassados que representaram exemplos de coragem e de devotamento compareciam ao aposento para as inúmeras tarefas de cura e proteção que a família requeria naquele momento da existência. Dois varões dos La Chapelle, tetravós de Victor, conduziam uma dama e, ao chegarem, preencheram os aposentos de luz opalina e profunda paz.

Tratava-se da mãe de Joseph Hugo, já falecida, que mantinha afinidades com seu neto. Sua avó[13] paterna que vivera entre eles e era pessoa muito bondosa, principalmente com Andrea e cujo retrato pintado a óleo figurava na entrada principal, em Saint-Omer. Chamava-se Louise de Guzman e era um espírito familiar desde sua morte, com tarefa espiritual de guardar a família naquela vida terrena. Ao se aproximar, ela acariciou os cabelos de Victor expressando a amorosidade que lhe era característica e ele soube, desde então, que teria trabalho a realizar. Seu quarto agora resplandecia de vibrações curativas, harmonizadas e amorosas. Num impulso, ele saiu do corpo e voou rapidamente, em perfeita comunhão de sentimentos com sua avó. Para ele, aquela já era uma prática de pleno domínio, aprendera com seus mestres egípcios a realizar a emancipação de seu espírito sem o peso do corpo. Saiu pelo espaço, ou antes, poder-se-ia dizer que viajava no tempo, em direção a um lugar onde vivera outra encarnação como sacerdote. Estava em Bruges, na região flamenga, conhecida como flandres ocidental. Sobrevoou uma propriedade rural, que chamavam Quinta Numiers e viu o castelo de Stainesbourg, sobrenome que revelava a origem nobre daquela família. As cenas marcantes que ali se desenrolaram, claramente voltaram à memória de Victor. Ele descobriu que sua irmã Andrea viveu ali e se deu conta de que a propriedade dos Numiers foi cenário para a traição dela a Arthur. Pela força magnética, viu-se distanciando das habitações humanas e sabia que precisava seguir a um apelo de um coração aflito que o chamava, ali pelas redondezas.

Louise de Guzman também atendia ao chamado magnético na mesma direção para onde Victor deveria seguir, tão logo surgiu para eles a visão do castelo. A perspectiva se ampliou alcan-

13 *O drama da Bretanha* – Yvonne do Amaral Pereira.

çando os bosques e florestas, quando avistaram a cena que despertava sua compaixão. O obsessor de Andrea, Arnold, estava no alto de uma montanha, debruçado sobre uma ribanceira de pedras roladas, debulhado em lágrimas e muito entretido com imagens do passado. Confundido entre o homem que fora, os afetos que tivera e sua realidade de agora, chorava e esbravejava alinhando as personalidades que conhecera, cobrando vingança, reclamando a presença e o amor de um filho que estava reencarnado como Arthur de Guzman d´Evreux, àquela época chamado Henri de Numiers[14].

Os visitantes se aproximaram, não foram notados e entenderam o conflito da encarnação passada. Louise já estava ciente do estado de confusão mental do espírito que auxiliava e Victor relembrou sua atuação junto aos que sofriam em sua outra personalidade, porque vivera próximo ao drama daquele espírito, quando foi o padre Antoine Thomas, conde de Vermont. Naquela encarnação ali em Bruges, Andrea tinha sido Berthe de Sourmeville Stainesbourg, que, ao abandonar Henri de Numiers, levara-o a cometer suicídio. As cenas revividas pela mente entorpecida do obsessor misturavam as datas e os acontecimentos das duas encarnações: ora Berthe abandonava Henri, ora Andrea era cobrada por sua postura traindo a proposta da família, deixando Alexis para encontrar Marcus de Villiers.

Louise de Guzman, que conduzia Victor pela força amorosa que exercia sobre ele, percebeu que as personalidades antigas se sobrepunham vivificando o passado. Para melhor estudar o caso, achou por bem explicar como se processam no além-túmulo as Leis soberanas de Deus. Com delicadeza, ela esclareceu:

– Meu neto e amigo, há muito trabalho a fazer aqui com esse coração que ficou obscurecido ao concretizar sua vingança, sofrendo agora o calvário de culpa e dos remorsos. Antigos afetos

---

14 *O cavaleiro de Numiers* – Yvonne do Amaral Pereira.

convertidos em desafetos geraram no campo magnético da mente enfermiça um conflito de polaridade capaz de transformar-se em loucura. É preciso tirar Arnold do julgamento de si mesmo, do ressentimento e da aflição. Como ficou claro, ao instigar Andrea ao autocídio, ele se vingou de Berthe por ela ter abandonado Henri, a doce menina que ele educou e amou como filha e, posteriormente, como nora. Aproxime-se e ouça como estão agitados os seus pensamentos. Agora mesmo, ele se embate em dúvidas:

Ouviu-se a voz clara do espírito errante:

- O que fui fazer à criança que me confiaram a amar e criar[15]? Por que fui dar curso a essa vingança em nome de meu filho? De que me adiantou? Onde ele está que não é ao meu lado? Não posso mais vê-lo? Por ironia, eu que persegui e cobrei, agora me encontro também perdido nas teias de minha própria vingança porque o remorso do crime praticado corrói por dentro. Com esforço mental consegui o que queria - a jovem traidora já não respira no mundo dos vivos... e vaga por onde "há choro e ranger de dentes[16]" nas trevas inferiores... Por essa estranha conexão o meu pensamento foi arrastado também para o abismo ou se atirou ao mar... Berthe! Henri! Onde estão? Estarei louco em querer matar aquela criança que vi crescer? Talvez eu mesmo não a tenha educado como era preciso. Sua beleza cativante nos levava a fazer--lhe as vontades. Cresceu voluntariosa, dona de si e caprichosa. Eu disse ao meu filho: - Não vá atrás dela, cuide de sua vida, busque outros caminhos... há outras mulheres no mundo.

Arnold de Numiers era o mesmo espírito com quem Victor conversara havia alguns anos pedindo uma trégua em seu assédio nefasto junto a Andrea. Durante o diálogo[17], o obsessor dissera que o conhecia e que o respeitava. Por essa razão, acatou o

---

15 *O cavaleiro de Numiers* - Yvonne do Amaral Pereira.

16 Jesus em Mateus 13:42.

17 Diálogo do livro *O drama da Bretanha*.

pedido afastando-se dela por algum tempo, permitindo um tempo para que ela se voltasse a Deus, honrasse seus compromissos e asserenasse a mente. Depois, retornou com mais ódio, quando percebeu que ela não tinha aproveitado aquele tempo para desenvolver-se moralmente, como acertado antes. A mesma falta que cometera contra Henri, continuava ela, agora traindo Alexis e toda a família, deixando de atender ao consórcio matrimonial com o primo, para entregar-se a outro.

As delicadas tramas do destino são rasgadas pelas más escolhas e atrasam o caminho da evolução. O livre-arbítrio de Arnold foi respeitado e restava aos espíritos interessados na evolução acolher aos que erram, com misericórdia, condenando-lhes o crime, mas nunca essa censura se estende ao transgressor da Lei de Deus.

Ao entender que lhe cabia o trabalho de conversar com o espírito que levara sua pobre irmã ao abismo, Victor conseguiu controlar suas emoções mais doloridas, porque compreendia e praticava os ensinos do Cristo havia muito séculos. Não sentia raiva do obsessor, sentia antes, compaixão por compreender suas razões de cobrador. Com humildade, tentou ser ouvido por aquele ser em momento de desvario, confuso e detido num intervalo entre suas encarnações, inspirando cuidados espirituais. A piedade falou mais forte ao seu coração, porque ele sabia que quando se pratica o mal torna-se mais infeliz. Ele começou a falar, inspirado pela proteção celestial com que comungava:

– Meu irmão, Arnold, esperava oportunidade de lhe falar – iniciou o abnegado servidor do Cristo.

Assim que Victor começou a falar, Arnold deu um salto para trás revelando imenso susto. Não tinha registrado a presença de alguém tão próximo dele e respondeu num ímpeto:

– Quem me chama? O que quer de mim?

– Venho em nome do seu filho Henri, que ora comigo todos os dias pedindo a Deus a solução desse conflito.

Victor continuou falando mansamente, ao perceber que conseguia ser ouvido pelo espírito mau, e, aos poucos, foi explicando amorosamente o que acontecia.

– Venho falar-lhe, Arnold, porque vejo que está cansado e cheio de dúvidas. Por muito tempo acompanho sua cobrança, sei de seu drama íntimo e sei das causas que o levaram a agir assim. É fato que Berthe traiu seu filho e o abandonou, porém o tempo de vingança está encerrado e inicia-se o tempo do perdão e do esquecimento da ofensa. Com certeza, será necessário que olhe para o passado com critério e Deus se encarregará, como sempre, da justiça. Entregue a Jesus esse fardo pesado de suas dores e confie que tudo o que acontece é porque o Criador quer nos ensinar uma lição: assim como nossa liberdade é prezada, a liberdade de todos os nossos irmãos também é. Como as Leis Divinas são justas, as consequências são inevitáveis.

Os olhos de Arnold estavam petrificados e ele balançava a cabeça levemente, parecendo sinceramente dedicado a entender o que era dito. Com boa vontade, foi ouvindo os conselhos e clareando a mente. Conseguiu sutilmente responder ao apelo amoroso que sugeria mansuetude para acatar os desígnios superiores, porém continuava a confundir as duas encarnações daqueles espíritos que foram sua família e ainda se pautava pela lei de talião. Ele respeitava Victor, porque o conhecia desde que fora Carlos Felipe de La-Chapelle[18], posteriormente, foi o padre Antoine Thomas[19].

– Perdoe-me, padre Antoine, não consigo esquecer que Berthe de Stainesbourg levou meu filho ao suicídio. O corpo dele se arrebentou nas pedras. Não há perdão para os suicidas e vejo que

---

18 Arnold fora monsenhor de B... protetor de Arthur que fora Luiz de Narbone, que, em perseguição religiosa, matou Carlos Felipe de La-Chapelle. Caso descrito na obra *Nas voragens do pecado* – Yvonne do Amaral Pereira.

19 Personagem da obra *O cavaleiro de Numiers* - Yvonne do Amaral Pereira.

agora ele recebeu em retorno uma queda acidental que o deixou deficiente e paralisado, tudo por culpa dela. Por isso, também, a persegui, para que pagasse o mal que fez. O que sugeri ao ouvido de sua irmã Andrea foi em nome da justiça. Não há nada mais certo que vingar a morte de um ente querido. Diga-me, padre, como está meu filho? Por que não veio me ver?

Quando acabou de falar, Arnold voltou a encarar a ribanceira como se de lá viessem as imagens doloridas e as justificativas para suas ações. Ele estava confuso e sofrido e, naquele momento, Victor se compadeceu de sua dor. Suavemente, retomou a palavra caridosa.

- Seu filho sofreu, porque amava Andrea de Guzman e não a queria morta. Entregou-se numa vida de oração e está resignado. Ele, por sua vez, já a perdoou e com certeza quer que o pai dele faça o mesmo. Essa lei que justifica a vingança é muito antiga, pregava "olho por olho e dente por dente", mas já foi superada com a vinda do Cristo à Terra. Agora sabemos que a justiça cabe ao Sempiterno, que é Pai amoroso, e não aos homens, então, basta de sofrimento. Esclareço que aqueles que tiram a própria vida cometem a mais terrível infração. São réprobos, mas mesmo para eles a misericórdia do Altíssimo faz-se como réstias de luz. Venho pedir que perdoe minha irmã imprudente em nome de Jesus Cristo, como filhos do mesmo Deus que todos nós somos.

A resposta foi dada com tanta convicção, ao mesmo tempo, expressava profunda amorosidade que impregnou a ambiência sutil de bons fluidos. As palavras de Victor reverberavam causando eco pelo local. As luzes daqueles esclarecimentos iluminavam a consciência do espírito choroso e arrefeciam um pouco suas crises morais, contudo o alívio não durava muito. O infeliz voltou a falar:

- O que fiz, padre Antoine? Persegui aquela que atraiçoou novamente. Está feito, porém, retirei-me do abismo há muito e cessei de cobrar de Andrea o que ela deve. Sua própria consciência está fazendo isso – respondeu, recobrando um pouco a lucidez.

– Digo apenas que Deus se encarregará de anunciar nova chance para os dois. Comece agora a exercitar o perdão e a pedir que ela também o perdoe.

– Merece perdão aquela que perjurou e atraiçoou meu filho? Em nome dele fui cobrar... – o espírito em desequilíbrio oscilava entre a justificativa do que fez e a amorosa proposta de Victor, que era a mesma do Cristo.

– Henri não queria essa vingança e, por quem foi, pelo que sofreu e ainda sofre, já perdoou aquela que mais lhe devia.

O silêncio foi a resposta, porém o sofredor recobrava a lucidez de seus atos e debatia-se em luta íntima. Era preciso esperar o processo lento de cicatrização das feridas – quando a consciência encontra o momento da superação.

Era exaustivo ao irmão de Andrea continuar fornecendo sustentação a um obsessor por longos minutos. Estavam numa ambiência espiritual escura, de baixa energia, com elementos mentais muito sugestivos para remontar e ler os acontecimentos passados e presentes ao mesmo tempo. Seria mais prudente encerrar a conversa, por aquela noite.

O diálogo tinha sido suficiente para fazer o senhor de Numiers sair do estado de confusão mental e enquadrar seus pensamentos distintos entre as duas encarnações. Ele percebia agora a linha do tempo e as chances que desperdiçara. As palavras de Victor ecoavam em sua mente e ele pensava na razão pela qual precisava pedir perdão. Seria suficiente para sair da confusão e começar a despertar.

Louise de Guzman interveio delicadamente, levando Victor dali. Arnold de Numiers ainda demoraria um tempo para compreender as implicações do que fizera ou, futuramente, seria conduzido em adormecimento para junto de sua nova mãe na bênção da reencarnação. Como ele tinha reconhecido Victor como padre Antoine Thomas, os protetores familiares perceberam que ele confundia as duas vivências e cogitaram se a presença de um personagem do passado não traria de volta, mais vivamente, a morte de seu filho Henri.

Em pensamento, o visconde recebia da elevada ancestral familiar as instruções sobre o que seria o futuro daquele que, uma vez, fora chamado terrível obsessor. Ele retomaria ao mundo físico em uma vida que o fizesse refletir sobre sua responsabilidade. As tramas do destino se recompunham a partir das escolhas que fizeram Arnold e Andrea, infringindo as Leis Maiores. Antes da volta deles à vida corporal, os dois se encontrariam para o inevitável momento de amplitude de consciência e de perdão tão necessário à ruptura com os laços negativos do passado.

Minutos depois, ao retornar ao corpo físico, quando o dia já começava a colorir de rosa e dourado a fímbria do horizonte e luz suave adentrava os vitrais do quarto elegante que habitava, o visconde se lembrou do sonho lúcido que tivera. Forte impressão a respeito do espírito atordoado que visitara em Bruges o fez recordar de quando ainda estavam na Bretanha e de que as pessoas comentavam a respeito de gritos que eram ouvidos pelo penhasco. Se não era Arnold o fantasma que vagava por Saint-Omer, só poderia ser sua própria irmã Andrea.

Capítulo 11

REPERCUSSÃO DA FUGA DE ÉTOILE

Essa dor a guardaria Marcus para sempre, mesmo depois de constituir família, já na América, para onde novamente emigrara, nunca mais voltando à França. Fizera-se fazendeiro no grande Estado de Louisiana e viveu pacatamente, dedicado ao trabalho e ao bem geral, como bom marido, excelente pai e crente devotado da seita Presbiteriana, da Reforma Protestante. A lição amarga do drama a que dera causa reconciliou-o com Deus para sempre, dele fazendo um homem cheio de fé, amigo do bem e do próximo.

(*O drama da Bretanha***, cap. XVII)**

A juventude incompreendida em seus rompantes de liberdade e rebeldia fazem movimento para controlar o curso do destino enquanto os pais em excesso de cautela tentam alinhar a dosagem da educação. A barreira entre as idades e a falta de diálogo sempre foram motivos de desencontros para os corações endurecidos que, ao longo do tempo, aprendem a maleabilidade da tolerância.

O dia posterior ao noivado de Esmeraud amanheceu em silêncio no castelo Allorge, porque os senhores dormiam e a paz seguiu até quase o final da manhã, quando o conde Martin Felipe e a condessa Camile Ambre foram acordados pelos criados de quarto. A notícia que lhes foi dada requisitava a presença deles, de maneira emergencial. Tratava-se da chegada de mademoiselle Étoile, recolhida por um vizinho em roupas rasgadas e cabelos soltos, após uma queda quando cavalgava sozinha pelos parques da região. Muito aflitos, desceram as escadas, após se fazerem esperar pela necessidade do asseio pessoal, os pais da moça a viram atirada ao divã da sala de música, tendo as pernas cobertas por uma manta de lã. Martha, sua criada, tentava limpar-lhe os arranhões do rosto com um pano úmido, sem sucesso. Étoile esboçava cansaço, olheiras denotavam sua noite insone e suas mãos trêmulas não conseguiam sustentar uma chávena de porcelana com beberagem reconfortante que foi, às pressas, depositada na bandeja de prata, para não ir ao chão.

O conde de Saint-Patrice aguardava em pé no amplo *hall*, impecavelmente vestido em suas roupas de montaria. Descansava o olhar para fora e via a alameda central de entrada do castelo, através das janelas do vestíbulo por onde entrara havia alguns minutos, conduzindo pelo braço a jovem condessa. Tinha vestido de volta sua sobrecasaca, para não deixar má impressão junto à família da mademoiselle.

Os condes Allorge pareciam muito assustados com o procedimento da filha e se ressentiram ao ver o estado em que ela se encontrava, visivelmente abalada. A condessa Camile Ambre a repreendeu e sugeriu que seguissem para o quarto, solicitando que ela descansasse adequadamente. A jovem, querendo justificar-se junto ao pai, alegou que não conseguira dormir na noite anterior, então se levantou, tomou sua égua logo cedo para dar uma volta e se perdeu. Antes de subir as escadas, amparada por Martha, Étoile disse a seu vizinho, que ainda estava ali.

– Conde de Villiers, agradeço sua gentileza por me trazer de volta.

Quando as mulheres se retiraram, os condes se olharam com curiosidade e Marcus foi conduzido a uma das amplas salas de visitas, seguindo seu anfitrião. Esperava ser interrogado sobre seu proceder e pensava no que falaria para livrar a reputação de mademoiselle Allorge, ao retornar com ela à casa paterna, após o acidente.

Os varões se conheciam de vista pelas cavalgadas de caça e exercícios equestres, em um tempo remoto em que era comum organizarem passeios em conjunto. O conde Martin Felipe se lembrava de Marcus ainda criança, correndo pelos parques sob supervisão de uma ama, quando sua família vinha passar temporadas nas paisagens agradáveis da península. A personalidade de Marcus ganhou destaque social, infelizmente, após o episódio do suicídio e do noivado desfeito.

Como queria explicar seu posicionamento solícito ao resgatar Étoile, o visitante não se constrangeu, mas estava apreensivo se seria certo propor casamento e começou a falar muito. Com seu jeito expansivo e cordial, relembrou ao anfitrião quem era ele. Continuando a falar, explicou sua ausência dali por longos anos vangloriando-se das terras férteis que tinha adquirido na Louisiana, no continente americano. A conversa fluiu porque Marcus queria explicar sua ação daquela manhã, mas não queria fazer isso sem antes deixar bem claro o valor de uma aliança com alguém de sua linhagem. Sentia o olhar severo do conde, como se tivesse encontrado Perséfone e a trouxera de volta a Zeus.

Ao se dar conta de quem se tratava, Martin Felipe se lembrou dos comentários a respeito do casamento às pressas que ficara marcado por seus vizinhos de Guzman com aquele cavalheiro que agora trazia sua filha, em estado lamentável de decoro. Pensou que deveria, em primeiro lugar, cobrar uma explicação daquele que era considerado o sedutor de mademoiselle Andrea. Seria a atitude esperada pedir satisfações e ele foi incisivo, porém polido, quando perguntou ao seu interlocutor:

– Senhor conde de Saint-Patrice, agradeço por refrescar minha memória quanto a sua nobre genealogia e título. Gostaria de dizer que me lembro de sua família, porém é meu dever indagar por que o senhor trouxe minha filha naquelas condições?

Marcus podia supor as conjecturas mentais de seu interlocutor, com certeza, ele tinha tomado conhecimento de suas atitudes extremadas para conseguir casar-se com Andrea. Para desfazer a tensão daquele momento, o conde de Villiers sabia que precisava revelar, sem rodeios, suas intenções muito nobres de conseguir outra noiva o mais rápido possível, porém a própria retórica o detinha.

– Sei que pode parecer estranho que eu tenha me aproximado de mademoiselle Étoile após o acidente que magoou sua tez alva, hoje pela manhã. Explico-me pelo que me aconteceu, senhor conde. Eu estava refletindo sobre minha urgência em regressar à América e ao ver sua filha, percebi a semelhança com minha falecida noiva, algo no tom dos cabelos, no olhar ou nos gestos dela chamaram-me a atenção. Sei que fiquei, por algum tempo, recolhido em meu castelo sem sair ou ver pessoa alguma e quando me decido por sair a cavalo, eis que vou para o mesmo lado que mademoiselle Étoile e nos encontramos. Uma bela jovem que teve uma queda e a socorri. Não acredito em coincidências...

– Conte-me, senhor conde de Villiers, o senhor marcou com minha filha esse encontro? Já tinham se encontrado antes? Sabe como foi que ela caiu? – interrogou o pai visivelmente alterado pelas emoções, exigindo mais detalhes.

Tentando dissimular ao máximo que ele salvara a jovem do desespero e que ela pretendia atirar-se do penhasco, Marcus enxugou o rosto com um lenço, antes de responder:

– Senhor conde Allorge, acabo de conhecer sua filha em situação totalmente informal. Eu não a conhecia. Estávamos os dois passeando a cavalo pelos extensos parques que circundam nossos castelos e pelos campos. Saímos à luz da manhã e para o mesmo lugar, numa coincidência admirável! Nunca a tinha visto antes ou falado com ela, mas foi somente por vê-la que me interessei pela figura delicada e feminina. Sei que a encontrei em momento oportuno e pude ajudá-la.

Após fazer uma pausa o conde continuou a falar:

– Peço perdão por não ter podido atender ao convite da condessa de Allorge para jantar numa das semanas passadas, precisava resolver algumas questões. Hoje mesmo, mais cedo, me decidi por partir de volta à América, preciso de uma esposa para levar como minha condessa. Uma senhorita da nobreza que possa gerar muitos filhos saudáveis e, assim, povoaremos minhas terras com descendentes franceses ou, quem sabe, voltaremos para cá, ao meu castelo, no futuro, para alegrar as alamedas floridas com os rostinhos corados dos infantes.

– Sábia decisão, senhor conde de Saint-Patrice. Está querendo dizer que já abordou minha filha sobre esse assunto? – disse o pai de Étoile, algo indignado, forçando ao tema que precisava averiguar em nome da honra.

Vendo que tudo o que dizia parecia infrutífero, Marcus resolveu que pediria, sem maiores delongas, a mão da jovem de Durant. Concluindo, falou:

– Se for do seu agrado, senhor, deixo claro que já tinha feito correio a Paris e tenho tudo preparado, junto ao tabelião, inclusive os proclamas já foram emitidos com carimbo real e se encontram em branco quanto ao nome da noiva – disse o proponente com veemência, constrangido pelas circunstâncias a ser breve e completou: – Queria, senhor, que aceitasse meu pedido oficial de casamento com mademoiselle Étoile.

O conde de Villiers teve a delicadeza de ocultar o anterior acordo que fizera com mademoiselle de Durant, bem como os detalhes de como a conhecera e salvara do que lhe pareceu ser um influxo maligno do castelo de Saint-Omer.

Se o conde Allorge houvesse recebido aquela proposta no dia anterior não teria dúvidas em aceitar, porém tinha comunicado aos parentes outro pretendente, precisava de um tempo para reavaliar e desfazer com seus familiares o anúncio precipitado que fizera. Precisava escrever outra carta ao barão Mathias Lohan Lasneaux explicando que a situação de sua segunda filha tinha mudado e ela não estava mais disponível para negociações de matrimônio.

Naquele instante, ele se deu conta do equívoco que cometera. Compreendeu que estivera numa espécie de delírio, talvez ocasionado pelo vinho que tomou ou pela celebração da data. Reconheceu que se precipitou ao anunciar o noivado de sua filha Étoile sem nem ao menos aguardar a resposta do barão Lasneaux. Mesmo sabendo da trágica história de Andrea, que se via contrariada na decisão paterna, não tinha ponderado perguntar a opinião da principal interessada: sua filha. Quanto a Esmeraud estava certo das preferências dela pelo visconde Jean Claude, mas quanto à mais nova precisava remediar aquela situação.

Cortando os pensamentos digressivos de seu interlocutor, que impuseram silêncio ao diálogo que mantinham, Marcus continuou suas explicações e alegou urgência em partir, afinal, o tempo havia passado desde a morte de Andrea e ele considerava como concluído o prazo do luto. Entenderam-se os dois varões com discrição e respeito no período razoável para um noivado, caso fosse o desejo de Étoile. Martin Felipe tinha aprendido que não poderia decidir sem antes conversar com ela.

Marcus de Villiers continuou a falar, efusivamente, demonstrando a simpatia e a cordialidade como suas virtudes. As conversas dos dois versaram sobre a postura diante da vida e sobre a situação econômica do futuro genro, como era de se esperar. Martin Felipe queria saber também sobre opiniões políticas de Marcus e quanto ao impacto de uma morte tão próxima. Continuaram conversando amistosamente.

– Na verdade, quis devolver à família Guzman o dote de minha noiva, sem sucesso, porque o banqueiro já tinha preparado as contas. Não tenho necessidade desse dinheiro. Meu pai me deixou os títulos e haveres de herança e eu soube multiplicar esse patrimônio.

Ao expressar com sinceridade seus sentimentos em relação ao passado Marcus revelou suas ações e essa postura falou a favor dele. Martin Felipe era um homem muito honrado e íntegro, prezava a honestidade de caráter e a bondade como virtude. Ele se simpatizou com o conde de Villiers e acabou por convencer-se de que fazia uma boa escolha. Ele conhecia a filha que tinha e ela, que sempre foi a mais arrojada da família, poderia se dar muito bem num continente novo.

Conversaram por mais alguns minutos e o conde de Saint-Patrice se retirou com o coração cheio de esperança. Antes de se despedirem, marcaram para seu regresso na semana seguinte. Expressando sinceramente suas ideias de se informar sobre o que se passara com Étoile, o conde Allorge finalizou a entrevista entre aliviado e satisfeito.

* * *

Nos seus aposentos, a jovem impetuosa foi exaustivamente interrogada por sua mãe sobre sua atitude de sair sem avisar e sem se vestir adequadamente. Os últimos acontecimentos muito a tinham abalado emocionalmente, mas encontrar Marcus foi providencial e deu-lhe firmeza de pensamento e assertividade em seus objetivos de vida. Pensava em como responderia às perguntas de sua mãe sobre sua postura. *Teria coragem de falar que refletia sobre o casamento forçado com um homem mais velho que a assustava?* Ela estava exausta e seus pensamentos demoravam a ser formulados.

Camile Ambre pensou imediatamente no drama da família de Guzman e viu-se em situação delicada diante da filha. Seria questão de tempo que seu marido também constatasse a semelhança entre as duas. Sua intuição de mãe estava muito certa e ela achava uma forma de investigar essa possibilidade.

– Não posso crer que uma de minhas filhas saiu a cavalgar pela manhã sem levar nem ao menos uma criada. Onde estava Martha que não viu nada acontecer? Por que seu rosto está machucado, minha filha?

– Pensei que todos dormiam ainda, senhora condessa – afirmou a criada, aflita por temer ser castigada. Sempre que algo não saía conforme esperado, os serviçais pagavam caro.

– Seu trabalho não é pensar e sim verificar se minha filha está bem! – vociferou a condessa, expressando seu nervosismo. Ela se lembrava do vexame da família de Guzman, da tragédia e da morte. Não queria isso para a sua filha.

Num gesto delicado, aproximou-se a condessa para examinar de perto o tamanho do corte no supercílio de sua filha, que ainda porejava gotículas de sangue se ela se esforçasse. Com lencinho delicado, apertou o ferimento e aproveitou para ajeitar a cabeleira solta da jovem, acariciando com os dedos as madeixas, prendendo-as atrás das orelhas, como se as penteasse. Um carinho que havia muito tempo não dedicava às filhas e que era comum naquela família antes de elas se tornarem adultas. Com um gesto deliberou que a criada providenciasse o penteado que prendesse os cabelos soltos e desalinhados.

– Ah! Étoile, tenho certeza de que as decisões de seu pai sobre seu noivado influenciaram suas ações de hoje mais cedo. Minha filha, lembre-se de Andrea de Guzman...

O coração materno sempre traz uma intuição acertada a respeito dos acontecimentos.

– Sim, minha mãe, eu estava chateada com a resolução de meu casamento, não conseguia dormir em agitação mental e preferi descer às primeiras luzes do sol. Vesti sozinha as mesmas roupas da véspera, mas não tive paciência nem soube esmerar-me nos detalhes. Não esperava encontrar ninguém. Saí muito cedo, ainda não havia nem movimento dos criados quando desci as escadas. Acontece que me perdi e depois tropecei e caí ao chão! Deus me valeu que eu já tinha descido da montaria e caminhava apenas por entre trilhas de pedras soltas. As saias mal amarradas cederam, minhas botinhas trançaram nas rendas...

Ela disse como num desabafo de forma rápida e sem ritmo. Sua mãe ouvia com paciência e ao retomar a palavra, a voz de Camile Ambre parecia mais calma:

– O cavalheiro a socorreu? Nosso vizinho, o conde de Saint--Patrice? Tive a oportunidade de vê-lo há uns meses...

Enquanto a matrona ia recobrando a linha do raciocínio a partir do conde em questão, Étoile convertia seu pensamento nos momentos vividos naquela manhã. Precisamente, ela se lembrava da proximidade do corpo masculino junto ao seu, quando ele pensou que se tratava de mademoiselle Andrea. Aquele impulso heroico somado à postura enternecida tinha cativado sua atenção. *Como podia ter pensado em desperdiçar a própria existência sem antes conversar com alguém?* Agora que estava feito e tinha conhecido Marcus percebia as forças do bem atuando em seu favor. Tinha certeza de ter visto um anjo a zelar por ela e agradecia mentalmente por esse apoio. Chamada à realidade para a resposta, disse:

– Sim, ele me ajudou a levantar e me ofereceu um lenço polidamente. Conversamos na volta e ele me confessou que busca outra noiva. Oh! Minha mãe, simpatizo-me com Marcus de Villiers, na verdade, ficarei muito feliz se ele propuser a papai. Não seria mais interessante uma aliança com um vizinho conhecido, do que um barão ao qual tenho terríveis lembranças de infância? Ele me acudiu e, ao ver que eu estava aflita, ofereceu-se para me trazer de volta. Fiquei impressionada com a gentileza dele no momento que mais precisava. Diga-me, minha mãe, se não foi a Providência Divina que o encaminhou para o mesmo lugar onde eu estava?

Mentalmente, seguiu os conselhos do conde de Villiers e se perguntou o que sentia, o que roubava sua paz? Ainda pensando, descobriu que seu pior problema era ciúme – a dor que sentia por ser preterida em favor de Esmeraud. Não por Jean Claude, mas por seu pai que nem perguntara sua preferência. Não poderia comprometer-se ao revelar que previamente tinha se entendido com o noivo de sua irmã, no encontro entre os lilases. Viu-se num impasse. Sofreria novas e piores reprimendas do que as que tinha recebido naquela manhã. Se o conde de Y... se acovardou quando deveria falar a verdade, por que ele falaria agora?

Contendo o choro para não ter de explicar-se, respirou fundo e silenciou seu coração porque já tinha decidido deixar de lado aquela disputa com sua irmã. Respirou fundo e voltou ao momento presente. Tinha aceitado a proposta de Marcus e queria levá-la adiante. Olhou para sua mãe e não teve coragem de falar nada do que se passava em seu íntimo, não seria compreendida.

Quando ela voltou de suas digressões, seu pai entrou pela porta dos aposentos e veio vê-la. Ele trazia as novidades consigo, mas queria ouvir primeiro o que sua filha pensava. Novas perguntas e questionamento sobre sua postura e suas atitudes pouco comuns. O pai temeroso a repreendeu por sua fuga naquela manhã, depois abrandou o coração e se certificou do estado dela, vendo os hematomas em sua face, disse com seriedade:

– Étoile, vejo que está bem! Diga-me com sinceridade o que houve?

Ela ia repetir ao pai que tivera grave impressão de Mathias Lohan quando criança e não o queria por esposo. Seus olhos marejaram e se sentiu constrangida e triste. O pai preocupado, acrescentou:

– Na verdade, não houve pedido oficial por parte do barão de Lasneaux, minha filha. Por que não veio falar comigo antes de sair como uma louca pelos parques? Confesso que me precipitei ontem, estava empolgado com o casamento de sua irmã.

Conseguiu apenas articular sua indignação:

– Não é porque Esmeraud vai se casar, que tenho que segui-la!

A moça discretamente enxugou duas lágrimas que correram por suas faces. Tinha desistido de buscar compreender as ações de Jean Claude. Se ele não tivera coragem de falar, nem ela lutaria por ele.

Vendo o estado abalado da filha, o conde retomou a palavra, dizendo:

– Tenho outras novidades. Acabo de receber uma proposta, no entanto, minha filha, quis me certificar de sua simpatia pelo cavalheiro que acaba de trazê-la de volta de sua cavalgada.

* * *

A jovem de Durant via o tempo passar com lentidão, adormecendo a maior parte do dia, de repouso. Esquecera-se de escrever ao irmão de Andrea e o assunto voltou-lhe à mente apenas mais tarde quando tomou a pena e o papel e expôs em letra caprichada a dor que tomara o seu coração. Foi relembrando os detalhes do dia em que teve de recontar a história do suicídio de Andrea à pequena Élodie. Procurou em suas palavras ser atenciosa e objetiva para não tomar muito tempo do conde de Guzman. Com certeza, receberia resposta, porque a família dele, tradicional na Bretanha, prezava pela educação e os bons costumes, além de que, Victor de Guzman era conhecido por orientar as pessoas da região.

Raramente, naquelas últimas semanas, as duas irmãs se viram nas dependências do próprio castelo. Os ensaios em comum das músicas que elas treinavam ao piano e canto ficaram legados ao esquecimento, já que agora ocupavam-se bordando monogramas e teciam bainhas em babados para enriquecer ainda mais as peças de seus enxovais, assessoradas por outras auxiliares que agilizavam o trabalho. Havia muitos bordados prontos desde quando elas eram muito mais jovens e que agora se mostravam na iminência de serem aproveitados. Esmeraud tinha exigido tecidos e linhas vindos de Paris, porque seu casamento se demoraria ainda alguns meses e ela tinha tempo para esperar. Étoile não encomendara nada, pouco tecia, apenas aproveitava para dar acabamento a alguns trabalhos, porque não daria tempo mais para os enfeites elaborados. Marcus tinha garantido que não seria preciso, porque o castelo dele estava preparado com o melhor linho e a melhor porcelana, além de que pouco poderiam levar como bagagem ao continente americano para onde seguiriam.

Étoile e Esmeraud, cientes da rotina uma da outra, evitavam se encontrar no grande castelo Allorge e quando isso se dava a antipatia entre elas era atenuada pela cordialidade com que tinham sido educadas. Uma se ressentia do casamento da outra. Esmeraud tripudiava por seu triunfo junto ao pai em conquistar o melhor partido da região e Étoile, enciumada, temia comentar sobre o que sabia por despeito. A presença constante da condessa mantinha com altivez a compostura da família.

Num dia em que as jovens esperavam seus noivos, as duas se encontraram na sala reservada aos ilustres visitantes, um pouco antes que eles chegassem. Elas se viram na mesma sala, sem mais ninguém por perto, quando não tinham outra desculpa a não ser conversarem. A condessa Camile Ambre ainda não tinha descido de seus aposentos.

Quando adentrou uma das salas íntimas, próximas ao belo piano, Étoile se deparou com sua irmã sozinha e ficou paralisada. Indecisa por alguns momentos, pensou ser indelicado retirar-se. Ela viu Esmeraud impaciente, sentada numa das poltronas ao estilo Luís XV, fingindo ler um livro. Foi constrangedor, porque a mais velha esperava a visita do conde de Saint-Pierre. Vendo quem entrava, falou num desabafo:

– Étoile, venha sentar-se comigo, parece que é tempo de conversarmos – talvez por querer exaltar-se, ela continuou a falar insistentemente sobre si mesma, como se analisasse sua condição: – Aspiro por minha nova vida! Sonho com Jean Claude desde que o vi num baile quando tinha apenas quatorze anos. Nunca revelei essa preferência a ninguém. Só falei de meus sentimentos a nosso pai, certa de que ele teria a sensibilidade de fazer a escolha certa. Agora, quanta felicidade, vou morar aqui por perto. Tudo que eu queria! Vamos celebrar tomando um chá.

A fala de Esmeraud, num tom displicente e visivelmente provocativo, fizera com que a irmã mais nova pensasse em como podiam ser diferentes as impressões do mesmo assunto. Étoile ficou surpresa por perceber que sua irmã se interessara por Jean Claude sem nem mesmo o conhecer. Ela ia responder com outras farpas, como vinha acontecendo entre elas. Contudo, tomou fôlego e pensou bem no que poderia falar, aprumando o corpo e sentando-se para aproveitar o chá servido. Como se quisesse ganhar mais tempo, virou a cabeça, voltando-se para a bandeja para apanhar alguns *madeleines* e, antes de levá-los à boca, disse:

– Fico feliz que tenha dado tudo certo, Esmê – ela sabia que sua irmã não gostava do diminutivo, mas fingiu ignorar esse detalhe e continuou: – Logo nossos pais estarão muito idosos e será preciso alguém por perto para olhar por eles. Não posso prometer que poderei fazer esse papel porque não sei quais são os planos de retorno de meu futuro marido. Não sei sobre seus negócios nas Américas, só sei que é muito rico e bem apessoado. Não tive a sorte de conhecê-lo antes, como no seu caso, no entanto percebi que tem bom coração e isso me bastou. Sinto-me feliz por não ficar aqui dando a despesa de uma mulher solteira a meus parentes ou casar-me com um homem pelo qual não nutriria apreço.

Sentindo que tinha desabafado seu coração e que os assuntos doloridos foram remexidos por aquela conversa, Étoile se calou, encerrando aquele momento difícil.

Um criado entrou trazendo um recado de Marcus de Villiers, dizendo que ele se atrasaria naquela tarde. A noiva leu o bilhete com sincera amargura. Teria de esperar ainda em meio ao constrangimento.

Esmeraud ordenou que o mensageiro saísse e, vendo-se sozinha de novo, retrucou, ainda mais desdenhosa:

– Então, a minha irmã caçula irá se casar com o conde sedutor de mademoiselle Andrea? Cuidado querida, para que não termine também num precipício qualquer, porque o amor de homens assim é volúvel. Hoje, ele vem movido pelo interesse na novidade, amanhã se atira com o mesmo ímpeto em outros braços mais atraentes.

As palavras disfarçadas de conselhos iam ferindo o coração de Étoile e foram desarticulando suas certezas internas e enchendo de dúvidas seus pensamentos, até que ela percebeu a estratégia de sua irmã. Calou-se e não conseguiu responder nada porque comparava mentalmente a postura de seu próprio noivo e a de Jean Claude. Um sedutor era como chamavam Marcus, mas esqueciam-se de que ele tinha aprendido a lição pelo mal que causou. Quanto a Jean Claude revelara-se um fraco, sem liberdade nem escolha e ela não podia contar nada do que descobrira sobre ele.

A situação que se seguiu foi ainda mais desconfortável porque o conde de Saint-Pierre foi anunciado na porta da saleta de música que era contígua e as duas voltaram o olhar para ele. Esmeraud levantou-se e esticava a mão movendo os dedos efusivamente para que ele os beijasse e Étoile demorava-se sustentando o olhar dele numa indagação infrutífera, sem nada dizer, mas cobrando sua postura. Mentalmente, ela perguntava por que ele não tinha resolvido aquele mal-entendido a tempo? Por que seguira adiante mantendo o compromisso com sua irmã, mesmo depois de ter jurado seu amor?

Martha entrou na sala e pediu licença para anunciar que a condessa de Durant desceria em alguns minutos e pedia que sua filha Esmeraud começasse a ensaiar o piano.

Conversaram os noivos por alguns momentos, comentando trivialidades, quando os garçons foram chamados para servir chá ou suco ao visitante. Outra chávena imediatamente surgiu numa bandeja de prata.

Era tão constrangedora a situação que Étoile pediu licença e se levantou. Foi ao alpendre admirar a paisagem e respirar, já que não suportava muito tempo a companhia deles sem amarrotar o rosto, contrariada. Depois de alguns minutos, Esmeraud também se levantou e anunciou que iria iniciar o treino diário ao dedilhar o instrumento. Ficou por algum tempo distraída com a partitura escolhendo o que tocaria. A condessa Camile Ambre adentrou o recinto e foi se sentar próxima ao piano, convidando todos a segui-la para a saleta contígua. O conde de Y... se moveu para fora, onde estava Étoile a pretexto de chamá-la e ela, percebendo, olhou para ele em visível desgosto. Em poucos segundos, a jovem se voltou para sair, Jean Claude falou entre sussurros:

– Não me esqueci da promessa que fiz entre os lilases – rapidamente, quando cruzavam os pórticos da sala, ele passou a ela um bilhete, enfiando o pequeno papel dobrado em suas mãos. Ela, ao recebê-lo, pôs dentro de sua luva esquerda, porque não sabia o que fazer. Não tivera escolha, era aceitar ou denunciar-se.

Étoile ruborizou-se e não teve palavras para responder. Não conseguiu ficar no mesmo espaço que a própria irmã, que ainda escolhia o que ia tocar, absorta no ofício de pianista. Era indigno aquilo, receber uma carta clandestina, que continha uma desculpa medíocre para a falta de caráter de Jean Claude. Se ela ficasse por ali, com certeza, seu destino se misturaria ao de sua irmã, talvez causando uma desgraça. Olhou de volta para o conde de Y... com o olhar sério e determinado, mas seu coração a traiu e se descompassou.

Capítulo 12

CARTAS A VICTOR DE GUZMAN

> Ali, pois, em Espanha, permaneceram os de Guzman d'Albret e de Guzman d´Evreux encerrados no seu palácio de Madri...
>
> (*O drama da Bretanha*, **cap. I**)

> A condessa Françoise Marie, corroída de remorsos pelo abandono a que sempre relegara a filha, sem educá-la em bons princípios de moral, sem cultivar em seu coração o amor e o respeito a Deus, deixando-a entregue a amas e preceptoras mercenárias, adoeceu gravemente, com o choque recebido com o suicídio.
>
> (*O drama da Bretanha*, **cap. XVII**)

Os espíritos compromissados com o bem encaram as maiores adversidades da vida com resignação e boa vontade. Deus, que é misericordioso, coloca essas almas entre os que sofrem para aliviar-lhes as dores. O amor e a oração de seres evoluídos têm elevação para conduzir outros às bênçãos celestiais. Quando acontecem as crises e provações, inevitavelmente, todos os envolvidos são levados a refletir sobre o propósito da vida, enquanto os difíceis laços dos ressentimentos vão se desvanecendo com o tempo.

Françoise Marie se restabelecia da crise moral que a abatera após o desfecho da história de Andrea. Culpas e mágoas ressurgiam em sua memória quando se lembrava do comportamento imprudente da própria filha. Seus pensamentos passavam pela indignação diante de seu nome de família associado aos desvairados, que tiram a própria vida, e fluíam pelo que poderia ter feito para evitar a tragédia. As crises de amargura e desespero tinham diminuído e ela se asserenava numa resignação aparente para não preocupar seu querido filho. Em seu íntimo continuava remoendo suas culpas e criticando mentalmente o comportamento de Andrea. Não raro, pensava: *Por que não se ocupara de dar a ela a educação moral devida à própria filha? Por que a deixava aos cuidados das preceptoras, sem supervisão, para educar parcialmente? Andrea recebera o melhor que qualquer jovem em sua posição poderia ter, foi alfabetizada e tivera lições de artes e bordados, noções de etiquetas e era persuadida pelo pai a acompanhar as pregações de leituras cristãs, mas faltou-lhe o amor materno...*

Victor parecia ler seus pensamentos inconfessos porque sempre a incentivava a buscar as razões do que sentia e a consolava com carinho. Conversava com ternura e tentava fazer com que ela perdoasse Andrea, mostrava que a jovem era incompreendida e que havia outras razões para seu comportamento. O coração da condessa, para esse assunto, parecia congelado e ele pensava outras maneiras de tocar seu instinto materno de cuidado e proteção.

Em raras ocasiões o visconde se permitia lembranças daquela que era amada por seu coração, agora que Andrea necessitava tanto de que ele se convertesse em pedinte aos mundos celestiais pela misericórdia de Deus. Naquele palácio, em Madri, tinham convivido por alguns anos e ele estava atento ao ambiente onde tinha boas lembranças. Sempre que orava pedia que as recordações retidas nos objetos[20] da amada irmã não viessem roubar sua paz, porque facilmente revia as cenas do passado ínsitas nos pertences e lugares de preferência da querida morta. Essa era sua única distração: adentrar um dos aposentos de Andrea ou buscar um livro ou peça de arte que lembrasse algum comentário ou atitude dela, num tributo discreto à sua memória.

---

20 Faculdade conhecida como psicometria.

Assim, deixou-se enveredar por um dos dias felizes em que estiveram juntos, quando ele a conheceu, já uma mocinha, após o regresso dos estudos no Oriente. Quando viajou, sua mãe estava grávida e, ao retornar, deixou-se cativar pela menina. Ele se lembrou da vez em que tinham conversado na câmara de leitura onde se encontrava naquele momento. Enquanto ele exercia a responsabilidade de orientá-la, ela acabava por justificar-se em seus delicados sentimentos controversos em relação aos pais e aos primos, em relação a si mesma e Deus. Ele tentava se aproximar daquele coração voluntarioso e dizia a ela, naquele dia do passado em que ela era apenas uma adolescente.

– Minha irmã amada, muito me alegro em vê-la interessada em nossos estudos bíblicos. Hoje, percebi que detinha a sua atenção, quando citei a passagem do diálogo com a samaritana no poço[21].

Ela andou até o nicho próximo à janela e fingiu admirar um conjunto composto de uma pequena pirâmide de alabastro, uma cruz *ankh* e o busto do faraó Akenaton, que Victor tinha trazido do Egito, recentemente. Esse movimento dela, mais se assemelhou a uma provocação. Talvez pensasse: – *Se Victor é seguidor de Jesus e prega ideias cristãs, o que queria estudar com os egípcios?*

Enquanto aguardava a resposta, o irmão pôde admirar a beleza que se ressaltava na adolescente como atributo natural. Os cabelos louro-acobreados se destacavam ao brilho da luminosidade vinda da janela. Trajava-se em branco vaporoso, com delicado franzido sob os seios alongando-lhe a silhueta. As mangas fofas e os detalhes bordados davam destaque à sua pureza angélica, contudo o olhar penetrante, azul e vívido revelava a mente arguta e irrequieta. Depois do silêncio provocativo, ela respondeu, demonstrando raciocínio lúcido:

---

21 Evangelho de João, capítulo 4.

– É história contada há séculos, meu irmão, e quem não acrescenta uma fala sob o véu da alegoria quando quer chamar a atenção? O que seria a água da vida? O conhecimento? Não quero parecer desrespeitosa com sua fé, Victor, ou com a casa de meus antepassados. Não tenho a fé cristã, vou assistir às suas pregações porque nosso pai assim me orientou. Sabe o que mais aprecio no Cristo? A capacidade que ele tinha em afrontar as incoerências da lei judaica. Por que não podia realizar as curas no sábado? Ele realizava assim mesmo, criticava as posições ortodoxas dos fariseus e explicava ao povo por figuras alegóricas. Tais parábolas existem até os dias de hoje na mente das pessoas, porém não há ainda explicações científicas para os milagres que ele realizava. Esse caráter desafiador é o que admiro.

O irmão foi se sentar ao lado dela e se revestiu de paciência, porque a amava.

– Se ele desafiava era igualmente desafiado, minha querida Andrea. Recomendo que deveria refletir sobre "O Evangelho de São Marcos", em seu capítulo 11, versículo 27, quando Jesus é interrogado sobre seus milagres. Perguntam-lhe com que autoridade realizava as curas e ele não responde se seu poder veio de Deus ou dele mesmo – o visconde fez uma pausa, refletindo sobre a postura provocativa de sua irmã e imaginava como abordaria tão delicado assunto, depois disse: – Concordo com suas questões, de minha parte também admiro e pesquiso esses mistérios. É exatamente isso que buscava no Egito. Um dos temas sobre o qual mais me debrucei foi a transmigração da alma ou palingenesia.

Às palavras diferentes que seu irmão usava, Andrea já se tinha habituado. Pesquisava por ela mesma nos compêndios e dicionários da biblioteca de seu pai e nunca se deixava surpreender por tais usos incomuns. Ela refletiu como se buscasse nos refolhos da mente o significado, depois acrescentou com a graça que lhe era característica:

– Como na ressurreição de Lázaro e do próprio Jesus? Sempre pensei que essa parte era revestida de alegorias exatamente como as parábolas ou nas histórias com exageros e acréscimos da imaginação dos evangelistas – retrucou a jovem que demonstrava conhecimento dos Evangelhos sem a fé que enriquece.

Victor precisou ser mais claro para ser compreendido plenamente e acrescentou:

– Não exatamente esse conceito, cara irmã, mas da sobrevida da alma e volta ao mundo físico em outro corpo. Como na passagem em que Jesus explica aos discípulos que João Batista era Elias[22] que voltou.

Por alguns segundos o silêncio preencheu o aposento, como se Andrea pensasse se seria possível que seu irmão acreditasse em tal absurdo. Quando se decidiu por responder, não quis contrapor aquela ideia, porque não queria magoar o querido amigo que se dispunha a esclarecê-la. Ela voltou os olhos para o interlocutor e falou docemente:

– Não ouso compreender além de minha capacidade, Victor. Admiro seu brilhantismo e sua coragem em trazer essa novidade, comungando a crença na palingenesia com as ideias cristãs. Embora a passagem referida no Evangelho de João deixe margem para essa interpretação, tais ideias são, para mim, sem alcance de compreensão ou fé que sustente o argumento.

Gentilmente, explicando o que o levara ao Egito, ele redarguiu com brilho nos olhos demonstrando seu entusiasmo pelo tema:

– Tenho um pressentimento de que um dia surgirá nova proposta filosófico-religiosa que venha contemplar a metempsicose sob a ótica cristã melhor interpretando a ideia da ressurreição dos mortos. Até lá, pesquiso onde há buscas sobre esse novo concei-

---

22 Evangelho de Mateus 17:12.

to, *reencarnação,* e suas nuances. Há muito tenho refletido sobre o que seria "nascer de novo do corpo e do espírito[23]".

– O diálogo com Nicodemos? O que há nele? – perguntou Andrea com certo enfado que Victor entendia como desinteresse. Ao perceber que ele se comovia ou se interessava por um tema específico, a jovem sentia ciúmes de sua atenção e tentava mudar de assunto.

– Sim, o complexo diálogo entre aquele que era mestre em Israel e Jesus. Ocorre a fantástica comparação da vida do espírito com o vento que sopra onde quer, mas deixemos de lado, por enquanto. Mudemos de assunto, porque esse se tornou árido e não quero ser inconveniente.

Ela abriu um sorriso enigmático demonstrando que seu coração imaturo pouco se importava com questões transcendentais e muito queria resolver dos relacionamentos ao seu redor.

– Não há inconveniência quando estou em sua companhia, meu irmão, mas assuntos muito abstratos cansam-me, perdoe. Entendo que a passagem que compara o espírito ao vento seja mais uma alegoria, como a descrita no batismo de Jesus[24], a pombinha do Espírito Santo. Não é mesmo mais uma parábola, irmão? – ela perguntou para disfarçar sua falta de atenção.

– Passemos às amenidades. O que quer saber, por que veio aqui hoje? Sei que quando vem me procurar alguma questão a incomoda – Victor não quis entrar pelos significados subliminares

---

23 Evangelho de João 3:5.
Respondeu Jesus: "Digo-lhe a verdade: Ninguém pode entrar no Reino de Deus, se não nascer da água e do Espírito. 6 O que nasce da carne é carne, mas o que nasce do Espírito é espírito. 7 Não se surpreenda pelo fato de eu ter dito: É necessário que vocês nasçam de novo. 8 O vento sopra onde quer. Você o escuta, mas não pode dizer de onde vem nem para onde vai. Assim acontece com todos os nascidos do Espírito".

24 Evangelho de Mateus 3:16.

dos Evangelhos, mas continuou pensando nos magníficos símbolos deixados como códigos no Livro da Vida.

– Quero orientação sobre como posso responder a um apelo de nossa mãe que exige que eu me decida por qual dos dois primos tenho preferência. Amo Alexis, mas amo igualmente Arthur! – dizia ela, enquanto os ecos do passado foram se desvanecendo.

Victor percebeu que tinha a consciência tranquila pelo apoio que sempre prestava a ela quando era preciso. Ele abriu uma das gavetas do guarda-livros entalhado com arabescos à moda Carlos IV e encontrou delicado lenço, onde o desenho em monograma das iniciais de sua irmã figurava. As letras AGA entrelaçadas, bordadas pelas linhas caprichosas conduzidas por dedos ágeis da moça. A peça deveria ter trinta e poucos centímetros e terminava em pontas tecidas por diminuto *frivotitè*. Ele correu os dedos pela seda e se permitiu buscar pelo perfume que ficara impregnado. Afastou de si as lembranças carinhosas, não poderia voltar a lamentar o suicídio, precisava deixá-la em paz. A partir daquelas boas lembranças, oraria por ela para que buscasse ajuda e evolução. Quando principiou a prece percebeu que precisava dedicar-se em especial a assistir espiritualmente aquela entidade obsessora que voltara a assaltar Andrea nos últimos dias de sua vida. Orou por uma oportunidade de ajudar aquele que se chamara Arnold. Desde que o tinha visto olhando para a ribanceira em Flandres, nas proximidades da Quinta Numiers, tinha como certo que ele ainda sofria e precisaria em breve retornar em um corpo adequado aos acertos com a Lei de Deus.

Deixando de lado o lenço formoso, Victor se virou, abriu uma porta de madeira de sua escrivaninha, movendo o interior de uma gaveta. Facilmente, retirou de lá um livro de orações. Após alguns minutos de leitura, pôs em ação o pensamento para entregar-se com ainda mais fervor, acompanhando a letra contida nas páginas amareladas em língua estrangeira, que só ele em sua formação mais abrangente poderia decifrar. As letras do idioma antigo eram recitadas com o coração e compunham parte dos procedimentos de preparo íntimo e de meditação ensinados nos templos aos quais frequentara, comuns aos que queriam se entregar às práticas espirituais.

Como conhecedor das filosofias espiritualistas, o visconde dedicara-se a pesquisas com os fenômenos de emancipação da alma, entendendo a imortalidade do espírito. Desenvolvera a clarividência e tinha intuição apurada. Durante o tempo que passou no Oriente, tinha estudado a mitologia egípcia e as Leis Herméticas. Conhecera a Lei do Carma e muito discutira em suas aulas de antropologia e religião o valor da regeneração moral por meio do que Buda ensinara como sendo o *caminho óctuplo*. Refletiu sobre o sofrimento e o desejo no contexto mundial. Enquanto explicava empolgado a seus colegas as consequências da transformação do homem que descobre valores internos, foi capaz de demonstrar como é possível pela prática da compaixão promover a mudança de carácter: vendo no outro o que há em si mesmo. Tentava ele trazer esses conceitos ao ocidente, mas via que muito faltava ao homem materialista esse suporte que viesse a embasar as práticas de caridade e de autoconhecimento. Percebia que muitos eram os males do caráter e os conflitos internos se avolumavam em dramas entre o mundo visível e invisível, sem que a crença da reencarnação fosse divulgada aos homens, ampliando a consciência e alertando sobre o valor da transformação moral.

Refletia sobre essas verdades milenares, mas seu coração há muito tempo tinha cedido ao apelo do Cristo, interessando-se particularmente pelas curas efetuadas pelo mestre Jesus. Dentro desse quesito buscava nos Evangelhos as passagens que contavam sobre os endemoniados, cegos e leprosos. Juntava as duas informações e tentava, por si só conciliar as verdades, sabendo que as lendas e os ensinos dos povos se repetem sob outra roupagem, mas com o mesmo fundo que é a Lei de Deus. Em suas buscas existenciais ele se lembrou de sua encarnação[25] passada, quando morrera como mártir cristão.

Naquele dia, durante seu período de prece e meditação, permitiu que a mente se abrisse ao mundo sutil e entreviu a companhia que o aguardava no outro lado do véu de Ísis. Por um lapso de segundo percebeu a sombra nefasta por onde se entrevia a figura sofrida do obsessor de sua irmã. Onde ele estaria não conseguiu perceber. Orou e o viu envergonhado e triste pela consciência de que era culpado e que tinha insuflado as terríveis ideias de extermínio da vida. Num instante, o visconde concentrou mais o pensamento, a compaixão tomou proporções e irradiou de seu ser. O desgraçado percebeu que recebia luz e sentiu que era acolhido. Outros irmãos do além-túmulo, que estavam auxiliando no processo de resgate e conscientização de Arnold, deixaram-se perceber e conduziram influxos amorosos sustentados pela fé e pela oração.

De imediato, Victor se disponibilizou mentalmente para servir de instrumento, para que a Luz Divina pudesse agir no consolo e acolhimento aos aflitos, que se fazia imperioso naquele momento.

– Anjos de Deus, protetores de minha família, aqui estou para o trabalho que é preciso realizar. Sei que chegou o momento do auxílio a este infeliz irmão que ainda vaga amargando a culpa e a consciência pesada. Venho expressar minha compaixão e apelar para a misericórdia divina em nome desse caso que envolve minha amada irmã. Se for possível, mostrem-me como posso chegar até ela ou como posso ajudar em seu resgate e encaminhamento de Arnold.

Um foco de luz surgiu no teto e foi descendo e se transformando em uma figura humana.

Reconheceu emocionado, entre as figuras dos guardiões de sua família que ali se apresentaram, sua avó, Louise de

25 *Nas voragens do pecado* – Yvonne do Amaral Pereira.

Guzman. Ela se aproximou, tocou-lhe a fronte e disse, com voz pausada:

– Querido amigo de outras épocas, ouvimos sua solicitação em favor do cobrador de nossa querida Andrea. As teias delicadas dos relacionamentos foram rompidas e precisam de tempo para se reorganizarem, como bem sabe. Estamos trabalhando dentro do possível com as implicações do caso, mas já há solução em andamento, a partir do momento em que as inevitáveis consequências em respeito às opções do livre-arbítrio precisaram ser recompostas. Em breve, receberá informações, por meio de uma carta, sobre o que se passa ainda na Bretanha. Enquanto ajudava seus pais no regresso a este palácio, nós do lado de cá, organizávamos as rachaduras nos véus do destino criadas pela mente suicida em desalinho. Andrea ainda sofre e para o Bem Maior é necessário que ela se dê conta do que fez. Esperamos que Arnold aceite sua uma nova chance na Terra. Ele está relutante, porque sua consciência assim exige, diante da dor que semeou. Outras urgências estão sendo resolvidas neste momento.

Um raio de luz opalina refulgia no canto do quarto, a presença amiga se fazia ouvir e as instruções eram registradas na mente devotada daquele servidor do Cristo. Louise de Guzman continuou a falar com a lucidez que lhe era característica:

– Somente ore, Victor, com sinceridade e devotamento. Pense nos envolvidos e no benefício de todos. A partir do relato que virá por uma epístola, conseguirá entender o que é preciso fazer, tenho certeza de que o seu coração amoroso aconselhará sabiamente. Nada além do que nos recomendou o Mestre galileu em sua passagem pela Terra: o amor e a tolerância, o respeito e a consciência em paz.

Alguns minutos se passaram e as impressões da presença amorosa se dissiparam, tudo retornou ao silêncio completo e Victor sentiu a harmonia no ambiente. Minutos depois, foi interrompido pelo criado de quarto que trazia um repasto de ovos mexidos e pão fresco, chá e frutas. O visconde de Guzman se alimentou frugalmente e voltou ao ofício da meditação e da reflexão, que o entreteve até mais tarde, considerando com cuidado e carinho cada palavra que ouvira ali.

Nas primeiras horas da noite, cumprimentou seu pai e foi atender sua mãe que, pedia que ele a assistisse antes de ir se deitar. A condessa Françoise Marie sorriu ao ver seu filho amado, tudo que lhe restava depois da partida precipitada de Andrea. Quando estava diante dele, suas dores se aplacavam como se nunca as tivesse sentido, seus pensamentos se renovavam e suas emoções se pacificavam. A presença honrada de Victor, exalando bênçãos a cada palavra que dizia, sua postura serena impregnava de fluidos benéficos os tratamentos que propunha.

Ao sair do quarto, deixou a mãe adormecida e foi visitar Arthur em seu leito. Alexis estava velando na cabeceira do irmão e os dois conversavam sobre quando Arthur podia se exercitar nos campos e tinha sonhos sobre a carreira militar. Victor o fez perceber que a vida é constante mudança e que nem sempre são as melhores condições que encontramos adiante. Ele se certificou do conforto do primo e convidou os dois a orarem, uma vez que o amparo espiritual aguardava os corações dedicados e abertos para semear as luzes dos Evangelhos do Cristo.

Alexis entoou suavemente um canto da sagrada missa e Victor impôs as mãos sobre a cabeça de Arthur, que adormeceu quase imediatamente. O quarto adquiriu atmosfera suave garantindo o sono reparador. Os dois varões seguiram para seus aposentos particulares buscando também o repouso.

* * *

No dia imediato, logo cedo, Victor voltava com seu pai de uma ronda de inspeção pelo palácio de Montalban, para que estudassem as reformas mais urgentes, quando foi notificado por

Jacques Blondet, o mordomo, que chegara correspondência. Ele recebeu sem surpresa a carta da Bretanha, vinda da parte de mademoiselle Allorge e outra carta de seu primo Christoph. O conde olhou para o filho contendo a desaprovação, embora soubesse dos relacionamentos variados que o espiritualista mantinha e das pessoas que atendia, distantes e próximas de todas as classes sociais, por sua função de médico e conselheiro. – *Mal haviam chegado,* – pensava Joseph Hugo – *não seria possível que alguém chamasse por ele.* Seu pai era contra os atendimentos, porque havia uma mentalidade à época de que seria indigno para um nobre trabalhar, porque deveria viver de suas posses.

O jovem herdeiro compreendeu que aquela era a notícia que mencionara sua avó Louise de Guzman, na noite anterior, e que se fazia a oportunidade em que ele poderia ajudar. Cumprimentando seu pai, pediu privacidade e retirou-se para ler a letra caprichada, com interesse e curiosidade:

> Meu caro senhor visconde Victor François de Guzman d'Albret,
>
> Espero encontrar o senhor, seus pais e primos bem de saúde, em sua nova opção de vida, longe da nossa querida península, aqui nas costas da Bretanha.
>
> Desculpe-me se me valho de sua boa vontade já tão afamada aqui pela vizinhança e, por favor, não estranhe minha iniciativa em buscar sua palavra esclarecedora, embora não nos tenhamos falado mais que o essencial como recomendado nas formalidades sociais. Sinto-me ligada à sua nobre família por razões que explicarei a seguir.
>
> Conto apenas dezesseis anos, senhor, e a história de sua infeliz irmã foi-me narrada diversas vezes, por vizinhos e criados. Aceite minhas condolências e meus mais sinceros sentimentos por sua perda. Os detalhes mais tristes dos acontecimentos que culminaram na partida de sua

família, foram contados e recontados por todos os conhecidos e fiquei assim sabendo da revolta e da coragem de mademoiselle de Guzman. O tema é demasiado delicado e inadvertidamente entrei a pensar no problema da mulher e da autonomia da escolha para o casamento, dramas muito femininos e comuns, infelizmente. Eu mesma recontei uma versão da tragédia da senhorita Andrea à uma amiga mais nova que eu, quando caminhávamos nas proximidades das rochas pontiagudas que domam o mar nos flancos de nossa península. Cenário que me inspirava e enchia de vida e esperança e que agora, depois desse acontecimento, não mais consigo suportar.

Confesso que fui imprudente, agora bem sei, ao tocar no nome de alguém que acabara de morrer tragicamente. Espero não ter sido desrespeitosa, porém sei que fui inconsequente ao pensar que era apenas uma história ou que eu explicava por um exemplo um conceito difícil a uma amiga, que perguntava sobre o suicídio. Peço seu perdão, senhor, por agir dessa forma, e peço sua ajuda porque, quando falei de sua irmã, me senti desatinada. Fiquei abatida e impressionada com a tragédia que narrava. Deste dia em diante, sofro com uma sensibilidade exagerada aos temas: autocídio, revolta e injunção; ressinto-me com a proximidade do mar e do rochedo. Sinto-o como se fora o meu próprio problema. Tenho insônia, pesadelos e impressões de ver e ouvir algo de sobrenatural.

Na minha vida, aconteceram alguns reveses parecidos com a história de sua irmã e vejo-me na mesma condição dela, senhor visconde. Em evento recente de noivado, fui preterida e o escolhido de minha predileção se casará com minha própria irmã mais velha. Na mesma noite, fui informada sobre meu casamento com um cavalheiro escolhido por meu pai. A semelhança entre nossas vidas, minha e de mademoiselle Andrea, levou-me ao desespero e à revolta, quando pensava em meu destino.

Vaguei por uma noite insone, chorei e sofri ao decidir que tomaria a trilha do oceano para despencar-me nas ribanceiras inclementes. Quis ter a coragem de sua irmã, caro visconde, e pensei que também estava fadada a ter fim no abismo. Rumei com esse propósito ao parque de Saint-Omer e senti que a força de atração do castelo era irresistível. Os castanheiros e carvalhos, as latadas de rosas e os pássaros, as paredes e portas pareciam rir uma gargalhada soturna que ecoava estridente, vinda do mar. Mentalmente, conversei com a suicida dizendo a ela que éramos irmãs em sofrimento e que, em breve estaríamos juntas. Minutos depois, tentei correr também para a morte. Oh, como me acanho de contar sobre esse momento de desvario, no entanto, sinto que seu coração bondoso poderá me socorrer, como sei que socorria sua irmã. Pressenti uma luz amorosa e vi um anjo que se me afigurava como uma mulher ou sopro de esperança e chorei ainda mais ao sentir que estava muito longe daquele Ser de Luz. Tenho em meu coração que essa força me deteve. Deus e essa protetora não quiseram que aquele desespero fosse o meu fim.

Ao correr, em desabalada carreira, pela trilha do mar, repetindo os passos da suicida, pisei nos rendados das fímbrias do vestido e caí batendo o rosto nas pedras do chão, para minha surpresa, o duro impacto causou apenas ferimentos leves. Um cavalheiro, que igualmente vinha despedir-se de Andrea, enlaçou-me pela cintura. Um salvador que se interpôs em meu caminho, libertando-me de meu impulso egoísta e esse mesmo nobre senhor disse-me que também ele se sentia atraído aos parques marcados pela tragédia. Tratava-se do noivo inconsolável de Andrea de Guzman – Marcus de Villiers, que também buscava por ela

> e viu semelhança em nós duas. Foi ele quem me aconselhou a escrever.
>
> Por favor, senhor visconde de Guzman, tenho muitas dúvidas sobre o assunto, se o senhor pretende voltar às costas da Bretanha, queria solicitar uma entrevista, mas já adianto meus conflitos internos, se não abuso de sua bondade.
>
> Se me perguntarem quando notei a mudança em meu ser, a aversão pelo mar e o impulso de me atirar, responderei que foi no momento que recontei imprudentemente a história de Andrea. Tive a impressão de que uma sombra me seguiu, de que o dia se tornou nublado, de que minhas vestes se tornaram desconfortáveis. É possível, senhor, que haja mesmo um fantasma vagando por aqui, como comentam as vizinhas? É possível que eu o tenha atraído com o meu relato? O que será de mim agora? Sair daqui será suficiente para afastá-lo? Ficou Saint-Omer assim amaldiçoado?

Étoile de Durant encerrava a carta com a cortesia característica de toda família nobre e com a polidez de sua época. Victor compreendeu a razão pela qual fora alertado por Louise de Guzman e sabia exatamente o que teria de fazer. Como não pretendia voltar à França, poderia começar por esclarecer por carta, respondendo à correspondência de mademoiselle Allorge. Tinha sido alertado sobre a ruptura das teias delicadas dos comprometimentos humanos e estava disposto ao que fosse preciso fazer para ajudar a reparar. Resolveu que esperaria a inspiração para a resposta, pois era preciso orar muito por todos os envolvidos naquela sequência de acontecimentos.

A outra carta, vinda da parte de seu primo Christoph era bem mais suscinta, informava apenas que havia sido localizada a criada de mademoiselle Marjorie Montblanc e que ela dissera ter ajudado sua ama a fugir quando a família sofreu perseguições. Victor colocou a carta de lado e pôs-se a lembrar de quando estivera com mademoiselle Mallet, antes da tragédia que vitimou a família dela.

Seria mesmo Marjorie a mulher misteriosa que obtivera o apoio e o amor de Manfred Hanz de Guzman d´Aubry? Christoph se disponibilizara a investigar pois queria entender o que tinha acontecido com seu próprio pai.

Voltando ao passado em sua memória, ele se lembrou do dia em que foi ao palácio de Montblanc. O conde, a quem seu pai pedira para procurar, era fiel ao rei Luís XVI, e, pedia uma justificativa para que deixassem a França. Victor François apresentou-lhe um documento de Joseph Hugo explicando que seus pais pretendiam acompanhá-lo em viagem para estudo. Ao conversar com o conde Montblanc, no fino escritório particular, o visconde de Guzman percebeu que ele questionava a escolha de sua família, entretanto concedia o salvo-conduto. Sentindo que sua argumentação era improfícua, tentou deixar o palácio, porém já era muito tarde e não teve outra opção a não ser aceitar o convite para o jantar e aguardar o dia imediato para o regresso a Saint-Omer.

Agora que examinava o passado, e sabia das consequências de cada escolha, teve certeza de que sua intuição o alertara quanto à família Montblanc. As conjecturas do que vivenciara retornaram e Victor percebeu o espírito puro que conhecera: mademoiselle Marjorie Mallet, uma pessoa sensível e delicada que, por aqueles dias, experimentaria o perigo iminente. Ele se sentiu algo indignado porque percebera a impotência feminina ao ter de acatar as escolhas patriarcais. Comparou mentalmente, a situação de sua irmã Andrea com a de sua amiga. Senhorita Montblanc tivera um pressentimento de morte, sofria também incompreendida em suas impressões íntimas. Ela era uma mulher interessante e diferente daquelas que conhecia. Descobrira por si mesma o movimento que vibrava entre os homens do povo e se interessara sinceramente por eles – os desfavorecidos.

Mentalmente, fez uma prece, pedindo por mademoiselle Marjorie. Disponibilizou-se a ajudar no que fosse preciso. Em verdade, ele não tinha comprovações sobre o que havia acontecido a Marjorie e orava por ela tentando descobrir. Ele tinha procurado e perguntado pelo destino da família Montblanc, mas nada se tornava claro no que se referia a pessoas sumidas durante as perseguições anteriores a 1789.

Somente uma semana depois de recebida a carta que explicava os acontecimentos da Bretanha, Victor concluiu como poderia responder à jovem condessa de Allorge.

Capítulo 13

A RESPOSTA DE VICTOR DE GUZMAN

– Sofre, filho querido, tudo quanto a Terra possa dar-te em amarguras e padecimentos, e não te entregues ao suicídio, porque multiplicarias as próprias desventuras. No suicídio existe uma espécie de matemática sinistra, que desdobra, decompõe e multiplica incomensuravelmente o sofrimento que provoca, a ponto de criar circunstâncias tão problemáticas e insolúveis que ele pode repetir-se de uma existência a outra!

(Mãe de Alexis em *O drama da Bretanha*, **cap. XIV)**

O tempo passou entre preparativos para os casamentos e inseguranças sobre o futuro. Nesse tempo, chegou ao castelo de Allorge a resposta de Victor por um portador esbaforido e empoeirado. Adentrou os pórticos da imponente construção e logo foi embora deixando a missiva nas mãos de uma criada.

Eram tantos aprestos e perspectivas daqueles dias de noivado que mademoiselle de Durant tinha se esquecido de que tinha escrito seu desabafo. Depois que vivenciara a profunda crise, vivia alternâncias de ânimo e abatimento, como se algo tomasse conta de sua mente algumas vezes e outras a deixasse em paz. Aprendeu da pior forma a lutar pela autenticidade do que sentia e vivia em contínua busca pela paz interna. Em consequência dessa resistência, ela estava mais realista e humana, assumira uma postura resignada daquele que deixa tudo para trás, inclusive os problemas. Estava indo embora de sua península, por um bom tempo não veria mais ninguém da família, nem Jean Claude. Longe da Europa, longe de tudo que amava e conhecia. Quem sabe também pudesse reconstruir-se emergindo numa mulher renovada? Talvez por essa razão sua mente parecia acelerada, ansiosa pelo que viria.

Martha entrou na sala de costura onde ela se encontrava lutando com a agulha para marcar com habilidade uma toalha de linho. A criada particular de Étoile sabia que era preciso sigilo com aquela correspondência e foi muito discreta ao revelar que a carta era de seu noivo. Depois, quando estavam a sós, contou que um mensageiro especial a trouxera, recomendando urgência na entrega porque vinha de Madri. Assim que olhou para o envelope, a filha mais nova da casa Allorge teve um pressentimento de que aquelas palavras teriam condições de esclarecer suas dúvidas, de consolar seu coração. Marcus recomendara o nome do visconde de Guzman com grande esperança de que ele pudesse explicar o que se passara e ela se via ansiosa por ler.

Na ampla sala de costura as mulheres reunidas não notaram o meio-tom na fala de Martha, que se deu entre sussurros. A condessa estava entretida ensinando um novo ponto e Esmeraud se mantinha atenta às explicações, por isso não se interessaram pelo que se passava. Discretamente, Étoile pediu permissão para sair dali e foi para suas câmaras particulares e, ainda com o coração aos pulos dentro do peito pela surpresa, leu a letra desenhada do irmão de Andrea, assim que fechou a porta de seu quarto.

> Cara mademoiselle de Durant e Allorge,
>
> Espero encontrar toda a sua família com saúde e em paz.
>
> Agradeço o respeito e a consideração que a senhorita teve com meus conhecimentos e, esclareço que, efetivamente, posso explicar o que se passa no castelo de minha família, onde ocorreu a tragédia com minha irmã.
>
> Resta saber o quanto da verdade a senhorita tem condições de saber. Digo isso não por desmerecer sua inteligên-

cia, todavia por saber que esses assuntos do mundo invisível não são vistos com isenção pela sociedade de França, diria que, até mesmo, de vários lugares da Europa. Os que acreditam ou sentem de alguma forma essa presença sutil dos mortos, são considerados estranhos ou loucos e abordar o assunto se tornou uma questão delicada. Outros não tratam com a seriedade devida e veem motivos para deboches, até experimentarem as crises espirituais.

Vou tentar resumir minhas considerações da forma mais simples que eu conseguir, se eu não atender as suas questões, por favor, volte a escrever. O assunto é desconhecido e, por ser pouco abordado, as expressões se perdem sem significado. Quero, em primeiro lugar, aliviar seu coração, senhorita, e tirar de seu propósito o extermínio da vida, o que não consegui deter, infelizmente, em minha querida Andrea.

Suicídio não é solução para os problemas, é antes, um agravante e todo aquele cuja crença se estende à vida sutil do espírito, compreende a cilada da aniquilação completa da vida. Não há morte, mas não se pode dizer o mesmo do sofrimento. A dor do extermínio da vida se prolonga pelo tempo que for necessário para a conscientização daquela alma sofredora e a paz, outrora desfrutada no remanso do lar, nas atividades simples da vida, será para aquele que erra dessa forma, muito difícil de ser conquistada.

Minha infeliz irmã ainda vaga pelas costas da Bretanha e o fantasma que é percebido pelas redondezas é seu espírito atormentado pela dor que causou a si mesma e a nós. Tudo o que a senhorita me contou, a meu ver, foi apenas a delicadeza da sua percepção aos impulsos pelo mar que Andrea sentia, como resultado de seu estado de alma contrariada. Preserve-se, mademoiselle de Durant, de ir até lá, seja qual for o motivo. Preserve-se de ficar sozinha também, converse com seus parentes, com um dos criados,

> abra seu coração a uma amiga ou escreva para mim. Os pensamentos suicidas acham ninho na mente ociosa, perturbada e na emoção comprometida. Coloque seu potencial intelectivo em ação, pense numa forma de ajudar aos inditosos. Se houver uma crença de sua família, aproveite a oportunidade que a vida se lhe apresenta e siga seu coração. Ore a Deus para proteger e abençoar o seu lar, o seu quarto e a sua mente.
>
> Estude, mademoiselle Allorge, como está o seu coração. Escreva, se for necessário, o que sente e em que grau. Perceba o seu próprio âmago respondendo a perguntas sobre o teor de seus sentimentos, se a deixam mal estude qual a razão de isso acontecer. Relembre em detalhes e descubra como reagir ao que a faz ficar triste e deprimida. Alegre-se, distraia-se com outras jovens, contudo não se abstenha de ter um objetivo maior em sua vida, um propósito sublime, como, por exemplo, a prática da caridade.
>
> Em resumo, respondo que sim, há o fantasma de minha triste irmã presa às teias de sua própria desgraça no cenário que é o castelo Saint-Omer. A senhorita, se quiser se ver livre das influências, deve firmar o objetivo de orar todos os dias. Fazer disso um bom hábito, mas não a oração que é feita apenas para cumprir uma mera formalidade e sim a que é sentida com devotamento. São os únicos recursos que temos: orar, preservar os pensamentos, entender os sentimentos e aplicar o tempo no trabalho de caridade.

O conde assinou a carta deixando clara a sua disponibilidade em ajudar, responder a dúvidas e consolar outras vezes. Explicou que não pretendia voltar à Península da Bretanha, que precisava assessorar os próprios pais e os primos em Madri. Renovou os votos de melhoras e convidou toda a família Allorge a ir visitá-los na Espanha.

A jovem condessa tomou a carta entre as mãos e pensou em como seria feliz uma visita à família de Guzman, mas se isso não fosse possível, continuaria a escrever ao irmão de Andrea, aquela alma nobre e digna que era Victor de Guzman.

Para ter bem viva em sua mente as instruções consoladoras, leu e releu a mensagem várias vezes. Seu coração se acalmava com as palavras de conforto vindas de Madri, longe estava, porém, de compreender como fazer aquele esforço de conter os pensamentos e perceber como estavam os sentimentos. Ao terminar de ler sobre prestar atenção às emoções, ela se lembrou do estado de desequilíbrio que lhe acometera ao receber o bilhete do visconde de Y... Não seria possível que ela permitisse seguir com aquele comportamento indecoroso e traiçoeiro. Se Marcus soubesse que ela recebia mensagens de seu cunhado? Se sua irmã ou seus pais suspeitassem disso? Precisava encerrar de uma vez por todas com qualquer comunicação e com essa possibilidade que somente Jean Claude pensava ser possível.

Precisava agir e encerrar de vez com aquele assunto. Buscou a luva que tirara apressadamente e viu, lá dentro, amassado o papel que recebera com a letra do visconde. Dizia apenas:

> "Encontre-me entre os lilases. Esperarei por ti todas as tardes."

Aquela frase, destoante de tudo que acabara de ler do irmão de Andrea, a impelia a ter mais segurança e convicção e a seguir os bons conselhos de Victor, porém, ela não sabia como fazer isso. A angústia voltou a assaltá-la na certeza de que aquele assunto inacabado tivesse de ser resolvido definitivamente. Era um ultraje à casa de seu pai. O que poderia esperar de um encontro como aquele, agora que não tinham chances de ficar juntos? Seu futuro cunhado não tinha o direito de insinuar nada se tinha escolhido sua irmã.

Internamente incendiada pela revolta e pela paixão que sentia, saiu dali para caminhar e refletir como hábito que tinha adquirido por aqueles dias. Andar e pensar, recursos muito valiosos para encontrar a paz. Não se distanciava mais do castelo, passeava pelos parques e pelos lugares menos frequentados, aqueles recantos esquecidos pela grande construção cercada de torres e pontilhada de escadas que serviram mais antigamente para proteger os domínios de sua família.

Sem premeditar para onde ia, ela saiu por uma das portas laterais e se encaminhou para a escada externa de pedras que compunha harmonicamente as alas dos antigos escudeiros. Uma formação retilínea, quadrangular que contornava todo o castelo e desenhava ao longo de sua extensão um caminho para as quatro torres posicionadas nos cantos, cercando o lugar. Subiu a escadaria com esforço, sentindo que a subida lhe custara o fôlego. A escada era íngreme e levava a uma murada também de pedra, cuja lateral permitia ver um pátio interno reservado a exercícios equestres. Mais à frente, seguindo pelo átrio, ficavam as carruagens e montarias dos visitantes. Lá de cima ela viu alguém exercitando um cavalo ou isto lhe pareceu. Olhando atentamente descobriu tratar-se do visconde de Saint-Pierre.

Ela deteve os passos e ficou indecisa se retornava ou continuava seu inocente passeio. Neste ínterim, viu que Jean Claude tinha deixado o exercício e contornava os muros de pedra para alcançar a escadaria. Ela não tinha aceitado o convite dele para conversar, ao contrário, estava decidindo ignorar o bilhete. A atitude mais sensata a se fazer, já que ele não tivera coragem de confrontar o sogro, e ela também não infringiria as regras por ele. Não valeria o esforço!

O visconde tinha olhado para cima e a viu sozinha, sem uma criada de companhia, sem ninguém por perto. Ele quis se aproximar para conversar, sem se importar que pudessem ser vistos juntos. Ele apenas se aproveitava daquele encontro fortuito.

Mademoiselle Allorge não tinha escolha, se continuasse pela passagem única, ele a seguiria e a alcançaria, já na torre, talvez conseguisse tomar a escada de descida, mas ela preferiu encontrá-lo ao ar livre. Virando na direção dele, caminhou com a graça que lhe era natural, como tinha feito no outro dia entre os lilases. Aprumou o corpo, colocou na face uma expressão natural e surpresa, como se encontrar com ele ali fosse agradável.

Ele subiu correndo, mas não tinha perdido o fôlego. Talvez praticasse nas caçadas alguma atividade física. Em dois minutos vencera os degraus e atravessara a passarela, olhando, vez por outra, para baixo, como se observasse se vinha alguém.

– Boa tarde, mademoiselle Allorge, minha querida Étoile. Podemos nos tratar pelo primeiro nome?

Os olhos dele estavam brilhando, suas mãos que não encontravam a posição certa, descansou, por fim, ao segurar as lapelas de seu colete, o que denunciava que ele estava nervoso. Os lábios esboçavam um sorriso de contentamento. Ela, no entanto, não sorria. Estava apreensiva demais para expressar os sentimentos que continha a custo.

– Boa tarde, senhor visconde de Y... Fico feliz em ver que o senhor dispensa os criados de meu pai e cuida de sua montaria quando chega para visitar minha irmã.

Ela disfarçou como pôde sua ansiedade, inventou qualquer assunto banal, porque não queria dar abertura ou explicar seus sentimentos. Ele ignorou o comentário dela sem propósito e foi direto ao assunto que lhes dizia respeito.

– Perdoe-me, minha amada, permita que eu me explique em minha posição agora de noivo de sua irmã. Se é do seu agrado tentarei convencer seu pai a me conceder a sua mão. Explicarei a ele, que, como tinha me machucado, não pude vir pessoalmente conversar. Naquele dia, meu pai interveio em meu nome e houve o mal-entendido. Ele pediu a mão de mademoiselle Allorge e seu pai concedeu a de Esmeraud. Foi somente após o anúncio que percebi o engano, já era tarde! Que ironia do destino! O conde de Villiers quer adiantar o casamento que será antes do meu. Não guarde raiva de mim, a palavra de meu pai foi empenhada junto ao seu pai em nome de sua irmã. Não posso fazer mais nada, a não ser lamentar.

Ela ouviu aquele depoimento sem surpresa, pois sabia que seu pai trazia em suas mãos o futuro da família e que ele queria que Esmeraud não saísse dali. Essa era a verdadeira razão, ele a queria na Bretanha. Constatou sua maior dor: ter sido preterida, deixada em segundo plano por seu pai e não ter sido motivo de luta por aquele que declarara seu amor... Olhando para o horizonte que se descortinava numa faixa de profundo azul entre nuvens, ela inaugurou algumas ideias inéditas sobre si mesma. Não entendia por que tinha se interessado e aceitado a aproximação do visconde de Y... tão rapidamente, como se o encontro entre os lilases significasse uma disputa com Esmeraud por um marido. Tinha sido ingênua, romântica e pensara apenas nos seus impulsos: amor romântico, paixão, aproximação cortês e não se lembrou das negociações familiares... Por que tinha se deixado encantar por figura tão esmaecida e suscetível às vontades manipuladoras de Esmeraud e aos interesses de seu pai? O coração traía suas convicções e os conselhos da carta de Victor retornaram com intensidade. Precisava refrear os impulsos de suas emoções. Ela era mais forte que aqueles apelos, seguiria firme em sua decisão. Fiel a si mesma, não podia revelar o que se passava em seu íntimo. Jean Claude nunca poderia saber que ela tentara exterminar com a vida.

– Penso que agora seja muito tarde, senhor visconde. Deveria ter levantado a voz durante o jantar ou imediatamente após. Deveria ter lutado pela mulher que queria por esposa. Agora, a situação se complicou, há outra pessoa envolvida, meu noivo Marcus! Dê-me licença, tenho de passar. Preciso ir, minha mãe me espera – ela se voltou de inopino e completou: – Ah! Não me envie bilhetes com propostas impossíveis. Não comparecerei a nenhum encontro.

Ela soube ignorar os argumentos ou desculpas que ele tinha apresentado, e, no íntimo, vibrava de raiva e despeito, sem querer se entregar. Agora entendia a fraqueza dele e tolhia seus impulsos fazendo-se de forte. Iria embora com o conde de Villiers e nunca mais voltaria a ver Jean Claude, por vingança, por se sentir preterida, por orgulho. Nenhum dos motivos se pautava em sentimentos nobres como aconselhara o irmão de Andrea, no entanto, serviriam ao propósito, por enquanto.

Ele foi ousado e segurou-a pelo braço, tentando num esforço desesperado contê-la mais um pouco e ouvir dela alguma palavra de consolo.

– Étoile, pense em nós dois e venha ver-me para nos despedirmos. Mereço um último adeus, não foi minha culpa se a senhorita estava irresistível e fez-me correr como louco, para alcançá-la entre os lilases, a ponto de torcer o tornozelo. Mesmo com sua negativa, continuarei esperando todas as tardes, no mesmo horário.

Os elogios dele tocavam seu coração e seu amor-próprio. Embora estivesse determinada a encerrar com aquele assunto, Étoile não teve forças morais para revelar de uma vez por todas a sua negativa. Se o fizesse naquele momento poderia parecer insegura e precisava ter os argumentos organizados em sua mente. Preferia ainda pensar e para isso precisaria de algum tempo. Ela manteve a evasiva, sem dizer se iria ou não. Queria puni-lo, ele que esperasse o quanto quisesse. Desvencilhou-se das mãos do visconde e passou apressada por ele. Quando desceu as escadas de volta às portas laterais de onde tinha saído, sentia na boca o gosto amargo da indignação, sem pensar no que estava fazendo, fugia dali. Não queria vê-lo, pois seu coração a traía sempre que se aproximavam.

Capítulo 14

VISITAS DO INVISÍVEL

Essa filosofia, senhor, a doutrina espiritualista que tenho a honra de professar, penetra os corações e os conquista, pois traz o cunho da lógica e do esplendor dos fatos racionais. Daqui a um século, meu pai, já não consistirá, apenas uma teoria neste mundo ocidental, materialista e intenso, mas será a prática, será a verdade revelada pela explosão do mundo espiritual, que anseia entender-se com os homens.

(Victor de Guzman, em *O drama da Bretanha*, **cap. XII)**

Sentado em sua poltrona preferida no vasto salão do palácio de Montalban, numa das horas mais solitárias do final da madrugada, o visconde Victor François refletia e lembrava o passado enquanto observava pela janela as folhas que balançavam com o vento, outras que eram levadas para dançarem com as gotas de chuva que caíam ainda tímidas. Sentiu um perfume suave e reconheceu que era hora de se dispor intimamente aos amigos sutis do invisível. O dia começava a clarear. Victor pressentiu a presença de sua amiga desencarnada que se deixava ver desde a conversa que tivera com seu primo, Christoph, após o enterro de Andrea.

A mente de Victor, conforme intimamente se dispôs, voltou a rememorar os dias do passado. Pôs-se a orar e a se concentrar naquelas imagens que surgiam em sua percepção ampliada. Como se sua lembrança fosse recente, voltou-lhe claramente o encontro que teve com mademoiselle Marjorie, tão repleta de detalhes que era como se ele tivesse vivenciado ainda ontem. Surgiu-lhe o palácio como se ele o sobrevoasse, tão nítido que pareceu-lhe estar diante de um palco, as cortinas se abriram para as cenas que tinha vivenciado e ele se viu como expectador de si mesmo quando jovem. Voltou a um dos anos agitados, anteriores a 1789, quando a França dava mostras de indignação.

A dança das folhas e das gotas de chuva traziam de volta os dias, a mesma sensação. Acabara de chegar a Paris e trazia uma documentação preparada faltando os carimbos do Conde de Montblanc. Ao adentrar os domínios do lugar, ficara surpreso com a elaboração heráldica da família, ao observar os detalhes que ornavam os pórticos. No brasão constava a cruz de Lorena, em vermelho, sobre o fundo branco, porém constituía-se cada uma das hastes de pontas de setas para dentro. Havia como moldura, compondo a imagem, a figura de um leão e de uma águia como guardiões. A voz da jovem voltou-lhe à mente, revelando o delicado timbre soprano. Como um sopro do além, Victor ouvia a voz aguda a conduzir os acontecimentos para o ponto que Marjorie queria destacar.

Assim, as exatas palavras que haviam sido ditas, voltaram a se reconstituir claramente aos ouvidos. Era o momento quando conversavam aguardando a ceia que seria servida minutos depois. O imenso salão, ornado com flores brancas, comportava várias pessoas que conversavam amistosamente aos pares e trios, aguardando o comando dos anfitriões. Os dois jovens se sentaram próximos à janela e se admiravam da chuva fina que levantava as folhas. Ele contava vinte anos e trazia a mente povoada de sonhos e expectativas.

– Senhor visconde de Guzman, contou-me minha mãe que o senhor tem interesse pela medicina e por assuntos orientais. Apraz-me o que é exótico e diferente também. Queria reforçar meu apreço aos homens que se dedicam a algo mais do que o serviço militar – disse mademoiselle Mallet, alinhando os ombros discretamente para que os cachos organizados em seus cabelos balançassem suavemente. Ela revelou um sorriso em seu rosto expressivo e simpático, os olhos pequenos e amendoados, os lábios finos que deixavam os dentes e as gengivas à mostra.

– Senhorita Marjorie, ainda não completei meus estudos, estou pleiteando junto a meu pai um financiamento para a viagem ao Egito. No Oriente, encontrarei as respostas de que preciso para assuntos complementares aos que já pesquisei até aqui. Gosto muito de filosofia e de estudar as ciências da alma humana.

Retomando a palavra, mademoiselle Mallet perguntou, com a doçura que toda jovem encontra para colocar suas ideias, se ele se demoraria fora do país, ao que respondeu prontamente:

– Posso demorar-me por alguns anos, mas não tenho previsões de quando terminam exatamente meus estudos. Voltarei, com certeza, quando meus mestres encerrarem as atividades na arte da medicina espiritualista a que pretendo me dedicar, mademoiselle. Quanto a meus pais, ficarão no palácio Montalban em Madri até que a situação se acalme.

Ignorando a explicação de seu interlocutor, e parecendo algo aturdida, a jovem anfitriã olhou para os lados certificando-se de que ninguém mais a ouvia, porque outros convidados caminharam para mais perto deles. Tocou a fímbria do lenço delicado que trazia no colo e voltou o rosto revelando intensa beleza em sua expressão séria. Piscou os olhos com rapidez e acrescentou:

– Visconde de Guzman, meu caro Victor, temo por meu pai. Há algo que possa fazer por nós? Pressinto que minha família corre perigo. Com certeza, poderíamos ir também nós para a Espanha por via marítima ou para qualquer outro lugar longe da corte. Por que meu pai não me deixa viajar, eu poderia ir com sua família? Já tentei falar com ele, inutilmente. Temo que por aqui soframos as consequências das ideias de insurreição popular – ela tinha deixado de lado a ternura na voz para exprimir aquelas sentenças, que denotavam sua agitação interna.

– Minha amiga, com certeza, tudo depende da autorização de seu pai e ele não permitirá que a senhorita se separe dele neste momento que passamos, tão delicado. O que posso fazer agora é disponibilizar apoio. Tranquilize seu coração! – ripostou o jovem fidalgo, e continuou: – Tenho como ajudar se algo acontecer. Conte com um parente meu, trata-se de meu primo, o conde Manfred de Guzman d´Aubry, que reside em Paris e possui uma propriedade rural pela vizinhança de Lorena. Se precisar de alguma coisa, busque por ele em meu nome.

Ouviu-se a voz doce de Marjorie:

– Eu li o artigo "O Cárcere" que circulou por um jornal na vila, com certeza, era texto para aqueles que apoiam a causa dos desfavorecidos. O senhor leu? Vejo-me aqui na posição contrária a que gostaria de estar, temendo por minha vida, porém eu a daria pelos ideais que esposo. Como é injusta essa situação!

Aquelas palavras foram ditas como um desabafo e Victor conseguiu identificar o medo e a angústia disfarçados na polidez da jovem. As intuições e temores da anfitriã permaneciam retidos em seu coração porque eram considerados inoportunos por sua família. Poucas pessoas tinham coragem de expor seus pressentimentos e anseios, menos ainda diriam sobre suas posturas políticas contrárias à monarquia, sendo nobres.

Ciente de que seu interlocutor poderia compreendê-la, porque sabia que ele era diferente dos demais, a senhorita Marjorie sorriu, com uma expressão cativante e acrescentou, olhando diretamente para o amigo:

– Eu suspeito quem tenha escrito tal texto: Não foi o senhor? Revelando um de seus inúmeros talentos? Como o invejo! Poder fazer pela França nesse tempo de incerteza! – ela disse com apreensão na voz e ouviu a resposta simples e consoladora, porém Victor não confirmou sua autoria.

– Minha amiga, acredito nos ideais de liberdade, fraternidade e igualdade, conjugados ao mesmo tempo para a construção de uma sociedade mais humana. Precisamos enfrentar as forças da desigualdade. A França precisa iniciar esse movimento e mostrar para a Europa que é possível modificar os costumes prezando pela justiça social, pelo bem da maioria.

Os olhos dela se fecharam e duas pérolas mornas rolaram por suas faces belas. Para disfarçar levou as mãos ao colo, buscou um lencinho bordado e conteve as lágrimas no canto dos olhos.

– Senhorita, eu a incomodo de alguma forma? Foram minhas palavras que a fizeram chorar? – exclamou comovido e percebendo que ela abrandava a voz para expressar-se, aproximou-se escusado pelo lenço que caíra e ele repunha à dona.

Assim abaixado, próximo a ela, percebeu a voz embargada pela emoção e puderam conversar de forma menos polida. Victor ouviu os detalhes do pressentimento que ela sentia a respeito do perigo que corriam ali. Tinha medo de que seu pai, por fidelidade ao rei, fosse assassinado. Ela chorava porque queria expressar suas ideias sem o poder. Queria ajudar o povo e viver longe da corte e dos interesses e favores.

Conversaram por mais alguns minutos, enquanto Victor oferecia conforto a ela e encontrava uma alma pura e cheia de esperança pela renovação. Infelizmente, a conversa não pôde seguir porque foram chamados para adentrar o grande salão onde seria servido o jantar.

O visconde de Guzman não tivera tempo de saber se poderia ter ajudado mais a mademoiselle Mallet. Tivera de deixar o palácio no dia seguinte. O pai de Marjorie era militar de alta patente, com cargo de responsabilidade junto à corte. Estava sob sua responsabilidade a tropa que atuava na Bastilha de Saint-Antoine, defesa de Paris. Como não participavam da vida da corte havia muitos anos, nem se ocupavam do serviço militar, os de Guzman conseguiram autorização real e deixariam a França, sem maiores problemas e Victor regressou com o coração apreensivo à Bretanha, naquele dia, por não poder ajudar mais.

As imagens que compunham as cenas do passado na mente saudosa do visconde foram sumindo e ele retornou à sala de estar diante da lareira. Lá fora o vento inclemente tinha diminuído e as folhas pararam seu bailado. Neste ínterim, em que voltava ao presente, visualizou por trás das vidraças o reflexo do rosto de mademoiselle Marjorie. Era ela que aparecia em espírito. Viera magnetizada pelas lembranças do visconde e pedia para cuidar de Verena. O contato foi rápido e a visão surpreendente. Ainda com seus vestidos vaporosos e com os cabelos arrumados em cachos, a jovem caminhou pela sala e pedia ajuda. Victor principiou a responder mentalmente que faria tudo que estivesse ao seu alcance, quando percebeu que ela se desvanecia.

Ao constatar que tivera uma visão, que acontece quando o mundo sutil se descortina e é possível haver intercâmbio, ele se levantou querendo auxiliar mais e responder, mas já não encontrou ninguém e teve a certeza de que fora visitado por sua amiga morta. Como acabava de perceber a expressão triste do rosto de Marjorie, ele se lembrou da semelhança com a menina, Verena Mia. Na silhueta, na forma esbelta ou na expressão do olhar, as duas tinham a mesma delicadeza. A semelhança era clara. Saiu da sala em profunda reflexão, quando se lhe afigurou uma ideia que contemplaria ajudar a senhorita Mallet e sua família. Decidido, foi buscar companhia.

* * *

As horas serenas da manhã se adiantaram e os parentes de Victor desceram ao grande salão onde seria servido o café da manhã. Os condes continuavam com olhar sem brilho e confabulavam sobre os sobrinhos que ainda não tinham descido. Arthur precisava de muita ajuda e era, todos os dias, carregado escada abaixo onde ficava durante o dia. Se sentindo responsável por todo eles, o visconde se lembrou de que havia um costume antigo, quando um casal perdia um filho, um parente poderia vir ocupar o lugar daquela criança. Assim pensou numa solução para dois problemas em que tentava auxiliar e vieram-lhe inspirações e ideias após as lembranças que muito o tinham impressionado naquela manhã. Precisava articular bem o seu plano de aproximação. Talvez seus pais se enternecessem e voltassem a se ocupar com a família, se Verena Mia viesse viver ali em Madri. Assim, poderia realizar o pedido de sua amiga Marjorie.

O dia transcorreu entre outros afazeres com os quais os familiares se ocupavam. Ao final da tarde, soou a hora do Ângelus e a reunião para orações teve início, pois que continuavam a acontecer no palácio de Montalban com a pontualidade que prezavam como virtude. Oraram unidos e concentrados. Como sempre faziam, Victor conduzia os estudos bíblicos e Alexis comentava as passagens com a veemência característica de seu coração devotado. Quando os momentos de seriedade terminaram, eles ficaram por bom tempo em simpatia e confraternização, reacendendo as chamas da amizade fraterna que nutriam entre si.

A conversa se mostrava amena quando protetores do invisível se postaram ao lado do primo d´Evreux para inspirar-lhe coragem. Alexis sentiu que era hora de falar de seus planos. Tinha perdido o interesse pela vida após a morte de Andrea e a única esperança que nutria em seu coração era dedicar-se em devoção a auxiliá-la. Ele revelou sua intenção de internar-se com seu irmão em um convento fazendo votos junto aos franciscanos. Humildemente pediu a bênção de seus tios para suas resoluções, porque tinha perdido a vontade de continuar seus estudos e perdera também o interesse por seus bens materiais, vivendo inteiramente de sua fé devotada a Deus. Vinha pensando nessa possibilidade desde que vieram da França e sentia que seu coração queria ceder à convocação do Cristo.

Ao expor sua ideia de reclusão religiosa, foi questionado por seus tios e Victor intercedeu em favor da harmonia do grupo.

Mesmo tendo esboçado suas ideias com todo cuidado e seriedade que o assunto requeria, ele percebeu que os condes tomaram como ingratidão a sua escolha e a condessa se ressentiu muitíssimo com aquela notícia. O médico da família usava de seu conhecimento, conquistado no oriente, para socorrê-la, quando percebeu que o abalo repercutia no corpo físico: ela se mostrava pálida e chorosa. Ele a interpelou, solícito, ao que recebeu como resposta.

– Não, não se incomode com isso, são as minhas dores de sempre, amado Victor. Desde que sua irmã se foi, tenho sentido que as pernas já não sustentam o peso do corpo, o coração foge ao compasso e qualquer emoção diferente me abala de forma mais sentida – ela se queixou porque foi indagada sobre sua condição, mas reclamar não era uma falha de caráter dela.

Continuou a falar:

– Por que Alexis tem de partir com seu irmão nesse estado, requerendo cuidados constantes? Se na riqueza o sofrimento já é ruim, ele não imagina como será quando fizer seus votos de pobreza. Ele terá muito trabalho com o irmão, cujo corpo é paralisado – ela ponderou sabiamente porque entendia que um jovem na condição de Arthur requeria cuidado. O que seria dele se Alexis lhe faltasse?

Victor deixou que ela falasse para extravasar sua dor e esperou que aquele assunto delicado se dispersasse sem alimentar os receios e as ansiedades da senhora sua mãe. Ele sabia, porém, que aquela escolha estava no caminho dos primos d´Evreux. Buscar o sacerdócio e o recolhimento em nome do Cristo tinha sido firmado entre os mestres da família espiritual que os assistiam. Mudando de assunto, falou:

– Recebi uma carta vindo de nosso primo Christoph d´Aubry, a senhora se lembra dele? Deu-nos apoio após a morte de Andrea e esteve presente durante as comemorações natalinas de 1804, quando regressamos à Bretanha. Está lembrada de mademoiselle Verena Mia? Já que os primos d´Evreux vão partir, por que a senhora não convida os primos d´Aubry a virem nos visitar aqui na Espanha? Seria uma excelente companhia para nós nesse momento. A jovem prima poderia alegrar nossos dias por algum tempo.

O visconde teve o cuidado de refrescar a memória de sua mãe a respeito do falecimento repentino do conde Manfred Hanz de Guzman d´Aubry, tendo deixado como herdeiro seu filho, o jovem Christoph. Órfão de mãe, Christoph tinha se emancipado após o falecimento de seu pai. No entanto, tempos depois veio descobrir com surpresa que tinha uma irmã. Havia uma criança, a pequena Verena Mia, protegida em um convento. A menina tinha nascido quando o conde viajou à Baviera fugindo das perseguições aos nobres. Ele a tinha reconhecido como filha antes de morrer, mas preferiu manter sua educação entre as religiosas do Carmelo. Após o falecimento de seu pai, Verena Mia tinha ido morar com seu único parente de que tinha notícia: Christoph.

Françoise já tinha solicitado sua criada particular e adentrava a câmara de dormir. Ela esperava que Victor desse boa noite e orasse por ela quando ouviu o resumo da história sobre a família de seu marido, abrandada pela misericórdia do narrador. Ao compreender como poderia terminar aquele interesse por uma criança ilegítima, ela exclamou indignada:

– A bastarda de Manfred! Victor! Não seria desmerecer a reputação de nossa casa? Já basta o que aconteceu a sua irmã! Não me venha lembrar daquela noite de Natal![26] – a condessa parecia transtornada com a ideia de seu filho. Nem queria imaginar como poderia receber em seu lar uma criança indesejada por todos, agora que Andrea os tinha enlameado o bom nome.

Ao contrário de sua mãe, o filho médico previa possibilidades de curá-la e de proporcionar maior aproximação com seu primo e obter notícias mais concretas sobre o caso Marjorie. Quando foi

---

26 Cena descrita na obra *O drama da Bretanha*.

intuído para propor a vinda de Verena, sua alma sentiu irradiar-se uma perspectiva de misericórdia, e pensou que sua mãe também pudesse ser tocada por esse sentimento. Talvez, com aquela criança, ela tivesse a chance de mudar sua postura altiva e desinteressada para outra mais carinhosa como cabia a uma mãe acolhedora. Como não agiu assim com Andrea, talvez tivesse outra chance e conseguisse despertar o amor materno. Tinha orado muito no sentido de auxiliar a todos e o pedido de Alexis tinha precipitado sua ideia.

A proposta do filho, antes de confortar o coração de Françoise Marie a fez voltar ao passado. Com uma pontada de dor, ela se lembrava do dia em que seu marido anunciou o noivado de Andrea e Alexis. Sua filha tivera uma de suas crises diante de todos os parentes. As loucuras incompreensíveis de Andrea a deixavam envergonhadíssima a ponto de recusar qualquer contato com ela, ainda que soubesse que ela precisava muito ser consolada naquele momento. O que ela não percebia e não acreditava ser possível, era o assédio inclemente que o obsessor mantinha sobre Andrea, levando-a ao descontrole emocional e, até mesmo neurológico, porque sabia manipulá-la em completa ascendência.

Fingindo ignorar as queixas de sua mãe, Victor concluiu:

– São parentes nossos e não cortaram os laços com nossa família após o acidente de Andrea, pelo contrário, Christoph nos deu apoio.

* * *

A noite estendeu seu manto pontilhado de estrelas sobre o palácio de Montalban e a família se preparava para o descanso. Saindo de junto de sua mãe, Victor foi ao quarto de Arthur para orar por ele, conversar e comentar passagens dos Evangelhos que tinham lido mais cedo. Alexis deveria estar com o irmão e sempre conversavam animados sobre o ideal de servirem ao Cristo nessas ocasiões. Reuniam-se três corações que queriam bem a Andrea e não mediam esforços para auxiliá-la.

– Entre, Victor, venha participar conosco de nossas perspectivas futuras. Somos muito gratos aos seus pais por nos acolherem e orientarem em nossa juventude – disse, cheio de agradecimento, o primo Alexis.

– Caro Alexis, muito tenho orado para que encontrem uma forma de servir aos desígnios do Alto e parece-me que os anjos têm soprado inspirações por aqui para ajudar na decisão que tomaram. Sempre que quiserem regressar ou vir nos visitar neste palácio ou em qualquer outro que estejamos habitando, serão bem-vindos. Esta casa que os acolheu, acolherá sempre que precisarem. A figura de Jesus muito me inspirou no início de minha busca particular. Sei que já servi a ele como sacerdote católico em outra existência. Hoje, minhas pesquisas me levaram ao oriente e tenho encontrado as respostas que procuro. Acredito, porém, que o ideal de servir seja o mesmo em qualquer filosofia que alente nossa alma peregrina. Tenho intuição de que em breve, no futuro próximo, outra religião surgirá unindo o Cristo às teorias orientais, principalmente sobre a reencarnação. Há mais alguma maneira pela qual eu possa ajudar? A qual instituição pretendem aderir?

– Agradecemos a sua compreensão e seu apoio – falou Arthur, que estivera ouvindo atentamente os conselhos do primo mais velho e continuou: – Em nome de Andrea, decidimos que devemos nos dedicar a Deus como franciscanos – a voz falhou-lhe e ele, emocionado, verteu duas lágrimas. Desde que chegara a Madri, não tinha mais apresentado o quadro de crises nervosas, passando serenamente pelas noites, em oração, vigília ou sono profundo. Tinha trocado os estertores pelo choro e poder-se-ia dizer que ele lavava a alma de suas dores do passado naquele corpo paralisado.

– Vamos orar por ela, Victor! Sabemos que não está bem. Sentimos o mal-estar que ela sente em sua confusão – falou, mais uma vez, Alexis com profunda comoção.

– Sim, primos, oremos por ela e por todos nós. Há outras causas ocultas nos dramas de nossa família. Há atenuantes a Andrea e sempre rogo à Misericórdia Divina para poder contar com essa particularidade. Ela estava sob o assédio de um fantasma que cobrava dela contas sobre ações de que ela não mais se lembrava e, por esse espírito, também nos cabe orar.

Os dois irmãos emudeceram. Não sabiam que Victor tinha conversado com o perseguidor de Andrea e que o tinha afastado pedindo uma trégua de seus pensamentos nefastos.[27] Recentemente, Victor soubera de dois fatos novos a respeito dessa relação de ódio: Arnold estava sendo socorrido na Quinta Numiers, ainda confuso e se queixando sobre a Justiça Divina e sua irmã continuava perdida em Saint-Omer, assombrando outras mentes que tinham maior sensibilidade e que chegavam junto ao mar. O que não podia ser revelado ali era a relação de Arthur com Arnold de Numiers em outra existência, quando foram pai e filho. O primo mais velho não queria agravar o estado delicado do mais novo.

Após o silêncio, Arthur elevou a voz:

– Lembro-me de que na França, iniciamos o estudo sobre as verdades que constam nas doutrinas espiritualistas que professa, Victor. Gostaria que continuasse a me ensinar; já que me sinto melhor queria que me recomendasse outras leituras. Especialmente, as que revelam sobre habilidades para receber notícias do mundo dos mortos. Como sabe essas coisas? – ele revirou os lindos olhos ovalados na direção do candelabro que iluminava o quarto, com ternura na voz e curiosidade genuína. Sua barba crescida e o sofrimento que vivenciava davam-lhe um ar mais maduro, diferente da expressão de Alexis que era seu gêmeo, entretanto, parecia mais novo.

---

27 A conversa de Victor com o obsessor de Andrea é narrada no livro *O drama da Bretanha* – Yvonne do Amaral Pereira.

– Se quer mesmo aprender sobre a imortalidade da alma, prepare o seu espírito para deixar esse corpo de escravidão sem mais nenhum débito com a vida. Prepare o seu coração, aceite a dor como aprendizado. Trarei vários livros que abordem o assunto. Conduzirei seus passos rumo ao aprendizado que nos leva a compreender as verdades que ficam ocultas sob o véu do esquecimento. Dentro da nobre instituição que o abrigará poderá encontrar monges que o orientem também.

Baixando a cabeça, Victor os convidou a uma prece sincera que harmonizasse o local. Alexis se ofereceu para orar e teceu lindas figuras por palavras que se transformavam, paulatinamente em luz. Quando silenciou, ouviu seu irmão conduzir espontaneamente um pedido a Deus de orientação para sua nova proposta de vida. Arthur entregou seu coração e ressaltou que toda obra de caridade que praticasse dali para frente, pudesse ser depositada aos pés de Jesus, como um apelo pelo encaminhamento de Andrea.

Naquele momento, a visão espiritual do visconde Victor de Guzman se abriu completamente e ele percebeu que havia movimentação extra no quarto de Arthur, atendendo às orações. Colocavam-se nos cantos os Lanceiros de Maria[28] representando a proteção de que eram dignos os servidores do Hospital Maria de Nazaré, lugar que se situa no mundo invisível, acima de Portugal e Espanha para atendimento a suicidas. Os servos de Maria são missionários vestidos com indumentária hindu, trazendo ao peito a inscrição LSM – Legião dos Servos de Maria. Realizam o trabalho difícil de conduzir-se pelas tortuosas sendas do mundo sutil, fazendo a proteção daqueles que se perdiam nas teias do próprio enrijecimento mental, como os réprobos da Lei de Deus. Outras figuras de antepassados da família adentraram o recinto e os jovens primos, embora não pudessem ver o que se passava,

28 *Memórias de um suicida* – Yvonne do Amaral Pereira.

puderam sentir e ficaram comovidos com a qualidade da ambiência que conquistavam pela oração. O grupo estava de passagem, a caminho do trabalho que seria realizado naquela noite. Victor exprimiu o sentimento em seu coração dessa forma:

– Sejam bem-vindos a esta casa aqueles que trabalham em nome de Jesus. No mundo, há um propósito para nossa existência que nos cabe buscar conhecer. Pedimos, eu e meus primos, para servir ao grande propósito da Terra, que é fazer os homens evoluírem. Aqui estamos solicitando que nossos caminhos sejam de serviço a Deus e que nos reconciliemos com nossos adversários. Pedimos por nossa querida Andrea, em socorro ao seu ato impensado e imaturo. Tratava-se de uma criança apenas, voluntariosa e insubmissa, faltou-nos maior atenção a ela. Se for da misericórdia de Deus, solicitamos que nossos laços de amor se refaçam para melhor ajudá-la. Quem sabe em outra existência eu possa, junto dela, edificar as bases da caridade, as quais muito recomendam os sábios do mundo.

Olivier de Guzman adiantou-se para responder a Victor que avisasse aos primos d´Evreux que um irmão queria se comunicar.

Enquanto os encarnados se preparavam, esperando que o próprio Victor fosse continuar dando o recado da espiritualidade, uma massa de cor branca opalina[29] se desprendeu de Arthur e, no canto superior do quarto, começou a formar-se um esboço de figura diminuta materializada.

A ambiência especial possibilitou que se ouvisse a voz de um dos mestres orientais que tinham conduzido e orientado o caminho de Victor até que ele encontrasse seus mestres encarnados nas Índias e na Grécia. Tratava-se de Souria-Omar[30] cujo busto materializado possibilitava que todos os presentes o vissem em sua toga de filósofo da Grécia antiga. Nesta experiência planetá-

29 Doação de fluido materializado chamado ectoplasma.

30 Personagem que foi mestre de Camilo Castelo Branco, na obra supracitada.

ria, ele vivenciou a experiência de iniciado da Doutrina Secreta, ensinando-a na escola de Alexandria. O filósofo, em outro mergulho no mundo material, sentiu-se atraído ao Mestre dos mestres e reencarnou entre o povo judeu, conhecendo as perseguições de Jerusalém após o apedrejamento de Estêvão. Reerguido em espírito das câmaras da prisão onde tinha sido confinado, torturado e morto, conquistou a humildade. Muito mais tarde aceitou lecionar nas escolas da alma, numa das alas de recuperação do Hospital Maria da Nazaré, a convite do Cristo.

Os trabalhadores do Hospital da Mãe Santíssima constituem uma legião de servidores do ideal de amor ao próximo e ao passarem irradiam as blandícias celestiais modificando os fluidos do local. Percebia-se a proteção das vibrações honrosas dedicadas aos mais sofredores. Aquele era um grupo de busca, orientado pelo ancestral de Victor, Olivier de Guzman, que organizava os resgates dos espíritos em situação de profunda inconsciência e ilusão. Os lanceiros eram especialmente solicitados quando adentravam o Vale dos Suicidas – aglomerado de almas que, pensando uníssonos, vão criando imagens de seus sofrimentos e expressando os horrores da dor a que suas mentes em desalinho estão ligadas pelo descontrole e pela perversão dos valores morais. Alguns por orgulho, outros por cegueira espiritual, rebeldia ou incompreensão, todos muito necessitados de cura espiritual. A caravana seguia em direção às furnas inferiores nas regiões umbralinas.

Caíam sobre os primos em recolhimento, pela fortaleza do pensamento em oração, brilhos e perfumes do mundo invisível. O quarto decorado com mobiliário florentino em ébano passou a fulgurar como se milhares de candelabros estivessem acesos ali. O perfume de rosas impregnou o ambiente e Victor se lembrou da rosa que simboliza a superação do espírito sobre as dores do mundo, porque de uma haste espinhosa surge a mais linda composição de pétalas delicadas e coloridas.

Souria Omar, que era nobilíssimo professor da escola de almas das alas de recuperação e reconstrução do Hospital da Mãe Santíssima, não mais visitava a Terra, nem vinha nos trabalhos de organização das buscas. O que se via ali era apenas seu pensamento concretizado em sua imagem, inconfundível para Victor, como que ressoando em uma câmara oca.

Enquanto as blandícias de fluidos reconfortantes caíam sobre eles, Victor se via inspirado e, pelo pensamento, solicitou ingressar naquele exército de boas almas que faziam a proteção ali. Contudo, suas habilidades como médico o chamavam a outro dever ainda na Terra. O digno representante do educandário da Divina Senhora, fez vibrar a câmara onde estavam e milhares de gotículas luminosas prenunciaram sua fala. Sua voz calorosa ressoou em seguida e todos puderam ouvir, porque havia modelado uma garganta, depois materializou-se com o poder da vontade, utilizando-se dos fluidos do ambiente e dos que estavam em prece:

- Filhos queridos, seus apelos estão sendo ouvidos e acolhidos nas esferas que podem auxiliar os enfermos da alma. Nenhum ensinamento pode ser mais útil que a vivência na Terra para aquele que não consegue enxergar além de si mesmo. É da Lei amorosa do Sempiterno a liberdade para escolher, e muitas vezes, as escolhas são errôneas, porém a paciência e a misericórdia de Deus são infinitas e possibilitam outros recursos de crescimento. O tempo de aprendizado é de cada um. Tocados pelas experiências planetárias, enxergamos cada vez melhor a nossa condição: quem somos efetivamente, para onde caminhamos nessa jornada espiritual. Quando a força da caridade faz-se presente em nós, encontramos novos meios de evolução e como num impulso, que rompe a casca superficial e dura, saímos de nós mesmos para perceber a dor do outro. Esta é a grande lição do mestre Jesus que agora repito, sejam caridosos! Quando nos dispomos a servir, o plano divino nos encaminha os instrumentos e os corações sinceros recebem a inspiração do Alto. Sabemos que o que ocorre nas crostas planetárias é igualmente vivenciado acima, e além, nas zonas do invisível. A vida se repete e continua no invisível e no plano manifestado em espiral de ascensão.

O nobre espírito fez uma pausa para logo finalizar sua fala:

– Suas preces foram ouvidas! Alegremo-nos! Que o manto da Divina Mãe nos cubra e proteja.

Ele desapareceu enquanto Olivier continuou apenas para os ouvidos mediúnicos de Victor:

– As equipes de resgate do Hospital dos enfermos da alma estão cientes do estado de Andrea e trabalhando por seu esclarecimento. Quanto à recuperação, demorar-se-á. Assim que conseguirmos ser ouvidos por ela, será atraída para fora das teias obscuras das ideias recorrentes. Outro auxílio que está sendo prestado em nome da caridade é para o infeliz Arnold que perdeu a razão em crises conscienciais. Aos dois haverá encaminhamento de retorno ao mundo físico. Aguardem firmes na prece, porque podemos nos utilizar desse substrato mental para elaborar os caminhos de cura. A oportunidade surgirá e será preciso que mantenham essa prática. Em espíritos como Andrea, apegados aos parentes, é oportuno que se valham do recurso da prece. Quando ela os ouvir, viremos em seu auxílio.

Minutos depois todos choravam. Suas faces introspectivas e serenas mostravam ânimo redobrado para o pronto trabalho de auxílio e evolução. Alexis e Arthur enxugavam os rostos em lágrimas, enquanto Victor via seus parentes se despedirem fazendo sinais de gratidão, sinalizando que receberam as preces e que se alegravam especialmente por sentir a intenção de Victor em dar acolhimento à Verena Mia.

A visão se desfez em fumaça e Alexis e Victor perceberam que Arthur dormia profundamente, com expressão tranquila. Ele tinha doado de si para que o fenômeno da garganta materializada pudesse ocorrer. Os primos deixaram o quarto dele e se separaram para seus aposentos, certos de que teriam outro encontro após o sono, quando se integrariam ao grupo familiar de auxílio espiritual a Andrea.

Victor retirou-se para o leito, pedindo inspiração do Alto para abordar o próprio pai na manhã seguinte, de forma que ele aceitasse receber as visitas dos primos de Lorena, sem desrespeitar o luto que experimentavam.

Capítulo 15

AJUDA DISTANTE

407. É necessário o sono completo, para a emancipação do espírito? – Não. O espírito recobra a sua liberdade quando os sentidos se entorpecem; ele aproveita, para se emancipar, todos os instantes de descanso que o corpo lhe oferece.

(*O Livro dos Espíritos* – **Allan Kardec)**

...Victor discursava sobre os princípios da doutrina que adotara durante a permanência no Oriente: a imortalidade da alma, sua origem divina, a migração e a emigração das almas, ou reencarnação; a comunicação dos espíritos com os homens, a cura dos enfermos pelos processos espirituais e magnéticos, as faculdades da alma, criada à semelhança da Deus (...), a necessidade da aquisição de virtudes e integração com o bem...

(*O drama da Bretanha*, **cap. I)**

O dia surgiu muito frio, porém o sol brilhava no céu, entre nuvens, anunciando que já era hora de despertar. O clima pouco encorajador daqueles dias, fizera com que os habitantes do castelo Allorge se apressassem nas tarefas internas e deixassem para depois as responsabilidades do lado de fora. Mesmo os passeios aprazíveis ao parque e as famosas cavalgadas foram trocados pelo chá junto à lareira.

Depois de tomar o café da manhã, mademoiselle de Allorge não se sentiu bem e voltou da bandeja para a cama. Suas vertigens tinham aumentado nos últimos dias, os pensamentos se afiguravam incontidos, trazendo a cena repetida em sua memória. As brumas do mar, o vento inclemente, os rochedos pontiagudos, as águas agitadas que causavam tontura, o medo de jogar-se e a dor constante em seguida, como num ciclo, repetia-se. Ao mesmo tempo, sentia uma impressão e angústia, doía-lhe o corpo, tremia de insegurança sobre o futuro. Sentia aquela espécie de incerteza que roubava sua paz.

Sentou-se na cama para espantar o estado de espírito e passou a refletir sobre os esclarecimentos que Victor de Guzman tão gentilmente mandara em resposta às suas interrogações sobre a nefasta influência que sentira perto do penhasco. Apesar das esclarecedoras orientações, Étoile sentia que sua mente continuava inquieta e outras perguntas afloravam a partir do que sentia. Assim, resolveu ordenar os pensamentos. *Então, o fantasma era Andrea que a atormentava sem ter consciência de que o fazia?* Mostrava as repetidas cenas de seu desespero, por quê? Se era para atrair ao pontal do oceano, não tinha dado certo. Ela não tivera a coragem de sua vizinha, ou antes, tivera por um momento de loucura, depois obtivera ajuda celestial e humana. Percebeu que as dúvidas se seguiam e eram muitas. Talvez nem mesmo se ela conversasse com o conde de Guzman por horas pudesse entender o que sentia. Uma sensação estranha a tomava sempre que se lembrava do mar. *Seria possível que a fantasma a perseguisse em sua atração funesta pela proximidade que desfrutava junto a Marcus? Onde estaria Andrea agora? Vagando entre dois mundos, vagando no castelo Saint-Omer?*

Tomou entre as mãos trêmulas os papéis que continham a resposta vinda da Espanha e leu mais uma vez. Enquanto lia, mais dúvidas a assaltavam. Victor tinha sido muito cordial e generoso, dispondo-se a esclarecer mais e ela se animou a escrever a ele, de novo. Pegou a pena e o papel e, desta vez, abriu seu coração enumerando todas as dúvidas que surgiam. Ao terminar estava em lágrimas, profundamente enternecida pela dor de Andrea. O tempo tinha passado desde o acidente e ela sentia que mademoiselle de Guzman ainda sofria com a cena de desespero final. Perguntou ao seu interlocutor se seria possível que, depois desse tempo todo, um suicida ainda sofresse a mesma agonia e sentisse no fundo da alma o remorso por ter perdido a vida. Imaginou que, em espírito, Andrea não poderia estar em paz e talvez sentisse o gosto amargo do arrependimento ao se dar conta de que o sofrimento tinha se estendido aos parentes, ao noivo, aos primos, até mesmo aos criados ou à vizinhança. Era inegável que as pessoas que moravam por ali também sentiam o mal-estar vindo das cenas que marcaram aquela península.

A noiva de Marcus acreditava na sobrevida da alma e não sentia medo dos mortos, porque em sua infância ouvira sua avó contar algumas histórias dos antepassados, dos castelos assombrados, das comunicações e dos fantasmas. Ela se interessava pelo assunto, embora não compreendesse muito bem se eram narrativas verídicas ou quiméricas, acrescidas dos efeitos da criatividade. Imaginava, em sua mente infantil, tais personagens como parte do folclore local, parte das lendas e casos dos antepassados. Em sua curiosidade, perguntava, muito intrigada, como viviam as tais assombrações. A resposta era um sorriso bondoso da velhinha que explicava, em seguida, haver um mundo paralelo ao físico com semelhantes características, problemas e questões, porém invisível. Seus pais não gostavam dessas conversas e tentavam justificá-las atribuindo ao imaginário exagerado dos antigos. Depois que sua avó materna faleceu, ela não teve mais oportunidade de voltar a pensar na vida depois da morte. Ninguém se interessava seriamente pelo assunto. Até que esse mistério voltou a fazer parte das conversas e chegou, com certeza a Vannes, talvez até tenha chegado à corte, a história recontada da família de Guzman.

Mesmo depois dos esclarecimentos de Victor, Étoile vivia uma alternância entre bons e maus momentos, como reflexo do dia em que teceu comentários inadvertidamente enquanto caminhava pelo penhasco assombrado. Ela se viu possuidora de males estranhos e sentia as repercussões. Dores de cabeça, tonturas, mal-estar, pensamentos repetitivos, emoções conturbadas e o estranho impulso pelo oceano. Sentia-se contrariada, cansada de pensar numa solução para as questões que enfrentava em sua vida. Agora começava a entender o que lhe acontecera e percebeu que quanto mais soubesse sobre si e sobre a presença maligna que a atraía às emoções conturbadas, mais rápido poderia sair daquele estado de mente confusa.

Buscando reanimar-se, comoveu-se ao pensar que se enviasse a carta, talvez a resposta de Victor não mais a encontrasse ali, pois já teria viajado. Casar-se-ia na semana seguinte. Sentiu que as lágrimas corriam por seus olhos e os fechou por alguns momentos procurando paz. Voltou a deitar-se na cama, sentiu leve torpor e suavemente pareceu sonhar, um sonho claro e lúcido. Foi se deixando levar pela sonolência, pelo anseio da alma, pela dúvida e pela proximidade da única pessoa que conhecia que poderia esclarecer sobre o que estava havendo com ela.

No instante em que adormeceu, viu que estava diante do visconde de Guzman, que apareceu para ela, vestido com toga egípcia, com turbante sobre a cabeça, muito distinto, porém nada parecido com o nobre visconde de quem ela se lembrava. Estava ligeiramente iluminado por um branco radiante e seu olhar se distinguia por uma luz diferente de tudo que conhecia – o brilho característico de um mártir cristão. Ele se trajava assim por hábito e disciplina, relembrando seu treinamento, exatamente como aprendera para obter o movimento da alma em liberdade.

– Mademoiselle Allorge, não se assuste! Venho protegê-la da ação maléfica que a presença de minha irmã Andrea proporciona, embora ela não tenha noção do mal que causa. Suas dúvidas me comovem e quero auxiliar, por isso vim. Sua história, em outras épocas, se entrelaçou à de minha família e o tempo de reintegração tem início. As linhas benditas da misericórdia de Deus vão costurando a necessidade de uns à boa vontade de outros.

Como numa sensação de entorpecimento pelo corpo, nem dormindo nem acordada, a filha de Camile Ambre foi atraída ao coração do visconde de Guzman, num movimento curativo e pacificador, porque o nome dele foi lembrado por ela ao pedir ajuda. Sem se dar conta como podia ser possível que ele tivesse atendido a seus apelos de esclarecimento, ela continuava prestando atenção ao que ele falava. Victor ia respondendo ao que fora perguntado:

– Sim, minha amiga, Andrea ainda sofre. Um suicida pode ficar por anos preso junto ao local de seu desenlace, pode sofrer por décadas, por centenas de anos. A mente se enrijece de dor e paralisa no momento da morte. Somente a misericórdia de Deus e o coração enternecido da Mãe Maria de Nazaré pode, com sua legião de servidores, atenuar os crimes praticados pela ignorância humana. Já experimentou, senhorita, a sensação de que as horas de sofrimento não passam? Quando advém uma dor noturna e sentimos que a noite foi mais longa do que quando nos sentimos bem? Essa também é a sensação dos suicidas, estão numa noite de pesadelo que não tem fim e somente as preces daqueles que os amam podem atenuar esse martírio. Quanto tempo Andrea se demorará no castelo Saint-Omer e nas praias que embalaram seu corpo que se desfazia? Quanto tempo ainda permanecerá sentindo as dores morais de ter encerrado com todas as possibilidades de crescimento, desperdiçando o vaso precioso que foi presente de Deus? Depende do despertamento dela mesma e de nós que prezamos por ela e estamos em oração.

A jovem adormecida remexeu os braços em direção ao brilho que contornava o corpo do irmão de Andrea. Ele lhe parecia translúcido e sua voz possante e bela rasgava o éter para ensinar sobre aqueles que sofrem, quando optam pela rebeldia, pelo orgulho e colhem tristeza. Victor continuava a falar docemente, com energia no olhar:

– Aconselho que retire o seu pensamento do drama de minha família, há um motivo pelo qual se sente atraída pela história de

Andrea, minha cara! Os traços do futuro responderão a essa sua dúvida. O conde de Villiers, Marcus, assumiu o compromisso de ser pai de uma menina que viria ao mundo e, agora, encaminha-se para ser sua filha. Após a tragédia, ele também se comprometeu com o obsessor, o fantasma que cobrava uma dívida moral de minha irmã e que vagava antes pelo castelo de Saint-Omer. Pense no que virá, senhorita, na viagem que irá realizar, na sua postura como mãe e esposa de um homem que é considerado de boa vontade, porque se arrepende dos erros e se compadece do mal que causou à minha família. Pense nos seus pais que ficarão ainda por essas terras e que talvez se veja afastada deles por longos anos. Em suas cartas, a que me enviou e a que escreveu agora, amiga Étoile, vejo que sempre reclama por não ter a coragem de minha irmã. Quero que pense num outro tipo de ousadia. A audácia que Andrea não teve, a intrepidez de honrar seus compromissos, de ser uma pessoa digna e enfrentar o que for que o futuro propõe com resignação e fé. Esse tipo de retidão, de nobreza de caráter, de dignidade é o que distingue o homem comum daquele que é considerado um homem de bem. Honre seu nome, minha cara amiga, Étoile – a estrela cujo reflexo tremeluzia nas águas... Ao contrário de minha infeliz irmã que teve o fim da vida física no oceano inclemente, percebo que sua experiência, mademoiselle, será fazer luz acima das ondas tumultuosas das emoções. Brilhe!

No sonho, a lucidez se perdeu e ela sentiu que regressava ao mundo palpável e que poderia acordar. Antes, porém de se libertar das teias oníricas elaborou o pensamento inquisitivo que foi captado pelo visconde: – *Se Andrea e Marcus voltariam a se encontrar?* O missionário cristão sorriu pensando no coração feminino sempre delicado e sensível com relação aos afetos. Não pôde responder, porque já se retirava dali em regresso ao próprio corpo, mas refletiu sobre a questão. Na certa, os laços de amor conduziriam as linhas sutis traçadas no espaço para que os espíritos se encontrassem e se respeitassem em suas escolhas; quem sabe abdicando de ficarem juntos para ideais maiores de trabalho e amor aos necessitados?[31]

Com um desdobramento espiritual, o que para um estudante de espiritualismo era fácil, o visconde de Guzman deixava o próprio corpo e podia viajar, levado pelas telas diáfanas do pensamento, rompendo grandes distâncias, em seguida podia materializar-se o suficiente para conversar com mademoiselle de Durant em semelhante processo, liberta para a realidade extrassensorial pelo sono.

O fenômeno se encerrou e uma vez desperta, a jovem condessa tinha outro ânimo. Não se lembrava da maioria do que conversara com o conde de Guzman em seu "sonho", mas trazia a paz da alma para decidir sobre seu futuro, livre da estranha dependência que a prendia ao drama de Andrea. Os pensamentos confusos cessaram e ela entendeu o que deveria fazer e o que poderia aceitar para seguir rumo à sua nova escolha.

Tendo ocupado o que restava da manhã para preparar-se vestindo o luxo que caracterizava sua casa, ela desceu para encontrar seus parentes à espera no salão de almoço, já era tarde. Sua indisposição justificava sua ausência naquela manhã. Durante a refeição, tiveram paz porque sua mãe deixou de falar dos inúmeros detalhes dos casamentos que se realizariam ali, para desfrutar da companhia de suas filhas. Ela tinha se dado conta de que momentos como aqueles, agora seriam raros, pois que Marcus de Villiers não tinha previsão para regressar à França. As sobremesas foram servidas e viveram instantes de descontração e de cordialidade familiar e as irmãs, naquele momento, esqueceram suas diferenças. Camile Ambre se lembrou de que à noite receberiam para jantar os noivos e pediu que as jovens se preparassem adequadamente pare recebê-los, mas antes as convidou para finalizar os detalhes dos vestidos com as costureiras.

---

31 Voltaram a se encontrar, como descrito na obra *Leila, a filha de Charles*, mas não tiveram a honradez esperada por Victor de Guzman.

Esquivando-se da sala de costura, Étoile alegou a necessidade de dar ordens sobre a separação das vestimentas que levaria consigo. Em verdade, precisava tomar tais decisões de escolha das roupas a serem preparadas para a viagem, mas não era urgente porque ainda teria algum tempo, usou essa desculpa para esquivar-se da enfadonha tarefa. Uma vez em seus aposentos percorreu armários e baús, enquanto três criadas separavam o que era preciso. Essa ação não demorou mais que uma hora e ela voltou a meditar sobre seu destino, caminhando pelas dependências desabitadas como era agora seu costume. Jean Claude veio à sua lembrança. Ela sabia que não poderia se livrar do compromisso entre os lilases. Precisava falar com seu vizinho, despedir-se dele e resolver de uma vez por todas aquele estranho ressentimento que ficou entre eles. Um encontro rápido e definitivo, suficiente para encerrar a questão. Não daria evasivas, como na última vez em que conversaram. Seria direta em suas palavras, não deixando nem mesmo esperança de voltarem a se ver ou se corresponder. Precisava enfrentar os seus medos de uma vez por todas, como aconselhara Victor de Guzman em seu "sonho".

Durante suas andanças pelo castelo nunca levava companhia e essa movimentação dava a Étoile certa independência e solidão reflexiva de que ela gostava. As imagens do sonho matutino voltaram-lhe à mente e ela pensou em Victor de Guzman como um anjo que cuidava de seu coração. Após o seu choro, pedindo ajuda, sem saber o que acontecia ele viera carinhosamente de alguma forma[32], esclarecendo e asserenando seu pensamento. Refletindo sobre os fragmentos do que se lembrava percebeu que sua aproximação com a suicida fazia mais sentido agora. Marcus de Villiers e Andrea tinham construído uma proposta de vida que acabou por ruir completamente, restava a emenda para reparar

32 Por meio do corpo perispiritual, o fenômeno é possível e ocorre. Chamado de desdobramento ou viagem astral.

os danos das escolhas equivocadas. Havia uma criança inocente, que precisava nascer. Ela queria de alguma forma retribuir a ajuda que recebeu de Victor fazendo qualquer coisa que ele pedisse e ele pediu que ela tivesse a coragem de se tornar uma mulher honrada. Pediu que se acalmasse, que se concentrasse, que servisse a Deus como uma boa esposa, que desse estabilidade de emoções a Marcus, que trouxesse filhos ao casamento.

O drama de Andrea muito a tinha comovido e desequilibrado dando trabalho de recuperação, levando tempo para acertar os impulsos confusos de aniquilação da vida. Porém, agora, ela sabia que um suicida, depois de morto seu corpo físico, ainda sofre por bastante tempo as consequências de sua escolha rebelde contra as Leis sábias de Deus que cuidam da manutenção da existência. Victor alertara, esclarecera e insistira como era doloroso e cheio de espinhos aquele caminho da morte provocada, principalmente, criava para o espírito mais dores. Aos poucos, as falas de seu orientador, carreadas de paciência, foram voltando à mente, fazendo sentido e emprestando coerência e lucidez.

Segura de si, abriu uma porta lateral de uma das galerias do solar rumando aos parques e saiu em passeio pensando nos lilases. Encontraria Jean Claude, se despediria dele com cerimônia devida e voltaria a tempo para receber o próprio noivo para o jantar. A segurança e a paz que o "sonho" com Victor proporcionaram, lentamente, iam orientando suas atitudes e se não se lembrava das palavras, lembrava do compromisso que firmara de trazer ao mundo uma menina, filha de Villiers. Uma criança que já deveria estar a caminho da Terra e tivera sua tentativa frustrada.

Caminhou pelos limites dos parques como seu costume e, em dado momento, enveredou-se pela estrada real apressada e confiante. Jean Claude a esperava entre os lilases como combinado. O mesmo lugar aprazível sob a sombra majestosa de alguns carvalhos dava um charme ao recanto que ela tinha escolhido como ponto de encontro havia alguns meses. Ele sorriu ao vê-la tão distinta vestindo as rendas que combinavam com as flores, o chapéu que a protegia e o guarda-sol rodando nos ombros mais como enfeite. Desta vez, não seria necessária a capa, porque o céu se animava em brilhos dourados e o vento frio há muito tinha espantado as nuvens.

– Que feliz estou em vê-la, mais uma flor colorida desse parque!

Ele exclamou entre sorrisos. Galante e espontâneo como se aquela fosse sua noiva. Ela não sorria, cumpria apenas um dever. Queria se livrar o mais rápido possível da proximidade daquele cavalheiro, já que entendera que tinha outros compromissos firmados com o futuro. O coração a traía pulando dentro do peito, contudo, resistia firme no propósito de ser breve.

– Venho me despedir, senhor, conforme me pediu, porque ficaram algumas questões a encerrar. A forma como vem me tratando não condiz com nossa nova posição de futuros cunhados. Agora sou noiva de Marcus de Villiers por escolha de meu pai, nem eu nem o senhor podemos fazer nada quanto a isso. É tarde demais para nós! Não foi nossa vontade que contou. Poderíamos ter sido felizes juntos? Acredito que sim, mas essa possibilidade não existe mais em nossa vida, nem mesmo existe em meu coração. Aceitei meu destino, espero que o senhor aceite o seu.

Ela disse isso num rompante, enquanto as palavras ensaiadas figuravam em sua mente, depois pretendia se retirar, contudo ouviu educadamente a resposta:

– Aceito meu destino, senhorita, acato a vontade de nossos pais, no entanto, meu coração me trai e não posso dizer que esqueci a sua graciosa figura. Sei por que a senhorita veio, porque me deve uma resposta, precisa me perdoar – ele disse, apoiando a mão sobre o tronco firme que se erguia do solo, como se o suporte pudesse sustentar sua posição atrevida. Naquela tarde, sob a luz clara do dia, o visconde de Y... parecia mais maduro e atraente, vestido com suas roupas de montaria.

Étoile sacudiu os cabelos arrumados em cachos por baixo do chapéu, dando-lhe um ar de mais idade e correu a vista pela vegetação detendo o olhar nas delicadas pétalas que se abriam junto ao chão.

– Não me cabe perdoar ou não, o senhor não entende? Nossa promessa feita, aqui, se quebrou quando seu pai procurou o meu e quando houve o mal-entendido. Esmeraud, minha irmã, de nada sabe. Meu noivo ignora nosso entendimento anterior. Sinto-me traidora só por conversar aqui com o senhor. Perdoar? Pelo senhor não ter esclarecido o engano? Teve sua chance e a perdeu. Pelo senhor não ter ido pessoalmente pedir o consentimento de meu pai? O senhor estava machucado, a mão de Deus atuou com segurança revelando o que deveria ser. Aceite nossa separação, senhor visconde de Y..., não mais podemos pensar em uma união. Vou-me embora para o território da Louisiana em breve.

Ela pensou em se retirar, mas ele continuou falando e, por educação, ela continuou a ouvir aquelas queixas sem fundamento e os argumentos que não tinham mais importância. Seu coração ficava gelado a cada apelo dele. Queria ser mais simpática e esquecer que estavam prometidos a outra pessoa, mas sabia que era uma atitude impossível agora que tomara sua resolução.

– Ouça-me primeiro antes de ir. Sei que seu pai ou sua mãe já haviam convidado o conde de Villiers para o jantar, a senhorita já me tinha avisado que um forasteiro rondava o castelo Allorge. Cheguei tarde! Como pude pensar que alguns dias acamado e machucado não fariam diferença para a minha vida?... Fico me recriminando, por que não me levantei durante o anúncio de seu pai e não expliquei ali que minhas intenções não eram com mademoiselle Esmeraud? – ele continuou se lamentando e maldizendo o passado, ressaltando a fraqueza por não ter lutado por seu amor quando pôde. Étoile não queria lamentar o que não podia ser mudado e acrescentou, friamente, cortando as reclamações dele:

– Deixe-me esclarecer que Marcus de Villiers vivenciava o luto por sua noiva falecida. Minha mãe o tinha convidado por várias noites seguidas durante esses meses, mas ele nunca veio. Nunca aceitou os convites endereçados a ele. Minha mãe não reclamava porque sabia que essas questões de luto são difíceis. Naquela tarde que nos vimos aqui, avisei ao senhor sinceramente meus receios, mas o conde de Saint-Patrice, outra vez, não compareceu e, mais tarde, nossa ceia foi alegre, com outros convidados de meu pai.

Uma revoada de pássaros cortou o céu azul em direção ao mar. A natureza celebrava a vida, o sol e a tranquilidade daquele lugar. Os olhos de Étoile seguiram os animais, depois ela retornou a falar, porque o conde emudecera. Ela não queria revelar mais do que o suficiente para responder. Não podia explicar seu estado de alma a um homem que seria seu cunhado, não falaria nada sobre sua tentativa de imitar Andrea de Guzman. Victor a alertara que aquele assunto era delicado e que as pessoas prefeririam evitá-lo para não serem confundidas com loucos. Ela entendeu o que ele quis dizer. Depois do silêncio, retomou a fala:

– No dia seguinte da declaração de seu noivado com minha irmã, saí a passeio e acabamos por nos encontrar, eu e Marcus, nas extremidades da encosta. Eu tomei minha montaria logo cedo para me conformar com as ordens de meu pai e pensar no casamento com um homem que eu nem conhecia. O senhor também ouviu que meu pai cogitava um amigo dele para meu esposo, muito mais velho que eu, como se eu nem precisasse conhecer meu futuro marido. Lembro-me dele, o barão de Lohan. Quando eu era criança, ele veio em visita aqui pela Bretanha e se hospedou por alguns meses no nosso castelo. Lembrando-me dos meus medos de criança, saí porque estava triste e vaguei sem destino, acabei por me perder e Marcus me encontrou e me trouxe de volta. Já que tinha vindo comigo fazendo o grande favor de me reconduzir à casa de meu pai, aceitou o convite para entrar e conversar com meu pai.

Jean Claude se encheu de rancor quando descobriu que aquela história do casamento com Marcus tinha sido posterior à negligência dele em esclarecer o que queria junto ao futuro sogro. Se tivesse falado antes, se tivesse dito na hora do anúncio feito, imediatamente quando soube do equívoco, talvez o conde Allorge voltasse atrás, talvez pensasse que Esmeraud poderia seguir com Marcus para as Américas. Desesperado, concluiu:

– A coragem me faltou, mas hoje mesmo repararei minha falta. Vou falar com seu pai e se ele não me ouvir, chamarei Marcus de Villiers para se entender comigo. Quem sabe nós dois resolvemos essa questão ou partimos para o duelo? Para ele tanto faz qual das mademoiselles Allorge levará em sua aventura, num lugar praticamente selvagem. Não é um lugar adequado a uma dama da alta sociedade francesa, muito menos para constituir uma família. Talvez desista da ideia.

As faces de Étoile se ruborizaram por pensar que houvesse tal possibilidade. Como Jean Claude se mostrava insensível e imprudente. Marcus poderia entender aquela abordagem como uma afronta. Inadvertida, tinha dito demais. Ela se lembrou de Victor, da aceitação de trazer ao mundo uma menina que tinha compromisso com Marcus, pensou no futuro. A dúvida preencheu seu pensamento e ela olhava o rosto expressivo de Jean Claude, pensando no que responder. Se fosse possível ficar ali onde sempre morou, na companhia dos pais, na serenidade das costas da Bretanha, sem navios, sem mar por todos os lados... Ela sabia que se sentia atraída por Jean Claude e, no fundo, queria que tudo se resolvesse favoravelmente a ele. Respirou fundo, antes de voltar à razão e afastar as tentações, quando falou, pôde revelar que a lucidez tinha vencido aquela disputa:

– Senhor conde de Saint-Pierre, isso é um absurdo! É impossível! Conforme-se com a escolha de nossos pais. Não quero mais confusão, nem crise na família. Em seus planos pouco caridosos, por acaso o senhor pensou em minha irmã? Pensou em meus pais ou em Marcus? Não é assim, tanto faz qual das senhoritas será levada para as Américas, qual delas ficará por aqui! Sei que meu pai preserva Esmeraud. Ela não poderia empreender essa viagem porque se sente mal fora daqui. Por melhor que nos tenhamos entendido no passado, nossa história acaba aqui. Não há perspectiva de futuro juntos. Prometa-me que não fará isso! Eu agora não quero mais!

O visconde revoltado se virou de costas para ela, escondendo o rosto contraído de raiva e mágoa. Ele não queria ser visto assim. *Então, aquela que parecia tão querida de seu coração, pensava em todos menos nele?* Chutou com a ponta da botina umas pedras que rolaram para o lado e levou as mãos às têmporas, desesperado. Virando-se de volta, chegou bem próximo e ela pôde sentir seu hálito rancoroso.

– Sei que a amo Étoile! Então, a senhorita se lembra de todos menos de mim! Pois bem, falarei assim mesmo. Vou avisar ao seu pai que retiro minha palavra e meu nome desse acordo matrimonial porque descobri que a senhorita Esmeraud é doente...

Étoile abriu a boca indignada com o que ouvia e ia repetir que sua irmã não era doente, quando foi surpreendida pela proximidade do rosto de seu cunhado. Ele queria beijá-la e a segurou com braços fortes. Ela se esquivou, fugindo dali com todas as forças e falou:

– Contenha-se, senhor visconde! Se o senhor falar algo de minha irmã, revelarei que sofro suas investidas por meio de bilhetes, mesmo depois do acordo de nossos pais.

Ia saindo quando ouviu ainda.

– Isso será pior para a sua reputação que para mim. Se é mesmo o que a senhorita deseja, conformar-me-ei. Resigno-me, por enquanto, na certeza de que suas palavras não revelam o que vai no seu coração. Pode ir... ficarei esperando que volte. Isso é outra promessa.

Capítulo 16

PRIMOS FRANCISCANOS

Três anos depois de haver ingressado no convento, Alexis, que, antes do retorno à França, pretendera o sacerdócio e quase o obtivera, recebeu ordens menores, tornando-se irmão da Ordem de São Francisco de Assis.

(*O drama da Bretanha*, **cap. XVII**)

O palácio de Montalban estava recebendo os preparativos para hospedar os parentes que chegariam da França. Um criado fez-se de mensageiro e viera à frente avisando que se aproximavam os seus senhores e podiam ser esperados no dia seguinte. Os grandes salões estavam enfeitados com braçadas de flores. Prepararam a prataria, a porcelana e baixelas que foram resgatadas pela governanta entre as relíquias guardadas daquele palácio. Tudo tinha sido organizado para acolher os visitantes como era hábito naquela família. Um almoço de recepção foi meticulosamente definido pela condessa Françoise Marie e os quartos de hóspedes foram limpos e preparados com cuidado especial. Não deixariam de vestir o negro, embora os meses de luto já tivessem transcorrido, nem abriram totalmente as cortinas. Não queriam deixar a impressão de que aquele dia seria uma festa. O anfitrião do castelo, o conde Joseph Hugo, deixou claro seu pensamento de que ao receber os primos vindos de Lorena não estava comemorando nada. Respeitavam as tradições e aquele preparo era apenas para serem cordiais com uma visita.

Victor estava satisfeito com os planos que semeara junto aos seus pais. Agora sua mãe poderia se entreter com a pequena Verena Mia por algum tempo. Pensava numa abordagem para levar a seu pai pedindo que a jovem prima ficasse morando ali, já que seria uma ajuda recíproca. Já imaginava os melhores professores de Madri para educá-la, se ela pudesse ficar.

Na noite que antecedeu a chegada dos primos de Lorena, o grupo de oração, que agora estava reduzido, sentira a impressão de que a casa estava vazia, por mais que o filho que restou tentasse suprir a falta com suas energias renovadoras. Joseph Hugo também tinha sentido desânimo, mas não se entregava facilmente. Achando que aquela era uma boa oportunidade para conversar, o filho se aproximou do pai, com sinceridade, tentando abordar aquele assunto difícil, após findar as orações da noite.

– Meu pai, venho pedir o seu conselho quanto à uma questão de nossa família que muito me tem feito refletir. Comprometi-me, como sabe, anos atrás com um estudo que me rendeu a formação espiritualista. Eu retornei à França com outros planos em mente, queria acompanhar o casamento de Andrea, depois tomar outras responsabilidades, mas os acontecimentos tristes nos levaram ao luto e à mudança de país. Nossos primos acabam de partir e temo que eu me ausente e minha família venha precisar de mim. O que o senhor me aconselha?

O pai idoso moveu os olhos do livro que trazia nas mãos, fechou-o ao encerrar as leituras da noite e voltou o rosto para encarar a súplica do filho amado. Victor sempre fora um rapaz exemplar, era dedicado e solícito. Como não tinha se casado, sobrava-lhe tempo para cuidar de todos na família, sem nunca reclamar. Seguindo sua vocação se tornara médico espiritualista e desde cedo tinha mostrado tendência ao estudo sério e compenetrado. Tinha passado metade da vida estudando, com pouco interesse por outra coisa que não fosse a cura do corpo e da alma, a harmonia mental e o bem-estar. Hoje, com mais de trinta anos, ainda se mantinha longe dos excessos comuns aos nobres da época. Levava uma vida recolhida e prestava ajuda aos que o buscavam com suas dores. Interessara-se sinceramente por Andrea e, se estivesse mais perto, talvez pudesse ter evitado a tragédia.

Pensando assim, o conde limpou a garganta e respondeu:

– Estaremos bem, sempre cuidei da administração de tudo com muita facilidade, caro Victor. Um dia, tudo que tenho será seu e meus títulos serão minha herança de honra para enobrecer ainda mais a sua vida. Já é passado o tempo de se casar e pensar em um herdeiro, mas esse não é seu desejo, bem sei. Nossa linhagem se encerrará. Pode partir em paz. Arthur, que era o mais necessitado de cuidados escolheu a vida reclusa. Alexis já vivia distante e Andrea... – seu semblante se tornou franzido e ele soltou um suspiro, depois, continuou a falar: – Não vejo por que agora pensa que ficaremos sozinhos... Temos Jacques Blondet e os outros criados da casa que podem nos socorrer em caso de qualquer necessidade. Só sinto que nossa família não venha a deixar descendentes.

Paulatinamente, Victor começou a abordar o que queria sem afrontar seu velho pai. Nos anos em que os primos de Guzman d´Evreux viveram sobre o teto deles, Joseph Hugo foi consciencioso e permitiu que os dois crescessem bem amparados. Poderia auxiliar mais se quisesse, bastava que o assunto fosse bem conduzido. Ele foi bem inteligente, quando argumentou:

– Meu pai, tenho uma ideia para resolver esse assunto. Receberemos os primos de Guzman d´Aubry, o que o senhor pensa a respeito de convidar Verena Mia, nossa prima, para viver aqui? Aceitamos Alexis e Arthur que moraram desde pequenos conosco, por serem órfãos. Nós os ajudamos, mas fomos ajudados pela companhia deles em troca, também podemos receber nossa prima que precisa de nós. Agora que meus primos-irmãos se foram, resta-nos orar para que sejam corajosos e determinados na escolha que fizeram. Podemos encaminhar mais essa parente que é filha do primo Manfred, meu pai?

O conde sentiu um influxo amoroso vindo de seu filho. Ele não estava sozinho naquela conversa, várias entidades do Hospital Maria de Nazaré, que estagiavam por ali, acalmavam Joseph Hugo, envolvendo-o em conforto, incentivando-o a refletir sobre as ideias de Victor. Ele começou a pensar se ainda estavam em idade de auxiliar mais alguém da família. Rapidamente, sentia o peso dos anos e dos aborrecimentos roubarem suas energias.

Em contrário, Victor pensava que Verena Mia seria um consolo para o coração dos dois idosos e aproveitaria o prestígio que desfrutavam para completar sua educação. Uma vez em Madri, estaria preservada dos comentários maliciosos por ela não ser filha legítima. Bastaria informar que era uma prima e que trazia o sobrenome Guzman. A resposta do conde Joseph veio minutos depois:

– Não posso responder por ora, somente depois que ficarem por aqui um tempo poderei avaliar melhor o temperamento da jovem e terei uma ideia do que posso fazer por ela.

– Meu pai, ela já deve ser debutante, vai ser boa companhia para minha mãe. Toda ação boa que realizamos é, aos olhos de Deus, como um esforço por nos elevarmos e, cada vez mais, somos ouvidos em nossos apelos. Somos considerados de boa vontade. Em nome do primo Manfred ou em nome de minha irmã, quem realiza as ações somos nós agora e vamos construindo afetos para o futuro.

* * *

As horas de reencontro familiar se aproximavam céleres.

O conde Christoph de Guzman d´Aubry, viria também em companhia à irmã, mas teria de regressar em breve para concluir sua educação em Paris. Ele estudava o direito e as leis muito o interessavam pelas mudanças na corte francesa em constante rebuliço desde antes de Napoleão subir ao trono.

Dama Alberta, uma senhora alemã que servia na casa do conde Manfred havia muitos anos, foi designada para fazer companhia a Verena e viria também, como prezavam os costumes. A presença da referida dama fez ver que a moça já estava na idade de buscar casamento e não mais poderia ser tratada como criança. Desde a morte de Andrea, meses atrás, Mia tinha crescido, se tornado uma mocinha e seu irmão prezava por sua educação indicando os serviços da fiel preceptora de sua casa.

Trocando correspondências com os familiares, Victor descobriu que sua prima ficara órfã de mãe assim que nasceu e o conde Manfred a enviou a um convento, onde vivera reclusa até a morte dele. Os recursos que ele enviava à emérita congregação de freiras Carmelitas para a permanência de sua filha deixaram de ser mandados após seu falecimento. A jovem protegida foi encaminhada ao castelo do pai para a surpresa de seus parentes. A grande família de Guzman não foi consultada em conselho sobre receber uma criança ilegítima em sua estirpe, tendo Christoph sozinho decidido acolher sua irmã por parte de pai, vendo que se tratava de uma criança.

Durante as comemorações de Natal, ainda nas Costas da Bretanha, quando o casamento de Andrea e Alexis fora anunciado, os primos de Lorena foram vistos com estranhamento pela grande família de Guzman. As pessoas recriminavam a falta do conde Manfred e comentavam que Christoph não deveria ter acolhido aquela menina. Victor foi o único a se interessar e deu atenção ao caso. Ele queria auxiliar, por isso se aproximara dos primos. Sabia que algumas causas dos males de seus pacientes não estavam no corpo físico, mas sim no abatimento moral que enfraquecia suas defesas, por isso evitava as indisposições tentando intermediar as situações conflitivas.

A morte repentina de seu primo era motivo de investigação e tanto Christoph quando Victor estavam procurando respostas. Eles enviaram pessoas de confiança para coletar informações sobre quem seria a mãe de Verena. Um mistério que precisava ser averiguado. Cada um tinha suas suspeitas e o nome de mademoiselle Marjorie foi cogitado, embora Victor tivesse comprovações do mundo invisível, não podia dizer isso claramente.

Os preparativos para receber os primos d´Aubry, agitaram o palácio e promoveram uma renovação para os condes de Guzman, que ainda sentiam a falta de Arthur e Alexis. Havia pouco tempo que eles tinham ingressado junto aos franciscanos. Parte de seus bens foi entregue a Victor e outra parte foi doada à instituição que os abrigava. No dia que saíram do palácio de Montalban, levando apenas a roupa do corpo, a condessa Françoise Marie entrou em crise, ficou chorosa e sem apetite. Sentara-se no alpendre que dava para o extenso parque de entrada e ficara olhando para o céu sem fixar em nada a atenção. Muitas horas se passaram e ela permanecia contemplando as sombras que o sol fraco realizava no jardim. Os serviçais vinham oferecer chá, frutas e pães, mas eram dispensados. Victor veio conversar com ela, porém, os monossílabos e suspiros de resposta denotavam que ela tinha percebido a solidão de seus dias de velhice.

* * *

Passava das quatro horas da tarde, quando, finalmente, os convidados chegaram. Fizeram muito alvoroço, entre cocheiros e malas, cumprimentos e mesuras. Os jovens descontraídos encheram a casa de entusiasmo. Christoph, sempre simpático e falante, reclamava do estado das estradas e tinha contado quantas vezes tiveram de parar em estalagens pequenas e desconfortáveis. O conde Joseph Hugo se lembrou de quando viera da França e disse que nada havia mudado. Somente Victor, que tinha prestado atenção em Mia, quando houvera a visita a Saint-Omer, pôde perceber como ela crescera. Estava visivelmente mais alta e ele tinha se esquecido como os jovens nessa idade se desenvolvem rapidamente.

Verena era bem diferente de Andrea, possuía os cabelos louros muito claros, quase brancos, presos em tranças que estavam enroladas sobre os lados da cabeça e seus olhos nada expressavam de ousadia ou revolta, eram doces e súplices, parecidos com os olhos de Marjorie. Vestia-se com decoro e certa modéstia porque não usava nenhuma joia. Nem brincos, nem anéis de nobreza compunham sua indumentária. As mãos eram delicadas e pequenas e ela franzia o rosto quando sorria, apertando os olhos de profundo azul. Vestia-se sem os adornos que já convinham ao seu corpo em crescimento.

Assim que tivesse oportunidade, providenciaria novas roupas adequadas a idade dela – pensava a condessa Françoise. Como era magrinha ainda se passava facilmente por criança. Aos poucos a anfitriã conseguiu que sua nova hóspede ficasse à vontade. Foi puxando assuntos femininos com ela, descobrindo o que conhecia e do que gostava. Descobriu qual era o maior interesse da menina, quando Verena Mia fez expressão de curiosidade ao ouvir Victor falar sobre o grande piano de cauda que ficara esquecido no canto do salão de instrumentos musicais. Mais tarde, teriam oportunidade de descobrir se ela tocava ou se queria aprender.

Conversaram animadamente por mais alguns minutos, quando Christoph alegou muito cansaço e retirou-se ao quarto que lhe fora reservado. Dama Alberta convidou sua protegida a fazer o mesmo, mas Victor intercedeu avisando que era costume da casa uma reunião para orarem juntos todos os dias. A senhora, respeitosa, aceitou o convite como era educado fazer. Verena estava acostumada à vida religiosa e arregalou os olhos vívidos querendo participar do que quer que fosse, sentindo-se envolvida pelo entusiasmo que Victor demonstrava em sua devoção. Ele perguntou:

– Minha cara mademoiselle Mia, aqui nós participamos das orações neste horário todas as noites. Quer ler um trecho da Bíblia para nós? Em meu ver já é hora de compartilhar conosco a sua presença. Pedimos por nossa paz familiar, após os acontecimentos com minha irmã.

A prima d´Aubry expressara certo desconforto por excessivo recato. Ela estava habituada a participar dos horários de estudos da Bíblia e sentia falta de tal prática. Respondeu, então, revelando reserva, que preferia ouvir, mas novos argumentos a convenceram a ler. Dama Alberta retirou-se a um canto, preferindo apenas ouvir de longe, sem tomar parte da reunião.

O salão se encheu com sua voz suave e juvenil para o deleite de seus parentes. Ela lia com fluência e com entonação adequada, como faria qualquer senhorita educada pelos melhores preceptores. Tinha bom ritmo para a leitura e usava o francês formal do texto sem interrupções, embora ali se acentuasse seu ligeiro sotaque alemão, língua que aprendera no convento em que residiu quase a vida toda.

Imediatamente, os pais de Victor ficaram encantados com a linda criança que enchia a casa de pureza. Os condes se olharam com cumplicidade. Joseph Hugo vertia ao filho uma concordância de que ele fizesse o convite para que a menina viesse morar ali. Uma jovem que precisava de apoio, talvez dois ou três anos e conseguissem para ela um bom casamento, entre seus parentes. O conde Joseph pediu a Deus que abençoasse seu propósito de ajudar aquela criança. Seu coração foi claro na resposta, ele intercederia por ela.

Com a presença de Mia naquele palácio, os objetivos de estabelecer os laços entre familiares voltava a fazer parte das perspectivas futuras e essa movimentação significava que a vida se renovaria. Ambos os condes sentiram suas forças revigoradas. Victor, por sua vez, sentiu que havia muita responsabilidade naquele encaminhamento e amparo que sua família proporcionava à prima.

Eram esperanças de continuidade e de maior entrosamento entre outros primos, agora em Madri.

* * *

Encerradas as orações e com o espírito de acolhimento preenchendo os rostos de esperança, recolheram-se para no dia seguinte reencontrarem os parentes para o desjejum. Como de costume, os mais velhos desciam, em sua disciplina de horários, bem mais cedo que os mais jovens. Naquele dia, porém, Victor estava particularmente inspirado a conversar com seu primo sobre as notícias da mãe de Mia, conforme tinham marcado no dia anterior para que pudessem rever alguns detalhes comunicados por carta.

Encontravam-se os cavalheiros nos escritórios particulares do anfitrião bem cedo, antes mesmo que os outros membros da família tivessem acordado. A sala decorada de forma sóbria dava privacidade e conforto para aquele assunto ao qual precisavam deliberar. Coleções de livros de matérias variadas preenchiam grandes prateleiras e outros papéis cobriam a bancada. Sentaram-se próximos aos cortinados, em confortáveis poltronas revestidas de veludo verde com detalhes em ouro. À frente deles, delicada porcelana aguardava com chá fumegante, todavia os criados foram dispensados.

Christoph inaugurava o assunto tão esperado com notícias desfavoráveis, ele estava desapontado, tinha pedido que alguns homens de confiança visitassem o convento onde Verena residia, contudo, seu informante revelou que o conde Manfred pedira às Carmelitas sigilo absoluto sobre qualquer questão ligada à sua protegida.

O visconde de Guzman andou pela sala, demonstrando seu interesse e certa ansiedade. Virando bruscamente, indagou:

– Conte-me, caro Christoph, como seu pai vivia após ter regressado da Baviera? Certamente, devia demonstrar abatimento por ter deixado uma filha tão longe de casa.

O conde d´Aubry parecia mais conformado e retrucou:

– Primo Victor, nada percebi nem poderia notar porque não desconfiava do que acontecia. As ações de meu pai eram idôneas e até este dia foram muito honradas. Após a morte de minha mãe, designou-me como seu herdeiro no caso de sua morte e as documentações, títulos e propriedades passaram imediatamente para o meu nome. Verena não foi mencionada, não há dote em seu nome, nem quaisquer outros recursos de nossa família. Talvez meu pai, sabendo das posses da mãe da menina, estivesse certo de que ela herdaria boa fortuna, com a morte de todos eles.

– Não podemos condenar as atitudes de alguém sem antes sabermos as razões que o levaram a agir como agiu... Se ele citasse Verena antes de morrer, poderia sofrer reprimendas por ter dado auxílio a uma fugitiva. Lembremos de que, na época, não tínhamos previsões de retorno, nem poderíamos saber se reaveríamos nossas terras e títulos. Caro Christoph, quanto à criada de mademoiselle Montblanc? Ela lhe pareceu sincera?

– Sim, me pareceu muito sincera e confessa que viu sua senhora fugir, antes que os guardas chegassem ao palácio, porém não conseguiu dizer para onde mademoiselle Marjorie se dirigiu. Ou seja, voltamos ao princípio, não sabemos quem era a mãe de Verena.

Victor serviu uma chávena fumegante a seu interlocutor e depois se serviu de uma. Precisava se aquecer e pensar. Quando acabou de sorver o líquido reconfortante, falou:

– Oh! Sei que Marjorie Mallet seguiu meus conselhos e foi procurar por Manfred conforme indiquei. Talvez essa fosse sua única esperança. Devemos pensar que não havia muitas opções e tomar como certo que seja ela, já que sua família morreu e ela efetivamente fugiu – ele não queria revelar as visões que tivera daquela amiga do passado quando ela lhe pediu para cuidar da menina.

Sem tirar os olhos da xícara, o conde d´Aubry foi objetivo quando disse:

– O senhor enviou uma carta a meu pai, pedindo por ajuda antes de deixar a França?

– Enviei uma nota por um portador, pela urgência da partida. Porém, eu sabia que ao mencionar o meu nome, mademoiselle Mallet seria prontamente recebida pelo primo Manfred. O navio zarpou rapidamente e quando chegamos a Santiago, na Espanha, recebemos a notícia de que os condes de Montblanc tinham sucumbido. Percorremos o caminho até Madri em profundo abatimento.

Victor pensou por alguns momentos e, voltando-se ao interlocutor, perguntou:

– Após a morte de seu pai, houve algum comentário sobre a protegida dele? O senhor viu alguém por lá?

– Acontece que eu não estava em casa, hospedava-me no educandário para onde meu pai me transferiu antes de seu regresso. Os criados confirmaram que houve uma mulher loura que se hospedou no nosso castelo por algum tempo. Se era mademoiselle Montblanc, não sabem dizer. Se meu pai a apoiou, ele a acolheu, mas logo a instalou no convento, depois pode tê-la transferido para outra de nossas propriedades.

– O senhor meu primo perguntou aos criados e na vila d´Aubry? Alguém deve saber – disse Victor.

– A única prova que consegui levantar veio por intermédio de uma criada, buscada às pressas na vila para servir a uma dama. Fui conversar com ela, seu nome é Suyane. Deu-me este lenço, foi presente da hóspede de meu pai. Há nele o desenho bordado de um brasão de família, mas não consegui encontrar de quem seja. Se era da família Mallet.

Victor examinou a peça e identificou a cruz, com as pontas em formato de seta que vira na bandeira que tremeluzia no alto de uma haste do Castelo de Montblanc. Sorriu ao observar o leão e a águia que vira antes como guardiões da família amiga, ilustrados no bordado. Os dois varões concluíram que a hóspede do conde d´Aubry era Marjorie.

Sem outras pistas a discutir, encerraram a entrevista e Victor ficou só com seus pensamentos. Se, por um lado tinha a consciência tranquila por ter oferecido ajuda na figura de seu primo Manfred, por outro, ele se lembrava da sombra vaporosa que vira em sua sala de estar havia alguns meses pedindo para ajudar Verena Mia. Não poderia, contudo, revelar seus diálogos com o invisível.

Como são profundas as conexões do amor e infinitas as possibilidades da mente humana. O estudante de artes espiritualistas entrou em profunda meditação. Lembrou os ensinamentos de seus mestres orientais e pôs-se a refletir sobre o passado. Nunca saberia o que realmente tinha acontecido. Pouco importava que descobrissem, contanto que fizessem o bem a uma criança que precisava de amparo. Com autocontrole, Victor pedia uma orientação do Alto para melhor conduzir e encaminhar sua prima Verena Mia.

Capítulo 17

O RESGATE DE ANDREA

Distinguiu, então, muito longe, no extremo de um caminho luminoso, um altar de brancura impecável e um religioso ajoelhado, orando de mãos súplices em direção ao Alto. (...) ...era ela que seguia em rastilho magnético, para onde se efetuava a tocante evocação... ela seguiu, seguiu... e atingiu a Espanha. E, em dado momento, reconheceu Alexis, trajando o burel franciscano, compreendeu que ele orava por ela, à frente de um altar, viu Arthur na sua cadeira de rodas, de cabeça baixa e mãos cruzadas sobre os Evangelhos, postos em seus joelhos. Os dois corações, que tanto a haviam amado desde os séculos passados, choravam e oravam por ela.

(*O drama da Bretanha* – **cap. XVII)**

– (...) Peço-te tréguas ao menos por dois anos. Se nesse espaço de tempo eu não conseguir reeducá-la, libertar-te-ei do compromisso comigo. (...) Não ignoro que minha irmã encontra-se seriamente comprometida com a lei de Deus, e que, por isso mesmo, somente dela própria dependerá sua cura. (...) Se assim for, isto é, se vires que Andrea se transforma para Deus e o próximo, quem sabe se tu mesmo não voltarás a querê-la como outrora e a felicidade conseguirá raiar para todos vós? (...) Aceitas?

(Victor de Guzman a Arnold de Numiers –
O drama da Bretanha, **cap. II)**

O ambiente ameno cheio de paz e orações do palácio de Montalban em nada se alterou com a presença da jovem prima, Mia, que se integrou docilmente aos convites de Victor ao alimento espiritual que era promovido pelas leituras do Evangelho do Cristo. Nessas horas, ele se lembrava do compromisso que tinha firmado, junto à sua família, de levar as luzes da mensagem cristã aos corações que buscavam ter fé, sedentos de consolo. Em encarnação passada, ele tinha animado a personalidade do padre Antoine Thomas[33] e muito aprendera a servir e a consolar.

Era sua responsabilidade agora, orientar seus pais reconduzindo-os à paz de consciência. Efetivamente, os dois se culpavam pela escolha equivocada da filha e mil pensamentos surgiam como formas de ter evitado o trágico desfecho. Victor via neles as dores do remorso. Analisando o comportamento de sua mãe compreendeu que ela entrara em crises, remoía em seu íntimo pela negligência de carinho e compreensão à filha. Impusera entre ela e Andrea uma distância que mantivera por toda vida. Joseph Hugo se tornara taciturno e ausente, nem mesmo a viagem que fizeram e a mudança de país pôde trazer de volta o brilho em seus olhos. Por vários meses, seus pais se deixaram levar como se tivessem perdido a vontade de viver. Eles já eram idosos e viviam cheios de lembranças do passado.

O suicídio não é destino de nenhuma alma, não estava traçado nos desígnios de Deus. É erro grave e o próprio infrator sofre as consequências de seu ato desesperado. Como a misericórdia divina é incomensurável, aos infratores também é reservado o cuidado para a própria reparação. Andrea era jovem melancólica e acabrunhada, convivia com as cobranças de seu passado de erros de outra encarnação e Victor não podia explicar essas razões, às quais ele estava bem ciente, a seus pais. Restava-lhe pedir que tivessem piedade dos que sofrem os transtornos como os de sua irmã.

---

33 *O cavaleiro de Numiers* – Yvonne do Amaral Pereira.

Para um pai, perder uma filha por morte natural é situação delicada e requer anos de reparação. Perder uma filha jovem, na exuberância de sua beleza e perspectivas futuras, no ato delirante do suicídio é ainda muito mais triste. Não foi apenas a filha caçula que a família de Guzman d'Albret perdeu, houve outras crianças.

O conde e a condessa de Guzman se casaram muito jovens por intervenção de seus pais. Joseph Hugo contava apenas dezoito anos e a condessa casou-se com quatorze anos. Por alguma eventualidade o casal tinha perdido vários filhos antes de Andrea. Victor, o primogênito, viera forte e saudável, um garoto muito celebrado como o herdeiro, coroando o primeiro ano de casamento, depois a condessa Françoise tivera uma série de gestações que terminavam em abortos espontâneos ou crianças que nasciam e morriam até o primeiro ano de vida. Quatorze anos se passaram e as tentativas de gravidez tinham sido até mesmo esquecidas, depois de muito tentarem filhos sem resultado. Durante essas tentativas frustradas de gestação, o casal teve a oportunidade de adotar os primos d´Evreux, que tinham ficado órfãos. Após esse tempo, Andrea viera saudável, uma linda menina nascida em solo espanhol, que preenchia o coração dos pais de júbilo. Desde cedo, porém, a criança se mostrou irrequieta e chorava por qualquer motivo, acalmando-se quando brincava com os primos que tinham por ela explícita preferência. No colo da mãe não se sentia confortável e se debatia para sair. Depois de adquirir linguagem e andar, mostrou mais claramente sua rebeldia e insubmissão. Sérias reprimendas foram necessárias quando os resultados esperados junto aos preceptores e professores não eram favoráveis. Ela se interessava pela música e pela arte, bordava e pintava, aprendeu a portar-se com dignidade entre os nobres na sociedade. Era inteligente, de mentalidade arguta, porém dispersiva quando o assunto não era de seu interesse.

Os pais muito cobravam dela por pensarem na deformidade de caráter que precisavam corrigir. Viam ali a preguiça, o desinteresse, a intransigência, que culminava em crises de desvario, e a puniam pelo desrespeito com os instrutores. Quando podia, Andrea fugia deles alegando as mais diferentes desculpas. Forçada a aprender e a concentrar-se nas filosofias e na religião que não a atraíam, tinha tonturas e males não definidos pela medicina da época. Quando Alexis e Arthur eram adolescentes, um pouco mais velhos que ela, serviam de ouvidos e ombros para suas crises de choro compulsivo que duravam, por vezes, vários dias.

A menina Andrea chegou à adolescência e logo descobriu-se alvo das atenções masculinas pelas quais era cercada. Seus caprichos eram prontamente atendidos pelos gêmeos que viviam uma disputa amistosa e tacitamente queriam provar que a atendiam da melhor maneira. Seu irmão Victor veio a conhecê-la quando regressou do Oriente e passou a amá-la mais que tudo na vida. Ele tentava em vão conversar com ela e aconselhar, ela o ouvia e melhorava por um tempo curto. Incompreendida pelos pais e mimada pelos primos, foi acusada de não saber expressar o que queria, sem se responsabilizar pelas dores que causara. A rebeldia de Andrea estava longe de ser doença, era antes, a inconsequência e certa irresponsabilidade que a levava a agir desafiando seus pais. Possuía uma mediunidade delicada, cuja sensibilidade não era esclarecida pela religiosidade de sua época. No auge de sua crise foi julgada por seu pai e outros varões da família, repelida por sua mãe que censurava suas escolhas, foi acolhida por Victor, perdoada por Alexis, mas quem sentia com ela suas dores morais era Arthur. Joseph Hugo prezava o nome de Guzman, a palavra empenhada, as tradições de família, pensando assim mais exigia uma postura que sua filha não era capaz de manter. Françoise Marie se indignara com as atitudes imprudentes da filha ao se entregar a um desconhecido, envergonhando sua reputação. Esse tipo de pensamento em torno das escolhas de Andrea voltava ao coração de seus parentes, vez por outra, associado às mais diversas censuras e críticas.

Agora que ela estava morta, precisando de orações, não cabia censurá-la. Victor, como estudioso espiritualista, sabia que precisava desfazer essas elocubrações em torno do nome de sua irmã muito delicadamente, para que o trabalho de acolhimento e orientação pudesse ser feito. Instituindo o costume da oração diária, abrira uma verdadeira fonte de luz no palácio de Montalban, que era notada pela assistência invisível ao caso da suicida. A persistência no estudo e a dedicação com que mantinha seus parentes devotados a Deus, foram renovando os ânimos, curando as feridas antigas e novas.

Com o ingresso de Alexis e Arthur na congregação franciscana, Victor sentiu que havia uma corrente de orações várias vezes por dia, porque eles se devotavam sinceramente em nome da prima. Dedicaram suas vidas à caridade, modificando o influxo amoroso que sentiam para uma frequência assistencial e socorrista.

Certa noite, após encerrar os trabalhos de oração junto aos familiares, o visconde subiu apressado a seus aposentos porque percebeu a movimentação dos Lanceiros de Maria protegendo e auxiliando para o desenlace noturno e trabalho de acolhimento aos sofredores. A limpeza da ambiência invisível tivera início e ele se preparou para o desprendimento do corpo. Por meio de sua clarividência viu os primos, que inspirados pelo ideal franciscano teciam a luzes do Evangelho em seu ambiente de repouso. Eles oravam diante da cruz representativa do Cristo. As palavras cheias de sentimento que Alexis proferia em sua oração, criavam um cordão de luz capaz de alcançar Andrea para o primeiro socorro. Era uma tentativa de retirá-la do choque, como colocar remédio em suas feridas, aliviar a dor.

Alexis e Arthur estavam envolvidos num halo luminoso e pela ponte criada com o amor que sentiam fez-se luz às trevas. O altar erguido no quarto dos dois, de alvura fulgurante, irradiava as palavras de devoção pedindo a Deus que acolhesse Andrea.

Arthur estava sentado em sua cadeira de provação, Alexis de joelhos, diante da leitura evangélica e liam juntos e oravam.

O grupo socorrista do Hospital Maria de Nazaré, em companhia de Louise e de Olivier de Guzman, deu início ao trabalho de resgate de Andrea. Victor ouviu sua avó sussurrando aos seus ouvidos para chamá-lo a agir em favor de sua irmã:

– Chegou a hora esperada. Vamos servir a Deus e acolher amorosamente aquela filha do coração que mais precisa despertar para as realidades espirituais.

Victor sentiu o influxo de saída do corpo, em seguida, percebeu que pairava sobre o castelo de Saint-Omer e via as cenas dos aposentos vazios que eram ocupados agora por um fantasma. Sua irmã parecia um pálido retrato de si mesma, trajava as mesmas roupas de seu noivado, porém esfarrapadas e destruídas pela ação do mar. Os cabelos estavam despenteados e tinham perdido o brilho, parecia mais velha e sofrida, como se tivessem passado vinte anos. Os olhos de Andrea agora viam cenas que misturavam o passado e o presente e espelhavam o horror de repetir o mergulho no abismo e o grito desesperado. Victor a via sem ser percebido por ela que não podia distinguir além de sua faixa de pensamento. Estava deitada no divã de seus aposentos particulares e nem se dava conta dos lençóis brancos que cobriam o mobiliário sem uso. Chorava baixinho. Era ela, a sua amada irmã, sem condições de reconhecê-lo e de abraçá-lo, sem noção de onde estavam todos, sofrendo ainda as mesmas chagas morais sem as compreender, agravadas por seu maior erro.

A agonia de um suicida é sempre trabalhosa. Victor apiedou-se daqueles que, ao contrário de sua inditosa irmã, não tinham nem sequer quem orasse por eles. Decidiu que se ofereceria ao trabalho junto aos desesperados dessas zonas intermediárias próximas à crosta da Terra, onde ficam retidos pela própria consciência de culpa, desvairados, que tomavam a atitude de arruinar a maravilha da vida.

Era ela, a linda jovem de cabelos acobreados, de pele alva e doçura nos gestos que sofrera e ainda sofria a dor moral de perder a oportunidade de uma vida digna e respeitosa. Casando-se com Marcus de Villiers ou com Alexis de Guzman poderia ter sido protegida e orientada para uma vida digna, talvez suas amarguras se abrandassem ao receber nos braços a delicadeza de um filho. Victor comoveu-se pela ignorância das Leis de Deus e apelou para esse atenuante. Quem não crê na vida futura, quem não pressente a continuidade da vida imaterial, vive embotado das verdadeiras belezas. Quem estagia na ignorância, pouco sabe de si ou do propósito de vir a este mundo. Ele disse, mais para si mesmo, como um juramento:

– Andrea, minha amada irmã, rogo a Deus a oportunidade de educá-la na moral do Cristo. Renascerei próximo para ajudá-la em suas provações.

Tudo que estudou até ali, tudo que aprendeu e que colocava à disposição dos que o buscavam com sinceridade, poderia ter ensinado a ela, de bom grado. Aquele pedido que fazia de ajudar a suicida, se estendia a todos os que sofriam daquela mesma forma. Ele não descansaria, enquanto não encaminhasse aqueles que estavam próximos a ele ao trabalho de redenção. Em sua cristalização, a jovem suicida só conseguiu registrar a lembrança pálida do irmão querido que fora seu protetor.

Victor orou e percebeu junto a si os familiares falecidos que carinhosamente tomavam conta das movimentações no invisível, seu avô, sua avó, que sempre o protegia, e, desta vez, ele viu também o cavaleiro Johan de Bittencourt e la Chapelle, antepassado que assumira compromisso junto aos gêmeos.

A voz de Alexis cortou seus pensamentos e ele ouviu, retumbando pelas imediações do parque e por todo o castelo de Saint-Omer, o apelo amoroso de seu primo. A ternura com que se consagrava em devoção criava condições especiais, um verdadeiro túnel feito de amor para chegar até a sofredora:

– "Andrea, minha querida, pensa em Deus, roga o Seu auxílio e Ele te socorrerá."[34]

O amor daquelas palavras ecoou pelas paredes do mundo físico e pelas teias do mundo invisível. Como se despertasse de um pesadelo muito ruim e repetitivo, Andrea levantou a cabeça para melhor distinguir a voz de seu amado primo. Olhou, algo curiosa, para os lados e percebeu a torrente de luz amorosa e protetora que descia das blandícias celestiais.

Victor comoveu-se ao perceber a mudança no ambiente de Saint-Omer. Andrea ouvia o apelo e, pela primeira vez, durante aquele tempo de sofrimento, ela se lembrou de Deus e orou. A chuva de bênçãos que chegava até ali proporcionava abertura para que buscasse nos refolhos de seu ser as lembranças de que necessitava para abrandar seu coração. Ela conseguiu se recordar das lições que tomara do Evangelho e que estudara por obrigação. Lembrou-se das lições de moral que seus preceptores ensinavam, das leituras das passagens de Jesus e dos diálogos riquíssimos de exemplos. Em seus quadros mentais surgiam os cegos e doentes curados pelo Rabi da Galileia. O sermão do Monte reverberou aqui da Terra, como em um apelo que os franciscanos proporcionavam. A voz de Arthur fez ouvir em sua leitura:

– "Bem-aventurados os que sofrem e choram, porque serão consolados."[35]

A seguir, refrescada a memória da sofredora, reviu uma das cenas de quando tomava as lições do Evangelho, sentada na rica sala de leituras de Saint-Omer, ocupando uma das cadeiras com espaldar de veludo e ouvindo as palavras enriquecidas de afeto que Victor dizia. Assim, dava mostras de que as lições, há muito tempo estudadas, não foram em vão. Por mais que tivessem sido

34 Fala do personagem em *O drama da Bretanha* – Yvonne do Amaral Pereira.

35 Evangelho de Mateus, 5:4.

tomadas sem a devida atenção, ficaram profundamente escritas em seu âmago, porque são verdades imortais.

– Querida Andrea, – dizia o irmão atencioso de seu passado, empenhado em desenvolver nela as noções de caridade; – o sofrimento no mundo é muito grande e sei que sua sensibilidade não suportaria que eu descrevesse o que vi e presenciei. Apenas digo que há fome, frio, dor e doenças terríveis entre as pessoas. Rogo alguns minutos de sua atenção para que oremos pelos que sofrem. Um dia, podemos ser nós em necessidade e outros orarão em nosso nome. É importante manter esse hábito de prece constantemente.

– Quantas vezes devo repetir as orações, meu irmão? – ela disse, revelando a voz de soprano bem aguda, porém, abrandada pela proximidade daquele que prezava por ela.

– Não são as repetições que trazem força à prece, mas a perseverança. Procure falar o que venha do seu coração, de forma natural, querida. Como numa conversa com Deus, agradeça em primeiro pela bênção da vida, depois faça-se pedinte por aqueles que não sabem nem orar. Cultive esse bom hábito e faça isso todos os dias.

– Jesus curava os enfermos, mas nós o que podemos fazer? Só temos palavras para dizer... – ela disse interrogando com sincero interesse.

– As palavras, minha irmã, têm poder de resumir ideias, mas, principalmente, podem expressar nossos melhores sentimentos de misericórdia, piedade e desejo sincero do bem de todos os enfermos. Por meio das palavras bendizemos, oramos e pedimos a Deus por aqueles que estão impedidos de fazê-lo: os que estão doentes, loucos ou perdidos. Isso é caridade também – explicou Victor.

Os ecos do passado se desfizeram e a suicida chorou, porque havia muito tempo que não conseguia nem ouvir a voz de seus familiares nas cenas nítidas de ternura em sua memória, que agora surgiam como consolo. Ela não conseguia saber de onde vinham aquelas orações e lembranças caras, apenas sentia um impulso amoroso que preenchia seu peito, como um bálsamo colocado sobre uma ferida. Entregue ao cuidado que sentia, foi atraída ao amor de seus primos e de seu irmão, foi seguindo o túnel sustentado de oração criado por eles e pelo grupo socorrista, foi deixando atrás de si o desespero e o cansaço a venceu. Caiu de joelhos, depois tombou para o sono de reparação, já inconsciente de sua loucura.

Louise de Guzman a acolheu em seus braços protetores e amorosos, como dedicada mãe que Andrea não conheceu na Terra. As duas tinham profunda ligação carinhosa que a convivência entre avó e neta tinha enriquecido. Naquele momento, essa identidade que elas desenvolveram quando encarnadas se fundia no amor sublime que pode curar e libertar os corações cristalizados. Os cabelos encanecidos da anciã estavam irradiando tanta luz que a suicida foi sustentada num influxo de acolhimento e amor que a fez relaxar e adormecer.

Os legionários de Maria guardavam a caravana que conduziria avó e neta aos lugares de repouso e restabelecimento, no hospital da Divina Senhora. Foi conduzida ao sanatório dos suicidas para a primeira análise de seu estado, mais tarde, receberia o tratamento magnético de recomposição e harmonização. Ainda demandaria muito tempo até que Andrea pudesse despertar, consciente do que lhe acontecera, porém a vida sempre triunfa e se renova.

Quando a visão se dissipou e Victor regressou ao corpo, permaneceu chorando por alguns minutos, agradecendo a ajuda recebida. Seu pensamento concentrado tentava fixar os detalhes do que tinha ocorrido. Sua irmã padecera o desespero e solidão por aquele tempo. Como devia ser alarmante ficar incomunicável, encarcerado na ideia de aniquilação da organização física. A pior dor de um espírito livre, permanecer preso ao erro. Quanto tempo se passou desde sua morte, quantos anos! Ter presenciado o resgate de Andrea deu a ele elementos para pensar, como pesquisador da alma humana, presenciara o sofrimento dela. Tinha visto o dolorido exemplo da consciência confusa entre a morte e a vida, entre a aniquilação completa e a descoberta de que a morte não existe, entre a rebeldia e o orgulho de nem mesmo reconhecer a existência de Deus. Ele tinha presenciado o poder soberano do Criador de exercer Sua misericórdia a quem não crê que seja possível.

Era um tema que requeria mais estudo e ele pediu a Deus que lhe desse orientações, precisava de um livro que explicasse o assunto. Precisava retomar suas pesquisas urgentemente. Mandaria buscar os livros que versassem sobre a morte e o sofrimento. Resolveu, naquele momento, tocado pela responsabilidade que o afetou, que, talvez, para encontrar essas respostas, precisaria viajar ao Oriente outra vez. Estudaria mais, muito mais para poder saber melhor o que acontecia no mundo invisível, para poder melhor instruir Andrea e a outros que o buscassem. Quanto melhor se preparasse, melhor poderia ajudar.

Por aqueles dias, refez seus contatos em Madri, de famílias conhecidas desde a França, e deixou claro na sociedade que frequentava suas intenções de retomar seus estudos sobre a alma humana. Relatou a seus pares a experiência que tivera e sua formação de médico das ciências esotéricas, tendo estudado com mestres orientais. Na impossibilidade de seguir para lá imediatamente, quis pesquisar por ali mesmo numa instituição que pudesse suprir suas dúvidas e, aos poucos, encontrou suas respostas. Por essa época, reintegrou-se ao movimento da corrente filosófica Rosa Cruz, ao qual já pertencia desde sua juventude e, meses depois, foi convidado a fazer parte da Maçonaria.

Havia lugares e pessoas que sabiam o que ele buscava e foi esses lugares que ele passou a frequentar. Filósofos, teóricos, terapeutas, músicos e artistas se reuniam para discutir sobre a vida verdadeira no mundo sutil, sobre as causas reais dos sofrimentos, sobre o magnetismo do pensamento e sobre a arte de sair do corpo.

Capítulo 18

TEMPO DE CRESCIMENTO

Arthur, porém, que reencarnara apenas para preencher o tempo que lhe faltara viver na existência anterior, quando cortara o fio da própria vida dando-se a um suicídio, desencarnou aos vinte e cinco anos de idade, em plena juventude...

(*O drama da Bretanha*, **cap. XVI)**

Um período de amenidades se seguiu no palácio de Montalban por alguns anos, enquanto Mia se tornava o encanto da casa, roubando para si as atenções e suprindo o vazio deixado por Andrea. Aprendia com esmero o piano e dedicava-se às aulas de línguas que dominava com facilidade – o alemão e o francês. Para entrosar-se na sociedade madrilena recebia aulas de espanhol, que passava a exercitar também com dedicação.

A condessa Françoise Marie estava encantada com a inteligência de sua nova protegida e via nela seus sonhos de mãe e suas esperanças de continuidade de sua família, que Andrea não pudera realizar. A jovem louríssima, de maneiras finas e recatadas, representava tudo que ela sempre sonhou em uma filha e que não conseguiu desenvolver em sua descendente direta. Mia era cordata, obediente e fazia o que estava ao seu alcance para não desrespeitar os corações que a acolhiam tendo muita consciência de sua posição. Essa sensibilidade da jovem tutelada e sua grande boa vontade em aprender com paciência tudo que os primos queriam, davam à condessa a sensação de controle de que ela necessitava e preenchiam suas carências com o sentimento que ela chamava amor.

Os conselhos e sugestões que Verena recebia para novos estudos eram imediatamente acatados, e, aos poucos, ela foi se integrando à rotina, ao clima e ao novo país que agora habitava. Se pediam que ela orasse, criava uma disciplina que possibilitasse entender as doutrinas propostas com atenção. Se recebia aulas, ela se empenhava ao máximo para dar conta do que lhe era apresentado. Fizera, naqueles meses em que ali residia, apenas um pedido: queria aprender a tocar piano, instrumento pelo qual tinha verdadeira admiração. Seu pedido foi aceito e ela passou a ter aulas com renomado instrutor. O palácio voltou a refletir, como antigamente, a singeleza que a música podia proporcionar, como nos tempos do início do casamento da condessa e do conde, quando residiram ali por alguns anos.

Era fácil notar que a família de Guzman saía do luto de Andrea e superava a partida dos gêmeos d´Evreux numa transição natural de atenção agora dedicada à jovem pianista que os inspirava a orientar. Enquanto o abatimento dos condes se dissipava era de se esperar que a cada dia se alegrassem mais a ponto de promover os esperados saraus e jantares que atrairiam os jovens da idade de Verena a entrosamento saudável. Dama Alberta, com sua experiência em acompanhar as negociações matrimoniais tinha insinuado junto à condessa Françoise um evento desse porte, mas o assunto logo ficou esquecido. O conde Joseph Hugo não achava ainda adequado que promovessem festas, por isso, com a desculpa do luto mantinham-se discretos, embora o tempo tenha passado célere após a morte de Andrea. Ali onde estavam, em Madri, não havia quem se recordasse da tragédia da península Bretanha, a não ser seus familiares mais íntimos.

Enquanto o palácio vinha aos poucos deixando a vida regressar ao ritmo tranquilo e equilibrado – aos criados era pedido que abrissem as cortinas e às pessoas que deixassem de usar o negro – a família mais se animava a voltar a vida cotidiana e participar de eventos na sociedade. O visconde Victor tinha voltado a frequentar seus estudos com grupos de pessoas que conhecia desde a época em que ali em Madri tinha vivido, quando mais jovem.

Com a contribuição generosa que Christoph enviava à irmã, Dama Alberta podia discretamente conduzir mademoiselle Verena a concertos e teatros que, de tempos em tempos, eram apresentados na cidade. Embora os pais de Andrea ainda não se animassem a segui-las, não se opunham que saíssem. Nessas noites, as vestimentas e carruagens mostravam a elegância da casa de Guzman que se fazia notar nos lugares onde esses eventos eram apresentados. Por pouco tempo, porém, foi possível que assim acontecesse, até que as invasões napoleônicas na Península Ibérica tornaram a vida social muito mais difícil.

Entre estudos e diversão, a jovem d'Aubry tinha se mostrado muito interessada em seguir o exemplo de Victor, sempre altiva e solícita, postura que aos olhos da condessa Françoise era ideal a ser admirada. Numa das noites de orações, em que se reuniam mais uma vez, Mia pediu aos primos se poderia ler alguns livros da biblioteca e Victor franqueou a ela as alas e prateleiras reservadas a seus livros de estudos. Na maioria, falavam sobre medicina e filosofia que ele usava para consultas.

– Não sei se são de seu interesse, cara prima, algumas obras que classificam e nomeiam os problemas humanos, mas deixo ao seu dispor, se forem acrescentar algo útil em sua educação – ele disse elevando a voz para que seu pai e Dama Alberta pudessem ouvir.

A jovem interessada nos estudos obteve consentimento para ler o que quisesse da farta biblioteca e alegrou-se porque efetivamente se devotava ao que era estudado.

– Agradeço muito, meu primo, sua oferta. Adoro ler, as horas de leitura me são de grande valor – Mia fez-se ouvir em seus agradecimentos.

Nesse entrosamento, o tempo passou e tudo parecia caminhar para a normalidade, até que, certa tarde, quando Victor atendia em seu escritório, foi chamado às pressas ao convento franciscano. Era Arthur que entrava em letargia profunda, abatido por um agravamento de sua doença com a qual lutava há meses; a paralisia dos membros que o acometia progressivamente. Victor fez o que pôde, com os poucos recursos de que dispunha e foi inútil sua tentativa de restabelecer o primo d´Evreux. Ficou em sua cabeceira dia e noite, com desvelo amoroso.

As paredes frias, feitas de pedras brutas e o catre onde se encontravam seu primo doente, contribuíram para que Arthur mais se contraísse em sua dor. O lugar muito simples, embora não oferecesse conforto algum, era envolvido de vibrações pacificadas pela disciplina de oração. Victor adentrou os aposentos com o coração cheio de esperança em salvar aquele que pedia por ajuda, mas logo se deu conta da realidade. Arthur agonizava.

- Meu primo, onde está meu irmão? - disse o doente a Victor, com a fala entrecortada, com dificuldade de respirar, quando pressentia que deixaria o corpo. - Preciso que ele ore por mim.

- Aqui estou, meu amigo, seguro a sua mão - retrucou o fiel enfermeiro Alexis que aprendia a resignar-se diante da impossibilidade de outro recurso. A vida de seu gêmeo se apagava diante de seus olhos.

O primo espiritualista falou em seguida, revelando sua grande experiência no conforto da alma humana em desespero, porque vira o anjo da morte com suas mãos geladas tocar a face de seu primo.

- Arthur, volte seu pensamento a Deus, na figura do benemérito dessa casa: o humilde Francisco de Assis... Entregue-se nos braços amorosos de Jesus.

O moribundo fechou os olhos para não mais voltar a abri-los e a expressão que esboçou foi serena.

Quando o irmão de Andrea retornou ao palácio, trazia a triste notícia de que Arthur de Guzman falecera no leito do convento onde estava internado. Subitamente, suas dores se agravaram naquela última madrugada fria e o jovem de apenas vinte e cinco anos não resistiu e expirou. Por ser estudioso da espiritualidade, Victor sabia que a vida de Arthur tinha, como propósito maior, saldar seus erros do passado, quando ele se atirara de uma pedreira[36] comprometendo o corpo perfeito. Ninguém tinha conhecimento desse passado, a não ser ele mesmo e nunca revelara tais notícias.

Naquele momento da morte de seu primo, começou a consolar o gêmeo que parecia apático e triste. Teceu breve comentário sobre os compromissos reencarnatórios, sem ser plenamente compreendido.

– Primo Alexis, não tenho palavras para expressar minha tristeza, não consegui conter a doença que se alastrou rapidamente. Sinto muito o desenlace de nosso querido Arthur e tenho certeza de que foi para ele como uma libertação do cárcere de sofrimento onde estava preso. A paralisia de suas pernas o fez resignado e lembro-me de que ele me pediu para orientá-lo quanto ao conhecimento da vida eterna, o que fiz e agora ele sabe que é uma alma imortal. Tenho certeza de que estão reunidos para os acertos definitivos no mundo invisível aqueles personagens principais do enredo do passado que se comprometeram pelo erro: Andrea, Arnold e Arthur.

Os dois se abraçaram e o que Alexis não entendeu, deixou passar. Nem sempre queria saber o que Victor podia perceber das teias do mundo invisível.

Após as exéquias, o conde Joseph Hugo disse aos familiares que guardariam mais alguns meses de luto. Victor voltou a pensar se fizera bem em trazer a jovem prima Verena para aquele clima triste que se sucedia por aqueles anos em que ela começava a celebrar sua juventude. Porém, Mia era alegre e não se deixava abater, mesmo sem poder exercitar sua maior paixão: o piano.

36 *O cavaleiro de Numiers* – Yvonne do Amaral Pereira.

Descobria outras habilidades e passou a interessar-se mais e mais pela leitura e a dedicar-se ao bordado e às delicadas tramas dos lenços e toalhas. Somente sua presença delicada fazendo companhia, conversando e se interessando pelas pequenas tarefas que realizava já preenchiam de vida o enorme palácio. Talvez quando o luto por Arthur se findasse, Verena pudesse ser, cordialmente, introduzida na sociedade em um sarau promovido pelo palácio de Montalban. Com essas ideias e com esses sonhos ela preenchia de perspectivas futuras aqueles dias tristonhos e esperava que eles passassem rapidamente. Nesse tempo, seu irmão Christoph escrevia seguidamente para a família e as correspondências que trocavam já não estavam bastando para aplacar a saudade, porém, ele sempre protelava sua vinda.

Os meses se passaram sem alteração e as impressões amargas iam aos poucos se dissolvendo. Para compensar a ausência definitiva de seu gêmeo, Alexis contava agora com outro doente em seu quarto, ao qual cuidava com desvelo e assim foi garantindo o final de vida de muitos que lhe eram encaminhados. Passou a frequentar, vez por outra, os jantares do palácio de sua família, como uma demonstração de solidariedade para com aqueles que tinha como pais. Ele decidiu dedicar um tempo a eles, quando percebeu como seu irmão era querido por seus pais adotivos, o conde e a condessa de Guzman. Ele sentiu que precisava estar presente e prestar solidariedade em retribuição ao amor que receberam.

Estavam todos da família, certa tarde, a conversar à hora do chá, aquecendo-se sob o calor da lareira enquanto Alexis explanava longamente sobre a vida de Francisco de Assis, chegando a comover-se com o exemplo de fidelidade e submissão à vontade de Deus. Depois de uma pausa, Victor foi comunicado por um criado que havia uma correspondência internacional endereçada a ele. A carta estava elegantemente depositada numa bandeja, viera das Américas, e o filho mais velho pediu permissão a seu pai para se retirar do salão. Cada um, por sua vez, foi buscando outra atividade e a reunião em família se encerrou. Como tinha inúmeras responsabilidades como monge franciscano, Alexis deixou o palácio, confirmando com seus primos um retorno em breve, como passou a ser seu costume. Recomendou que levassem seu abraço de despedida a Victor e partiu. Dama Alberta aconselhou a Mia que buscasse o estudo e a jovem saiu apressada para seus afazeres daquela tarde.

Uma vez em seu escritório particular, Victor conferiu o remetente e interrogou-se sobre quem seria a condessa de Saint-Patrice. Abriu a missiva e leu com curiosidade, logo percebeu que as notícias vinham daquela jovem que ele orientara havia alguns anos e a condessa não era outra senão madame Étoile de Villiers.

> Caro visconde Victor François de Guzman d'Albret,
>
> Espero encontrá-lo e aos seus familiares bem de saúde e em profunda paz.
>
> Perdoe-me se continuo a tomar o seu tempo, senhor visconde, com minhas divagações, porém, queria comunicar-lhe sobre minha escolha e minha nova vida, já que senti a sua simpatia e abertura para ouvir-me. Estou bem, graças ao senhor, agradeço muito a orientação e o apoio que recebi quando mais precisei.
>
> Há alguns anos ensaiei uma resposta à sua carta tão amiga e conscienciosa, o texto, no entanto, não parecia de agradecimento e sim revelava que novas perguntas tinham surgido. Assim que acabei de escrever, senti um leve torpor e passei por uma modorra num momento e o vi, senhor visconde, em meus sonhos. O senhor trajava um turbante oriental e uma vestimenta clássica egípcia, depois conferi num dos livros de meu pai, em nossa biblioteca. No sonho, recebi novas orientações que asserenaram meu coração. Quero, mais uma vez, agradecer por sua ajuda. Não sei como foi possível que nos comunicássemos por esse meio,

> com exatamente o mesmo assunto que mais me atormentava que era a falta de controle de meus sentimentos.
>
> A sua orientação foi oportuna, quando despertei, soube como me portar e como encerrar com companhias que roubavam minha paz. Segui seus conselhos, meu amigo, espero poder chamá-lo assim. Segue o relato que escrevi sobre minha nova vida. Fui escrevendo como um registro para mim mesma da aventura que vivo e que agora quero compartilhar. Eis o que registrei ao longo desses anos, mais como um desabafo.

Na primeira página, Victor leu uma letra caprichada, nas que se seguiram nem tanto. Parecia que a remetente deixava de tempos em tempos suas impressões da nova vida em recortes dos seus momentos diários. Ele voltou a ler:

> Desembarcamos há alguns meses na América, eu e meu marido, o conde de Saint-Patrice, sim, caro Victor, trata-se de Marcus de Villiers – o polêmico noivo de sua irmã. Sinto-me recomeçando porque tudo aqui é diferente, é o chamado Novo Mundo. O clima, a vegetação, as pessoas e os costumes. Se na Europa, eu era uma castelã com todas as deferências de meus títulos de condessa, aqui sou apenas mais uma fazendeira, dona de terras fronteiriças aos territórios indígenas. As paisagens são muito bonitas, principalmente na primavera, onde vejo desabrochar as mais lindas flores. Adorei a fazenda, dá uma sensação de paz indescritível. Confesso que no castelo de minha família sentia sempre o peso dos antepassados que ali viveram cobrando minhas posturas e atitudes.
>
> Quando me distanciei de tudo que sempre conheci e das pessoas com quem sempre convivi, pude perceber que estou agora em outra vida, em outro mundo e tive de me

> adaptar e seguir. Se os bons relacionamentos e lugares favoritos de infância tinham ficado para trás, aproveitei para deixar também na Europa a aflição e as confusões da garota inexperiente e indecisa que fui. Agora tenho um esposo e, em breve terei um filho para me dedicar. Um herdeiro de meu sangue e não mais estarei sozinha.

Havia uma marca que direcionava ao rodapé da página explicando com letrinha miúda pela falta de espaço: *Quando escrevi, senhor visconde, eu estava grávida, agora tenho uma linda menina.*

Profundamente emocionado, sentiu o coração aos pulos ao se lembrar que a menina que retornava à Terra seria sua sobrinha se a gravidez de Andrea tivesse terminado seu tempo de gestação e, interessado, continuou a leitura de onde tinha interrompido.

> Assim que adentrei as terras da fazenda, senhor visconde de Guzman, e, finalmente, instalei-me na grande e confortável casa da fazenda, senti certa paz bucólica que a presença de Marcus me proporcionava. Ele se tornou um homem religioso e me disse que devota suas orações no silêncio da tarde, em suas caminhadas pela extensa propriedade, endereçando seu pensamento à falecida Andrea. Uno-me a ele em preces pela suicida e tenho em meu coração que ela já não sofre daquele desespero que senti junto às ribanceiras do mar da Bretanha. Com esse tempo que passou, fui sentindo que ela já está, de alguma forma, mais tranquila e que aguarda nas câmaras celestiais uma oportunidade de se refazer. Diga-me se estou enganada em pensar assim.
>
> Estou feliz aqui, porque aos poucos, percebo que minha vida será uma constante adaptação à nova terra e à nova forma de ser. Procuro expandir meu círculo de amizades. A maioria dos nossos vizinhos é de origem francesa e eles

vieram para cá, como nós, em busca de terras e prosperidade. As relações amigas têm por base o comércio e a religião Protestante, a qual o conde de Saint-Patrice já tinha criado laços de relacionamento desde quando viera quando jovem. Tenho tentado me entrosar, porém são formas de pensar muito diferentes daquelas de minha família.

Uma surpresa desagradável que tive há pouco tempo foi saber que os indígenas começaram a invadir as propriedades rurais. Isso cria um clima de insegurança e, às vezes, dá vontade de regressar só para podermos dormir tranquilos sem essa preocupação. Esse povo tem a pele queimada de sol e o coração voltado para a Natureza, muitos conhecem chás e ervas curativas. São muito diferentes da ideia que eu tinha deles, antes de chegar aqui. Se eu tivesse mais liberdade e eles não representassem o inimigo para o meu marido, poderia tentar conciliar os interesses. Infelizmente, não sou ouvida em minhas ideias de paz e liberdade que se aplicam também aos escravos.

Depois de refletir sobre minha vida, posso entender a sua advertência sobre o meu destino e sobre os compromissos de Marcus, anteriores ao nosso casamento. Fiquei muito apreensiva com a perspectiva de viajar, de deixar a Europa, de sair da França e do castelo de meus pais. Confiei na sua visão e nos seus conselhos, caro visconde, e percebo que tudo estava sendo orquestrado por mãos invisíveis para que assim se sucedesse. Marcus me trouxe para cá e se mostra um bom homem, dedicado e paciente, contudo, não o amo e ele sabe disso. Fomos muito sinceros em nosso acordo de convivência. Ele precisava de uma noiva e eu precisava sair de perto de meus pais, em parte pela proximidade com o penhasco e em parte por meu cunhado. (Num outro dia, contarei ao senhor as outras implicações dessa minha necessidade, agora, porém ficaria muito can-

> sativo para sua leitura). Fico pensando que Andrea poderia ter sido muito feliz aqui com Marcus por marido. Agradeço, mais uma vez, o seu apoio quando mais precisei, foi uma grande renovação para mim tanto a viagem, como o casamento e a gravidez.
>
> Agora que termino a carta, minha filha já tem um ano, perdoe-me, caro amigo, a demora em mandar notícias. Nós a chamamos Andrea Delphine em homenagem à sua irmã, senhor visconde. Ela é linda! Tem os olhos expressivos e ousados e um temperamento muito forte. A cada dia eu confirmo que ela está ligada à sua família, meu amigo, algum ajuste com o qual me comprometi ao me aproximar de Marcus.
>
> Espero ter ajudado com essas notícias da menina.

A jovem mãe teceu ainda mais algumas páginas enaltecendo a abundância da terra nova e encerrava o relato de sua nova vida, cordialmente, convidando a família de Guzman para vir às Américas visitá-los.

Victor encerrou a leitura e ficou pensando na criança que viera ao mundo como filha de Marcus. Tinha notícias de que era o mesmo espírito que sua irmã teria como filha, agora reinserida em outra oportunidade de vida, como a filha de Étoile.

Enquanto ia fechando a missiva, Victor refletia ainda sobre a criança. Eram sábias as tramas organizadas a partir das consequências de uma escolha, ainda que equivocada. Como sua triste irmã escolhera pôr fim à vida dela mesma e do filho que carregava no ventre, as leis de Deus reorganizaram o seio familiar de Villiers para receber nova esposa e filho. Étoile vira-se atraída pela história de Andrea, despertando sua sensibilidade e dando outro curso ao que precisava se realizar no mundo. Ficava muito claro em sua mente a conceituação da vida espiritual e as sucessivas transmigrações da alma.

O visconde de Guzman ficou ainda algumas horas a pensar sobre a fascinante carta que relatava a aventura americana da família de Villiers. Pensava mesmo em aceitar o convite de viagem para lá, se a situação da Europa se fizesse insuportável pelas extravagâncias de Napoleão, que agora fazia marchar seus exércitos pela Espanha.

Ele ainda refletiu com critério sobre os alertas que recebera vindos dos seres do invisível, naquelas noites em que participou do acolhimento a Arnold de Numiers e do socorro a sua irmã Andrea. Soubera da necessidade de retorno deles à vida corporal para reajuste com as Leis de Deus infringidas.

Em suas conjecturas, pensava se já teria dado tempo para Arnold retornar ao mundo físico e em como seria essa reencarnação. Poucos momentos de digressões e ele se viu pensando onde estaria sua irmã. O tema da volta à vida corporal era assaz interessante e o visconde passava, às vezes, suas tardes em leituras pelos alfarrábios e compêndios comprados para esse fim. Precisaria de novas pesquisas sobre o assunto para ter certeza ou de novas incursões no invisível, quando consultava os mestres imortais sobre o tema. Desde quando vira o elevado espírito Souria-Omar em orientação ao grupo do Hospital Maria de Nazaré, Victor se disponibilizara a servir em nome de Maria Santíssima e pôde, por força de sua vontade, inscrever-se entre os alunos da instituição de acolhimento, como médico que era. Não raras noites, sentia-se livre em espírito e buscava o professor de psicologia da alma. Esse tema muito o atraía por se interessar em tratar Andrea, se a misericórdia divina permitisse que eles um dia voltassem a se encontrar.

Fechando sua reflexão, elevou o pensamento e orou com efusão para a família de Marcus de Villiers que era abençoada com uma criança e pela harmonia de seus parentes no mundo invisível.

Decidido, desceu para a biblioteca. A tarde já se esmaecia, perdendo o brilho e as nuvens de cinza translúcido encobriam os últimos reflexos da luz solar que coloriam as vidraças do palácio de reflexos nimbados de dourado. Victor adentrou os pórticos do salão de estudos, com intuito de procurar um livro sobre aquele assunto que muito o instigava. Tratava-se do tema sobre o qual ele refletia motivado pela carta de Étoile. Havia muito tempo que ele colecionava material sobre a sabedoria do mundo invisível em volumes raríssimos que mandava buscar em toda parte do mundo, tendo encontrado maior explicação no que a Índia chamava transmigrações da alma. Ao entrar no grande salão da biblioteca e se direcionar ao recanto onde guardava tais obras, viu que Verena estava sentada num divã, entretida na leitura. Seus olhos corriam rápidos pelas letras e Victor pensou que ela lia alguma aventura, comum aos jovens de sua idade. Surpreendida pelas passadas largas do visconde, seu primo, levantou-se deixando o volume cair ao chão.

– Caro Victor, perdoe-me, interesso-me pelo assunto de seus livros, se o importuno com minha presença, queira me desculpar. Tomei a liberdade de consultar esse volume de sua estante de assuntos científicos, sem a sua permissão...

O visconde, agindo com naturalidade, apanhou a obra que jazia tombada sob a poltrona e fingiu seriedade. A inflexão de voz que usou denotava autoridade.

– Que tema a senhorita lia? Deixe-me ver – ao tomar o livro em suas mãos, percebeu que se tratava de um exemplar de John Dalton, um de seus livros de pesquisas científicas que o interessava muito. Aquele livro, ele trouxera da França.

Verena pensou que receberia uma reprimenda por sua ação ousada e já ensaiava desculpas. Não era comum que alguém tivesse interesse pela ciência na época, geralmente, as moças na idade de se casarem estavam mais preocupadas com as etiquetas da vida social, com as aulas de bordados e com o noivo que escolheriam. Os homens se interessavam pela política e vida militar, Victor era uma exceção a essa regra e acabava de descobrir que sua prima também era.

– Perdoe-me, meu primo, lia o seu livro cujo assunto é árido e interessante, versa sobre a menor partícula que acaba de ser descoberta. Interesso-me muito por saber a origem de tudo e de onde vim e porque nasci nessas condições tão adversas. Não leve a mal minha curiosidade, em minhas buscas só queria saber por que vim a nascer como uma filha bastarda?

O primo silenciou em princípio porque seu olhar vagava pelo passado, buscando as razões para as imprevidências humanas, como as atitudes de sua irmã e de seu primo Manfred de Guzman d´Aubry. Ele cogitou a hipótese de comentar com a jovem curiosa que tinha diante de si sobre a transmigração da alma, a teoria que o instigava à pesquisa e que também era chamada de reencarnação. Pensou que talvez fosse cedo demais, contudo ela se mostrava interessada e se estava lendo com afinco aquele livro científico em busca de respostas, poderia ler outros mais específicos sobre espiritualidade. A jovem prima fez menção de se retirar pensando que o silêncio do interlocutor significava que ela tinha transgredido alguma regra da casa. Ele a deteve, quando respondeu, amenizando a voz:

– Minha prima Verena, espere. Pode ler o quanto quiser, não me importo que escolha entre minhas obras, surpreende-me apenas o seu interesse por pesquisas científicas. Quanto à sua pergunta, não posso dar uma resposta adequada sem incluir as minhas filosofias e crenças. Sem essa base, só posso dizer que o senso comum atribui ao acaso o nosso destino. Sendo isso uma grande injustiça, só poderia concluir que Deus também é injusto, pensamento que não admito. Se aprofundamos mais nas verdades milenares que pauteiam as Leis Divinas e estudamos a teoria da reencarnação, digo que nada acontece sem que seja a vontade do Criador. Se não entendemos as causas do que vivenciamos é porque estão ocultas no passado inacessível à mente, mas muito coerentes ao espírito.

– Fale-me mais, Victor. Então, já vivemos antes, em outro lugar, com outras pessoas? Por que isso se dá? Uma vida não nos é suficiente?

– Estou convicto que sim, que vivemos, que erramos e aprendemos com as consequências de nossos erros. A Terra é, ao mesmo tempo, um laboratório e uma escola, onde convivem diversos estágios de compreensão e de desenvolvimento. A cada volta ao mundo físico aprendemos mais como funcionam as Leis de Deus e crescemos. Esse ciclo de idas e vindas é parte de uma única vida imortal, a vida da alma. Isso se dá assim pela vontade de Deus, que tenhamos por nós mesmos o desenvolvimento de nossas habilidades: a inteligência, a sensibilidade e que exercitemos a fraternidade.

– É fascinante essa ideia! – ela exclamou espontânea, cheia de ânimo na voz.

– Estava, exatamente, refletindo sobre isso e vinha buscar uma leitura sobre o assunto para pensar melhor num caso que estudo de uma alma em retorno.

Os dois passaram a conversar animadamente sobre o tema e o tempo passou sem que percebessem. Buscaram juntos outros livros e compartilharam informações sobre o que tinham discutido, acrescendo de brilho no olhar pelo entusiasmo que sentiam pelo conhecimento.

No entrosamento que descobriam para os assuntos científicos e filosóficos encontraram razão para desenvolverem amizade sincera. Enquanto a jovem sorria e questionava sobre suas dúvidas, o primo se enternecia e se lembrava de sua irmã. Descobriram nessas horas que passaram juntos em comunhão espiritual que nutriam a paixão pelas artes. A partir desse gosto que partilhavam, ocorreu a ideia ao anfitrião de buscar outros jovens da idade de sua prima para a convivência mais próxima. Assim, poderia dar apoio a alguns artistas da região e, quem sabe ela se interessasse por alguém.

Na semana seguinte, listou o nome de escultores, pintores, escritores e músicos para convidar a sua casa, com o consentimento de seu pai.

Capítulo 19

ENCONTRO DE PERDÃO

– Eu me penalizei desta criatura e creio até que cheguei a amá-la, quando ela se chamava Ruth-Carolina e tivera a família massacrada pelo terrível decreto de Catarina. Sua vingança contra o meu Luís foi cruel e desumana. (...) Amei-a um século mais tarde, quando ela se chamou Berthe de Stainesbourg e foi esposa do meu pobre Henri, a quem levou ao suicídio com novas traições. (...) Ela há de pagar! Levá-la-ei ao suicídio, como ela levou o meu pobre filho.

(Arnold de Numiers em *O drama da Bretanha*, **cap. VIII)**

Acareada com o obsessor, reconheceu nele monsenhor de B... do século XVI (...) e, também Arnold de Numiers, pai de Henri, do século XVII, que tanto a havia querido. (...) Deu razão a Arnold por havê-la odiado e vingado a ofensa, e prostrou-se a seus pés, pedindo-lhe perdão em nome de Deus.

(*O drama da Bretanha*, **epílogo)**

São tão sublimes os toques da divindade na condução dos detalhes da vida humana que, cada solução, cada desfecho nos passa a concreta certeza de que estamos sendo tutelados de perto. Com esse amparo celeste, seguia o desenrolar das consequências a partir do suicídio de Andrea de Guzman que, por seu livre-arbítrio mudara a programação inicial dos seus dias na Terra. Restava aos protetores e conselheiros da família de Guzman alinhar a nova proposta de recomposição consciencial.

Os orientadores do Hospital Maria de Nazaré, fiéis aos sábios desígnios do Sempiterno, apelaram ao bom-senso conquistado pelos espíritos em recuperação e promoveram o encontro entre Arnold e Andrea para que se entendessem e lograssem pedir perdão. Uma oportunidade impostergável àqueles que buscam o retorno ao mundo físico. Após dizerem um ao outro que se libertavam das amarras das vinganças e ódios, poderiam seguir para uma vida nova. Uma vez que se arrependam do passado, estarão realinhados aos comprometimentos adquiridos.

Chegara o momento de agir, o tempo tinha passado, algoz e vítima se perdiam nas relações anteriores. Quem tinha ofendido? Quem se vingava? Precisavam reavaliar suas posturas, tratar suas dores lembrando o passado, harmonizando-se no esquecimento.

A noite fria favoreceu a introspecção precoce e antes de soar as vinte horas, todos no palácio de Guzman se tinham recolhido aos aposentos particulares. Com as cortinas cerradas, e a lareira acesa, Victor orava em estado de elevação íntima. Pedia sinceramente a Deus pela resolução dos destinos de seus familiares. Em sua devoção, mantendo a mente firme e o coração aberto, ele percebeu a movimentação característica no mundo invisível. Elevou-se e alcançou o espaço cercado pelos Lanceiros de Maria. Victor foi outra vez em visita ao Hospital Maria de Nazaré, no mundo invisível, onde sua família se reuniria aos orientadores divinos para concluir o acolhimento aos transgressores e a reintegração daquele grupo. A atmosfera inspirava o silêncio interior, favorecendo a reflexão e a paz.

Louise de Guzman e dois varões de Bittencourt e la Chapelle faziam uma corrente de luz sustentando Victor, para que ele pudesse assistir a esse encontro pelo qual vinha orando e esperando havia muitos anos. Ao sair do corpo, pareceu-lhe que a ambiência de sua câmara de estudos tinha se tornado nublada e clara, como numa manhã cheia de névoa e já não sabia se estava ali ou se voara com seus parentes para as regiões mais altas que eram reservadas aos mentores e coordenadores do plano maior das reencarnações.

Em dado momento, já liberto do corpo denso, ele viu sua irmã Andrea como uma convalescente, pálida e resignada, sentada numa cadeira alta de madeira esculpida, com arabescos em baixo relevo, a um canto de um enorme salão, que mais parecia uma assembleia, repleta de outros assentos. Quis correr para abraçá-la em seu impulso protetor, mas ela não registrava a presença do amado irmão, nem ele tinha a liberdade para isso – estava contido pelos parentes que o conduziam.

Mademoiselle de Guzman mostrava-se séria e humilde, com o semblante profundamente sentido, como jamais fora vista antes. Tinham-se atenuado os traços de orgulho em seus olhos, uma característica marcante dela. No lugar da altivez encontrava-se agora certa desorientação ou uma tristeza vaga e profunda que lhe deixava um amargor indistinto nas expressões e na postura. Dir-se-ia que amadurecera, que envelhecera e que agora era apenas uma mulher muito sofrida que tinha entendido a gravidade de seu ato de rebeldia. Victor podia notar nas mãos brancas e delicadas dela, a pele de cetim, outrora rosada e brilhante, agora embaçada e sem o viço da juventude despreocupada. Ele se deu conta de que ela não conservava as lapidações do corpo açoitado pelas rochas e pelo mar, mas seu estado emocional era vacilante, inseguro e, visivelmente necessitava de apoio. Andrea nunca foi compreendida em seu amor por Alexis, em sua aventura com Marcus, em sua devoção por Arthur. Os três varões representavam as faces do mesmo sentimento em suas nuances: o amor sublimado, o amor sensual e o amor fraternal. Se contava com atenuantes de seu crime, pela influência nefasta de Arnold, também sustentava a responsabilidade com a criança que carregava no ventre, renascida agora como filha de Marcus e Étoile, a pequena Andrea Delphine.

Desde o dia em que Alexis e Arthur oraram para socorrer a querida prima, ela tinha sido resgatada das teias de seus próprios pensamentos recorrentes, presos ao palácio Saint-Omer e se encontrava assistida na ala feminina do Hospital Maria de Nazaré, nas câmaras destinadas aos que acabaram de chegar e que não tinham consciência do que fizeram. Recentemente, ela recobrara a lucidez e parecia mais consciente de si mesma e das repercussões do que fizera, por isso foi possível, com assistência de seu guia espiritual trazê-la ali. Demandaria ainda algum tempo para que ela pudesse retomar o novo corpo, mas aquele era um passo decisivo rumo à sua recuperação.

De outro lado do amplo átrio estava Arnold de Numiers, em profunda concentração, com o olhar parado e o semblante preocupado, muito diferente da última vez em que Victor o vira. Parecia muito arrependido do mal que causara e estava disposto a pedir reparação. Havia um brilho de lucidez em sua face, que se contraía vincando a testa de rugas. Queria esquecer aqueles anos de tanto sofrimento que causara e que sentira em revés. Pensava em Henri[37] seu filho e tinha esperança de vê-lo também antes de retomar o calvário de suas expiações.

Arnold e Andrea sabiam que daquele momento de acareação, dependendo do sentimento que nutrissem um pelo outro e da disposição para perdoar, seriam refeitas as teias delicadas de seus corpos sutis e organizadas as novas bases de seus corpos físicos. Ali seriam deliberadas as futuras encarnações deles e aquele momento era chamado como encontro do perdão. A energia amorosa da indulgência funcionava como verdadeiro atenuante às provas que eles deveriam enfrentar. O perdão mútuo anularia o ódio e as complicações de virem juntos em sofrimento numa vida de expiação. Se lograssem sinceramente desculpar um ao outro, restaria a eles, ainda, o autoperdão por agirem infringindo as Leis

---

37 Uma das encarnações de Arthur de Guzman d´Evreux.

de Deus. Arnold por não respeitar o livre-arbítrio de seus amados e Andrea por desperdiçar a existência.

Arnold, considerado como idealizador da vingança, tinha maior urgência em retornar ao mundo físico e não tinha a plena consciência do que o esperava. Aos olhos da Justiça de Deus, ele era ainda mais infeliz que ela, porque não sofreu as dores do corpo, mas comprometeu-se ao inspirar o ato infame. Mademoiselle de Guzman muito tinha sofrido e ainda sofria com remorsos e a sensação de desperdício de tempo.

Entrou no amplo salão, assessorado por benfeitores, o recém-liberto do cárcere físico – Arthur de Guzman, que ficara de pé na área reservada aos que assistiam, como se quisesse lembrar que não tinha mais a limitação do corpo. Considerado por sua resignação em suportar as privações da paralisia motora, alcançara certa estabilidade emocional para comparecer ao recinto por pouco tempo para não atrapalhar nem a seu pai de outrora nem a prima querida.

Pai e filho se avistaram e, como emitiam fortes apelos magnéticos, foi permitido que se aproximassem. Arnold abraçou sentidamente seu querido filho.

– Arthur, como esperei que se libertasse, meu filho! Queria pedir perdão pelo que impeli Andrea a fazer... Agora vejo que ela não tinha como se lembrar do passado. Sinto muito, Henri – disse o vingador demonstrando lucidez e lembrança clara do que houve.

– Não é a mim que precisa pedir perdão. Foi, realmente, muito dolorido ver Andrea nas teias da traição, mas era eu quem precisava aprender a lição do desapego. Acredito que fui resignado no final de minha vida terrena e muito devo a Victor de Guzman. Agora, meu pai, vamos pensar no retorno, porque muito ainda precisamos evoluir. Aqui, todos os véus que tolhem nossa visão caem e somos o que somos: aprendizes na escola da vida; irmãos em crescimento e apoio mútuo. Deve pensar agora em seu caminho, pois que há muito já perdoei minha prima - Arthur esforçava-se por avistar Andrea no extremo oposto, porém ela não erguia os olhos. Estava cabisbaixa e triste.

- Venho para isso, para pedir perdão a ela e a quem mais tenha ofendido com minha cegueira moral... - Arnold percebeu a amorosidade vinda de seu filho, parou de falar e duas pérolas fluíram de seus olhos que se comprimiam envergonhados. Arthur continuou:

- Ela está disposta a deixar o passado, veio ver-me quando retornei do mundo físico, mas não podia demorar-se junto a mim. Reafirmou-me seu amor e deu-me forças para seguir adiante. Coragem! Sei que seu coração é amoroso, pai Arnold.

Arthur se despediu de seu pai e percorreu com o olhar distinguindo entre os presentes para ver se havia mais alguém da família. Andrea permanecia cabisbaixa sem se dar conta da presença de seus outros parentes, parecia em extrema concentração. Ele sabia que não poderia se aproximar dela. A presença dele junto a ela naquele momento poderia alterar seu estado emocional. Assim que viu Victor em companhia de sua avó, veio conversar com ele e saber notícias dos que ficaram na Terra.

- Sua bênção, minha avó Louise - ele vinha contando com o amparo de sua avó desde que ali chegou, por isso somente a cumprimentou. Voltou-se logo para o primo com uma expressão cordial: - Victor, como estão todos no palácio de Montalban? Nunca pensei que poderia ver um encarnado por aqui. Sua presença se dá pela liberdade do sono?

- Caro Arthur, folgo em vê-lo bem e informo que, na Terra, estamos nos reconfortando mutuamente. Sim, estou em estado de liberdade pelo transe que me habituei a realizar, meu corpo entra em certa letargia e fico aqui preso por esse cordão de luz[38] - concluiu o visitante.

---

38 Cordão de prata.

– Antes estivesse bem, amigo, não é permitido que eu fique por muito tempo porque ainda posso atrapalhar e essa é a última coisa que quero. Só estou passando por aqui para ver de longe a querida prima. Acabo de falar brevemente com Arnold e a misericórdia de Deus me concedeu uma entrevista com Andrea assim que cheguei. Queria muito ajudá-los. Victor, o que posso fazer para auxiliar mais? – ele disse num sussurro quase imperceptível. Victor sabendo como são complicados os laços de afeto que se reconstroem a partir dos erros passados, redarguiu:

– Meu amigo, ore muito, ofereça seu apoio e a oportunidade virá. Aproveite o tempo para aprender, agora que conquistou certa estabilidade moral, busque os orientadores nesta casa da Mãe Santíssima onde se encontra e não se esqueça de que a melhor forma de colaborar é ajudando a si mesmo primeiro, se fortalecendo. Esforce-se por se tornar a cada dia uma pessoa melhor.

Um dos representantes do digníssimo hospital adentrou o recinto e teve início a leitura dos nomes envolvidos no caso para a deliberação sobre o futuro. Arthur, já tocado pela emoção, não pôde ficar ali e saiu pensando nos conselhos recebidos: suas implicações na história tanto de Andrea como de Arnold e sua desencarnação recente. Ele se distanciou compassivo, intimamente orava pelo sucesso da reunião.

O guia espiritual de Andrea, cujo nome Victor não soube dizer, aproximou-se dela, pediu que fosse até o outro lado da câmara onde estava Arnold e abrisse seu coração. Movida pela lembrança do passado, tentando ofuscar a má impressão, ela se lembrou de outras encarnações, recordou-se da ajuda que o monsenhor de B...[39] prestou a ela e do cuidado que recebeu quando morou na quinta Numiers. O remorso pelos erros junto a Henri de Numiers corroía por dentro o espírito da jovem de Guzman e

39 *Nas voragens do pecado* – Yvonne do Amaral Pereira – Monsenhor de B... foi outra encarnação de Arnold de Numiers.

ela obedeceu ao seu impulso de pedir perdão e perdoar de forma impetuosa, como era sua forma de expressar-se. Em poucos segundos, Andrea, mostrando maior lucidez e querendo despojar-se das teias nefastas que a envolviam, atirou-se aos pés de seu algoz, porque se lembrava do aguilhão da culpa que a atingira pela dor que causara a ele no passado.

– Perdoe-me, pai Arnold, pelo amor de Deus. Nada sou e a chama viva do remorso consome meu coração. Em nome do querido Henri, que já me perdoou, peço que atenda meus apelos. Estive com ele há pouco tempo e percebi que o amo profundamente.

Dizendo essas palavras, Andrea dava condições para restabelecer os laços de amor entre eles. A paz e a harmonia se refizeram, atenuando o mal e Arnold, comovido ao extremo, sentia seu corpo todo vibrar no sentimento puríssimo vindo de Deus, quando exclamou:

– "Perdoo-te, sim! Perdoo-te por amor ao meu filho, que tanto te tem amado através do tempo. Perdoa-me tu também, em nome do mesmo Deus.[40]"

Ela segurava as mãos de seu pai adotivo de outrora, com respeito e certa simpatia e disse:

– Sei que deverá regressar em breve à Terra. Eu ainda me demoro recompondo-me, porque são delicados os processos de harmonização de um suicida. Tenho a ventura de contar com os apelos vindos de meus parentes que não se cansam de orar por mim. Se soubessem na Terra que a prece é como um anestésico para a dor, como seriam mais abundantes aqueles que se valem desse recurso – ela franziu o cenho ao se recordar, muito preocupada agora com o tempo que negligenciou aos apelos de seu irmão para fazer-se pedinte em nome dos sofredores.

– Sim, minha filha, a consciência me pesa e pedi a Deus para retornar o mais rápido possível ao mundo de lágrimas e finalizar

---

40 *O drama da Bretanha* – Yvonne do Amaral Pereira.

com o remorso que sinto – o espírito modificado pela doçura do amor filial respondeu comovido.

– Ore por mim que também orarei por minha vez e quem sabe, Deus tenha piedade de nós.

Os dois não continham as lágrimas e foram retirados dali. Cada qual seguiu à ala condizente, de volta ao grande hospital que recebia o nome da Divina Senhora. Victor, também emocionado, retomou o quarto aquecido do palácio de Montalban e sentiu que Andrea demoraria ainda em sua reeducação e harmonização dos pensamentos. O hospital para os réprobos da Lei de Deus a auxiliaria no reajuste espiritual ainda por um tempo, mantendo sessões diárias nas câmaras de tratamento magnético para demover a culpa por seu suicídio e permitir que ela tivesse melhores condições de modelagem de um novo corpo. O trabalho de reerguimento moral era delicado e estava sendo preparada para ela uma triste vida solitária, longe dos entes queridos. O visconde abriu os olhos em seu quarto, sentindo o coração mais aliviado e o pensamento leve. As boas impressões a respeito de sua irmã o tinham tranquilizado e ele sentiu também que teria notícias em breve sobre a nova encarnação de Arnold.

Capítulo 20

A VIDA SEGUE

Mas, Arnold Numiers era também réu de um grande crime e devia reencarnar, a fim de expungi-lo da consciência por entre dores, lágrimas e trabalho.

(*O drama da Bretanha*, **epílogo)**

...Victor, que fora o baluarte moral da família, revigorando-a nos dias amargos, quando do choque do drama de Andrea, Victor, que, finalmente, conseguira fazer da família crentes sinceros em Deus, uma vez os pais desencarnados retornou ao Oriente para estudar e averiguar as origens do cristianismo e instruir-se nas grandes doutrinas esotéricas, cujo berço eram a Índia e o Egito. Nunca mais voltou ao Ocidente, a não ser reencarnado.

(*O drama da Bretanha,* **cap. XVII)**

O tempo no mundo físico corria célere como o rio que escorre suas águas para o mar, sempre fluindo e transformando suas margens, irrigando, derrubando ou contornando o que não pode ser transposto. No plano invisível, vários eram os trabalhos de reorganização das teias da vida para acolher ao espírito que regressava: Arnold de Numiers, após sinceramente ter se tornado mais consciente, pela devoção a Deus. As complicadas expressões das causas e dos efeitos acabaram por conduzi-lo para junto dos corações aos quais deveria aprender a amar. Ele seria o próximo filho de Marcus de Villiers e aguardava apenas que a espiritualidade organizasse sua vinda. Assim, o antigo obsessor poderia conviver com a família que destruiu, como filho mais novo que conquistaria o amor deles.

Andrea ainda demoraria para regressar, porque necessitava adquirir fortaleza moral. O trabalho de recuperação de um suicida é delicadíssimo, precisando de terapia magnética. Enquanto o mundo sutil se organizava para acolher amorosamente em novo corpo, nova família e nova oportunidade de crescimento e evolução, a vida como a conhecemos na cegueira material seguia seu curso.

Passaram-se alguns anos desde aqueles acontecimentos esclarecedores que Victor presenciara no invisível sobre o tratamento da suicida da Bretanha. Em suas rogativas, continuava pedindo que sua irmã tivesse outra chance junto dele, que, de alguma forma, pudesse ser encaminhada à sua orientação e cuidados.

Sabendo da possibilidade de sua querida Andrea reencarnar sem uma família estruturada, Victor passou a se interessar pela causa das crianças abandonadas em asilos temporários ou orfanatos. Buscava em cada rosto e em cada expressão algum motivo para prestar a caridade, como se o fizesse a ela renascida. Ele, que já tinha dado apoio a Verena Mia, agora organizava, com outros colegas de ideal, a fundação de um educandário para órfãos ou de um lugar de acolhimento para as dores morais ou físicas, onde poderiam servir melhor ao próximo.

O projeto não foi adiante porque o conde Joseph Hugo não quis financiar, mas o desejo de Victor de realizar uma obra social que acolhesse os pobres, rasgou os véus do invisível e ficou registrado para futuras oportunidades. Sem apoio para a instituição, o visconde atendia gratuitamente em quaisquer lugares que o aceitassem, participava como voluntário ou recebia pessoas em seu próprio escritório.

O posto de orações da família de Guzman, em seu pequeno núcleo de Madri, tornara-se um foco de luz e aumentou em quantidade de trabalho de caridade, ofertando preces aos doentes, cujos nomes lhes eram encaminhados. O que começou em nome de Andrea agora se ampliava a outros necessitados. Victor, seus pais e Mia continuavam se reunindo diariamente para orar com a mesma dedicação; vez por outra, Alexis se juntava a eles e isso os fortalecia.

Com esse movimento que faziam em nome daqueles doentes que lhes eram encaminhados, os condes de Guzman esqueciam um pouco suas dores morais. Porém, não se podia dizer que eram felizes. Não houve, depois que Andrea partiu, nenhuma outra ocasião em que toda a família veio a se reunir como se fazia em Saint-Omer. Os natais não eram mais comemorados com a mesma alegria e o palácio de Montalban não presenciou a efusão de todos os primos distantes. Joseph Hugo não fez esforços por chamar aqueles que condenaram Andrea, pensando que não tinham interesse em voltar a se relacionar com o lado da família que tinha se manchado pela traição e pela morte trágica.

Com intuito de distrair-se das emoções do passado, a senhora de Guzman incentivou a ideia de seu filho para que viessem alguns artistas ao palácio, mas não queria muitos convidados nem festas que eram trabalhosas e onde o barulho das conversar atordoava seu pensamento. Queria visitas. Já não bastavam as vindas de Alexis, que eram rápidas, quando ele podia deixar a vida monástica, para compartilhar momentos de descontração com aquela que o acolhera quando criança, ocupando o lugar de mãe.

Aproveitando esse ensejo, Victor queria dar apoio aos artistas e, ao mesmo tempo, iniciar a busca por um pretendente para Verena Mia. Começou a fazê-lo de forma discreta e bem seletiva, introduzindo alguns de seus amigos no programa de jantares e orações da casa.

Quando o assunto veio efetivamente a ser especulado, o conde Joseph Hugo cogitou se seria possível casar a jovem tutelada com um dos primos de Guzman disponíveis e que não tinham rompido com sua casa. Chegou a escrever para alguns jovens que eram ainda solteiros. Nas respostas que recebeu de volta, pôde perceber que seus parentes não aceitavam a aliança pelo fato de a menina ser filha bastarda de uma união sem o consentimento real. Christoph, o irmão de Verena, já tinha tentado aliança com outros primos, sem sucesso. Ele, então, delegou essa responsabilidade de escolha de um noivo confiando na experiência de Joseph Hugo.

Françoise, que pouco entendia das negociações matrimoniais, ressentia-se enciumada por perceber as buscas de sua protegida por uma oportunidade de encontrar um pretendente. Ela ficaria só outra vez. Como mãe, ela tinha agora tempo para refletir sobre à própria filha em comparação a Verena. Analisava sua postura a partir das mágoas de seu relacionamento com Andrea. O remorso começava a pungir-lhe a consciência. Pensava em como poderia ter agido para dar maiores atenções, para compreender ou mesmo confortar Andrea. Culpava-se e remoía formas de como poderia ter se comportado. Os dias iam passando e suas cogitações se avolumavam refletindo como males físicos e morais. Verena servia a ela de consolo por ser pessoa mais acessível e cordata. *Por que Andrea não se mostrara assim? Aquela que viera preencher o vazio, sem querer, tornava-o ainda maior.* Obediente, meio tímida, interessava-se sinceramente pela saúde da prima condessa e agia espontaneamente como Andrea nunca fizera.

Algumas noites, antes de se recolher, quando Victor vinha atender sua mãe, a jovem d´Aubry pedia para acompanhá-lo e ficavam os dois a perguntar pelo estado geral de Françoise. Ela se comportava com desvelo de uma filha, punha-se ao lado da cama e segurava suas mãos pedindo bênçãos que ela nunca dera a Andrea. Enquanto o filho amado conversava com ela. Depois que a criada a vestia para a noite em trajes de dormir, a jovem ainda permanecia no quarto e aproveitava para ajeitar seus cabelos no travesseiro como se fosse uma enfermeira. Dava-lhe um beijo de boa noite, carinhosamente. Uma energia de pureza enchia o quarto e, por algumas horas, ela não sentia nenhum mal e durante essas noites, dormia de forma profunda, recompondo as energias.

Naqueles anos em que a menina viveu com ela, sentia medo de que partisse, queria retê-la consigo. Mesmo casada, pensava em mantê-la por perto. Queria vê-la encaminhada, feliz e cheia de filhos louros a correr pelo palácio como se fossem seus netos. Victor não se casaria e sua geração terminaria ali. *Quem sabe se os netos do coração viessem ainda a encher de vivacidade seus dias?*

Algumas noites mais difíceis, quando acordava no meio da madrugada, tendo pesadelos sobre o mar e o penhasco, ela orava pedindo perdão a Deus por não ter conseguido vencer o orgulho de Andrea ou o seu próprio, por ter sido fria e distante quando sua criança pedia apenas amor. Em sua consciência, queria compensar o que deixara de fazer e que era sua obrigação de mãe, com o que conseguia agora sentir pela amável Mia. *Por que Andrea se mostrara rebelde, leviana e insubmissa? Por que não concordara com o que seu pai e a família queriam para ela? Por que Mia era tão carinhosa com ela, mesmo sem ter nascido de um casamento abençoado por Deus?*

Numa noite, acordou de um pesadelo, com o rosto molhado pelo suor. Horas depois, no salão de desjejum contava aos parentes que sua filha viera conversar em sonho. Conseguiu explicar que foi a um lugar muito bonito naquela noite, parecia ter visitado um hospital onde ela se encontrava. Andrea viera falar-lhe e estava arrependida. As lágrimas insistiam em correr por sua face, quando contou emocionada que recebeu um abraço da morta. Encerrou o assunto informando que se lamentava, porque, apesar de ter escutado bem quando Andrea dissera as palavras pedindo perdão, ela não conseguiu dizer que a perdoava. Ficou paralisada, como nos dias em que sua filha entrava em crises. O sonho a deixou abatida por alguns dias e seu filho tinha de acudi-la em acessos de culpa e de remorso. Ele continuava tentando esclarecê-la, conhecedor do que todos necessitavam: muito amor e superação.

* * *

Os dias passaram e Victor via-se ocupadíssimo, tinha buscado conhecer pessoas através dos seus laços de amizade entre os grupos de estudos das irmandades que frequentava. Eram filósofos e artistas, médicos e estudiosos do seu tema preferido: a espiritualidade. Nas noites em que saía do palácio, buscava reunir-se com a nata da sociedade madrilena, para encontrar os homens mais cultos. Os tempos difíceis, com as invasões à Espanha, impediam que tais reuniões fossem divulgadas. A chama do conhecimento se mantinha acesa nas residências de seus companheiros de ideais onde discutiam os assuntos controversos que chamavam a atenção e curiosidade: o que havia depois da morte? Como se davam as comunicações com os ditos mortos? O que poderiam ensinar aos vivos?

Enquanto unia seus estudos às buscas casamenteiras, veio-lhe à mente procurar por primos no ramo da família de sua mãe e recebeu resposta de um dos seus familiares que estudava em Florença, na escola do gênio da pintura Rafael Sanzio. A mãe do artista que ele pretendia entrar em contato, era prima por parte da avó materna de Victor, que se casara com um pintor florentino.

Tratava-se de um artista da escultura, que viera a Madri para esculpir estátuas a pedido das igrejas nas capitais espanholas. Chamavam-no *cavalieri* Niccolo Marino e era um homem alegre e espontâneo, sorridente e simpático. Amava os meios artísticos e sempre convidava Victor para reuniões onde outros pintores e músicos compartilhavam de sua sensibilidade. Alguns temas eram propostos e debatidos por eles e o visconde se destacava pela vivência que tinha do assunto.

Dom Niccolo revelou surpresa ao descobrir que tinha primos seus vivendo tão próximos de seu local de trabalho. Ele veio ao palácio de Montalban a pedido dos anfitriões e como gostava de conversar, entreteve os donos do palácio com histórias que narrava de suas aventuras internacionais. Durante uma tarde de clima ameno, contava como fizera uma viagem clandestina numa fragata pelo mar mediterrâneo chegando até a Gênova.

Ouvindo que havia conversas no salão, Dama Alberta aconselhou Verena a se juntar a eles e foram apresentados. Tomaram juntos uma xícara de chá com biscoitos que a anfitriã tinha solicitado aos criados. Dom Niccolo ficou entusiasmado com a nova ouvinte de suas aventuras e deixou transparecer isso num largo sorriso, que fez seus bigodes se levantarem. Seus olhos expressivos adquiriram um brilho distinto de genuína alegria.

Ela, por sua vez, ligeiramente tímida, apesar de acatar os conselhos de Dama Alberta, não se achava confortável, porque não se compreendia como herdeira de seus títulos e resistia, temerosa de expressar suas habilidades ao piano e canto. Os primos a elogiavam e ressaltavam seu talento, contudo a jovem ficava ainda mais constrangida diante deles.

Certa altura da conversação, entre uma aventura e outra do visitante, a condessa Françoise pediu que Verena tocasse algo ao piano para o convidado, mas ela alegou uma desculpa para esquivar-se. Mediante a insistência da anfitriã, corajosamente tocou uma peça de Beethoven, a *Sonata Au Claire de Lune*, que ensaiava naqueles dias, com elegância e delicadeza.

O convidado de Victor ficou encantado com as habilidades de mademoiselle de Guzman d´Aubry e prometeu retornar outra tarde para apreciar a bela voz que ela tinha. Combinaram que ela ensaiaria especialmente para a ocasião.

O tempo passava com a velocidade inexplicável e as visitas de dom Niccolo se tornaram frequentes.

Numa das tardes em que Verena tirava para leituras na biblioteca, Victor foi encontrá-la para conversar e sondar seu coração. Ele tinha percebido o interesse dela pelo artista e as visitas se sucediam numa frequência comum entre aqueles que queriam se comprometer oficialmente.

Erguendo os olhos das brochuras que tinha entre as mãos pelo barulho retumbante dos passos do visconde, Mia sorriu e pensou que era exatamente o interlocutor de que precisava para sanar suas questões:

– Meu primo, que bom vê-lo aqui pela biblioteca. Sinto-me à vontade para perguntar sobre as dúvidas que tenho, como foi gentilmente oferecido pelo senhor. São tantas as questões, que nem sei por onde começar a perguntar. Poderia discorrer sobre como se dá esse contato com o mundo dos mortos, com aqueles que estão na vida que nos aguarda depois dessa e que é imortal. O que posso ler sobre o assunto?

Ele pensou um pouco e disse em seguida:

– Cara Mia, algumas pessoas sensíveis percebem com facilidade a vida invisível, de forma espontânea, poucas ainda são as pesquisas sobre o assunto. Essas pessoas têm contato com os ditos mortos por meio de uma faculdade natural e o sensitivo pode ser chamado de intermediário entre o visível e o invisível, possui capacidades diferenciadas. A cada um se apresenta como uma particularidade e o desafio, ao longo dos anos, é descobrir como utilizar esse potencial em favor próprio, para o desenvolvimento moral. Venha comigo! Vou lhe mostrar as prateleiras que podem ter alguns livros que abordam o assunto.

Os dois caminharam pela extensa biblioteca, chegando às alas mais próximas aos janelões e cortinados, por onde a luz natural penetrava, projetando as sombras dos arvoredos no assoalho alcatifado. A jovem prima refletiu um pouco sobre as lições que aprendia e exclamou:

– Como será a vida de alguém que tenha esse potencial, meu primo?

– Vive, simultaneamente, as duas situações, está de olhos abertos no mundo concreto e, quando se concentra, ingressa no mundo invisível. Interage com os seres cheios de sabedoria imortal e assim aprende e vive – respondeu Victor, admirado de que a curiosidade de Mia tivesse se refinado. Ele percebia que à medida que aprofundava nos detalhes, os olhos de sua interlocutora revelavam mais interesse. Lembrou-se, inevitavelmente, de Andrea e do enfado que demonstrava com tais conversas... Verena insistiu outra vez:

– Como será que se dão esses fenômenos? Queria muito saber como são esses dons do espírito. Conhecer pessoas que tiveram experiências incomuns... Não conheço ninguém que seja assim. Uma pena!

– Claro que conhece, Mia. Agora mesmo está diante de alguém que fala com os mortos, que "viaja em sonhos"[41] para vê-los, que recebe deles notícias e auxílio – ele revelou sem nenhum medo de que essa informação fosse depor contra ele, porque ela o conhecia. Tais capacidades eram atribuídas a pessoas desequilibradas, com pouco discernimento, mas ela sabia que ele não era assim.

A jovem d´Aubry não sabia o que dizer. Abriu a boca e a fechou mais uma vez, tentando não parecer demasiado afetada pela informação. Victor era a pessoa com maior lucidez que conhecia, não havia sentido pensar que ele fosse louco, queria crer que aquelas informações fossem verdadeiras. Ficou tão abalada com o que soube que pensou em várias outras perguntas para fazer. Descobriu que sentia uma mistura de entusiasmo e curiosidade pelo que conversaram. Queria estudar aquele tema tão interessante que surgia, contudo temia desagradar aos condes de Guzman. Se Victor se dizia um exemplo daqueles fenômenos sobre os quais ela tinha lido nos livros, poderia, então, ensinar a ela o que se passava.

Vendo o embaraço de sua prima, Victor esclareceu que sua capacidade em nada afetava sua vida, que aprendera no Oriente a controlar sua percepção do mundo sutil e que ele continuava

41 Referência à capacidade de liberdade em espírito durante o sono, capacidade do corpo perispiritual.

a estudar com os mentores do invisível. Para introduzir outro exemplo de personalidade confiável que Verena conhecia, ele se lembrou de citar um amigo em comum. Era, inclusive, esse o motivo pelo qual ele tinha vindo conversar com ela. Queria sondar suas impressões em relação a dom Niccolo. Procurando a melhor forma de falar, expressou-se assim:

– Outro exemplo que posso citar de pessoa que estuda comigo e que a senhorita conhece, é dom Niccolo Marino. Ele confessou que às vezes sente suas mãos tomadas por uma força de inspiração e quando cinzela as mais belas obras serve de medianeiro aos mestres de sua arte de forma natural e profunda. Foi bom ter tocado no nome dele porque sei que ele tem interesse pela senhorita.

Ao ouvir o nome de seu admirador, Verena enrubesceu. Sentiu o peito apertado pela incerteza e pela timidez. Buscando tomar ar, a jovem estudante se aproximou das varandas e pediu para abrir uma das portas que davam para o alpendre. Quando um dos serviçais abriu a passagem para fora, entrou uma brisa fresca e convidativa vinda da vegetação e dos arredores do grande parque ajardinado que circundava a mansão. Victor tomou a frente e solicitou que fosse servida uma refeição frugal, depois perguntou se ela queria uma xícara de chá, porque percebeu o estado alterado em que ela se encontrava.

Enquanto esperavam o serviço vindo da copa, foram maravilhar-se com a paisagem. Os dois se debruçaram sobre a balaustrada, admirando o sol entre nuvens e as formas miméticas desenhadas por entre a folhagem e pelas flores do jardim, quando a aprendiz finalmente respondeu:

– Meu primo, desculpe-me se ainda não consigo compreender as suas considerações ou responder de forma adequada. São tantas as perspectivas em minha mente... quero dizer, não creio que dom Niccolo tenha interesse em uma bastarda. Agradeço por me contar sobre como ele é. Ele possui também essa graça divina que sei que não é compreendida como atributo pessoal, nem é bem aceita nos meios sociais aos quais frequentamos. Mudemos de assunto, não quero constranger nosso convidado, quando ele vier conversar.

Enquanto a brisa não se tornava insistente e fria demais, permaneceram o visconde e sua prima entre as ornamentações da varanda, pensando no que tinham acabado de conversar. Ela admirou duas colunas sextavadas que ladeavam um vestíbulo deífico. Havia ali uma charola encerrando a imagem do deus grego Hermes, esculpido em mármore e destacado por um fundo adamascado em arco. Algumas trepadeiras ornamentais caíam pelos lados da imagem, dando ao recanto um toque de requinte. O visconde se deteve diante da imagem, pedindo inspiração para elucidar sua fala:

– Cara prima, perdoe-me. Talvez não seja mesmo adequado conversar sobre tais fenômenos. Podemos mudar de assunto, se preferir.

Ele deu dois passos e a encarou de frente, porque queria perguntar mais diretamente, sem permitir que ela se esquivasse. Organizando as palavras mentalmente, recomeçou:

– Diante de sua reação ao tocar no nome de dom Niccolo, estando no lugar de seu irmão, como amigo também, gostaria de ressaltar que se ele vem aqui com assiduidade semanal só pode ter interesse na senhorita. Ele é de seu agrado?

Ao tocar outra vez no mesmo assunto, o visconde pôde perceber que Verena amava o artista e estava evitando responder por esse motivo.

Mia sentiu estremecer levemente suas mãos e fugiu outra vez ao sentir que se afogueou seu rosto. Desviando de seu primo, voltou a adentrar pela lateral da biblioteca, buscando o divã de veludo. A bandeja com chá que o visconde tinha pedido chegou e eles se entretiveram em segurar a chávena decorada de porcelana fina antes de recomeçarem o assunto. Com paciência, o primo mais velho, retomou a pergunta, de maneira assertiva.

– Perdoe-me a insistência e a abordagem, Verena, porém preciso consultá-la antes de tomar uma decisão. Refaço, então, a pergunta de maneira formal: mademoiselle de Guzman d´Aubry, na posição se seu primo e amigo, tendo responsabilidades junto a seu irmão Christoph e a meu pai para auxiliar nas buscas de um pretendente, venho perguntar qual é o seu interesse por dom Niccolo?

A jovem, vendo que não havia jeito de se esquivar, respirou fundo antes de responder ao que era solicitado. Longe de si querer contrariar alguém daquela família que a acolhia e cuidava de seus interesses tão educadamente.

– Victor, perdoe-me o comportamento evasivo. Não sei como responder. Tenho muita simpatia por ele, agrada-me a forma como se expressa e interessam-me seus talentos artísticos e saber que ele também experimenta essa sensibilidade extrassensorial foi comovente. Estou tão constrangida, não gostaria que essas impressões minhas fossem reveladas a ele, se não houve efetivamente um pedido de casamento. Nada espero, porque apesar de meu pai não me ter deixado ao desamparo, tampouco me legou um dote ou um título. Nem da família de minha mãe tenho notícias para saber exatamente quem sou.

– Confie em mim, minha querida prima. Saberei conduzir o assunto sem revelar seu parecer. Pergunto sobre sua posição, pois percebo que o interesse dele é evidente – o visconde fez uma pausa e abrandou a voz quando continuou a falar: – Quanto à sua mãe, posso revelar-lhe quem era e afirmo que era nobre. Eu a conheci, ficamos amigos e depois ela veio, em espírito, pedir apoio, certa tarde, em seu nome.

Verena silenciou enquanto pensava no que acabara de ouvir. Com ansiedade, ela disse:

– Nem Christoph soube me dizer quem foi minha mãe. Será algum segredo? O senhor conversou com ela depois da morte? Ela disse que era minha mãe?

– Nós investigamos, eu e Christoph, e descobrimos por uma criada a confirmação de uma suspeita que eu tinha. Sua mãe foi mademoiselle Marjorie Mallet, condessa de Montblanc. Eu a conheci na época das perseguições à monarquia. Os pais dela sucumbiram e ela fugiu. Por minha indicação foi procurar por meu primo Manfred que residia em Lorena. Ela veio me pedir que zelasse por sua filha, depois de morta, certa tarde quando eu cogitava essa possibilidade.

– Oh, Victor! Essa é a primeira notícia que tenho de minha mãe. Como fiquei feliz por saber que ela vela por mim. Podemos procurar por meus parentes?

– Seu irmão tem feito isso, mas como morreram na revolução, não se consegue saber se havia outras pessoas de sua família fora da França. Seus bens foram confiscados e seus títulos reencaminhados a outros nobres. Talvez seu pai não tenha deixado registro de sua mãe para protegê-la, ou não esperava morrer tão cedo.

Verena enxugou duas lágrimas por se sentir comovida com aquelas revelações. Reconheceu agradecida que contava com o apoio de seu irmão e dos primos de Guzman d´Albert, porque por parte de sua mãe nada mais restava buscar. Ela silenciou por alguns momentos enquanto sorvia o delicioso chá. Depois, respondeu:

– Adoraria aprender mais e participar de grupos que estudam o sobrenatural e a comunicação com os mortos, temo apenas que o assunto não esteja de acordo com o desejo dos condes de Guzman d'Albret para a minha educação. Dama Alberta já me aconselhou a não os contrariar e tenho feito apenas o que esperam de mim.

– Sim, compreendo seus receios. Meus pais confiam em mim, fique tranquila quanto a isso. Espero, contudo, que a educação que estamos proporcionando sirva para que a senhorita desperte seus próprios potenciais e não aqueles que meus pais gostariam de ver em uma filha.

Ela sorriu deixando a mostra os dentes brilhantes e os primos passaram a tratar das ideias sobre o espiritualismo, revelando as preferências deles como bons amigos.

* * *

Os meses transcorriam céleres e as visitas de dom Niccolo se tornaram mais frequentes naquela temporada. Outros amigos de Victor vinham também fazer parte do grupo de conversas em torno da lareira para desfrutar do chá, por vezes participavam das orações, porém, dom Niccolo conquistou a simpatia do conde Joseph Hugo e sua visita passou a ser esperada pela família. Victor via seus planos darem certo, ele tinha se adiantado ao pai e escrevera ao primo Christoph, participando sobre o que estava acontecendo e pedindo a aprovação dele. Como ele continuava ocupado na França, pediu que avaliassem o jovem pretendente.

Não foi nenhuma surpresa quando, alguns meses depois, os dois varões de Guzman receberam o pedido oficial de casamento da parte de dom Niccolo Marino que foi estudado e encaminhado ao irmão de Mia. Meses depois, com o consentimento do conde Christoph, firmaram em seu nome o compromisso. O simpático noivo era herdeiro de uma fazenda na região da Bórgia e para lá pretendia viajar após os esponsais.

O casamento se deu naquele mesmo ano. Da parte de Verena compareceram apenas seu irmão e os primos com quem residia, que a acolheram com carinho. Os esposos felizes viajaram por uns meses, mas não quiseram se ausentar de Madri por muito tempo. Mia considerava a condessa Françoise como se fosse sua mãe e percebeu que ela ressentira com a distância e a separação durante a viagem de núpcias que se prolongou pela visita à propriedade de seu marido. As duas trocavam cartas afetuosas e nelas a jovem se preocupava com a falta de discernimento da senhora condessa. Algumas vezes, ela se esquecia e a tratava por Andrea, como se o destino de sua própria filha tivesse sido o casamento e não a morte.

Alerta sobre a condição de sua mãe, Victor se empenhou como pôde para melhor atendê-la em seus esquecimentos e no estado de tristeza que invadiu seu coração. Conforme ele previra alguns anos antes, a presença da jovem prima veio suprir a carência deixada por Andrea, porém, agora que Mia precisava se ausentar, o problema tinha retornado ainda mais forte. Françoise se ressentia da ausência de sua protegida e da morte da filha, confundindo as duas no mesmo sentimento de perda.

Os meses transcorreram e dom Niccolo preocupado em agradar a esposa percebeu que ela se inquietava com a distância da família que a tinha acolhido. Encerrando a viagem, propôs que retornassem a Madri, deixando seus negócios entregues, mais uma vez, aos administradores. Um ano tinha se escorrido entre o casamento e o retorno à Espanha e a esposa trazia novidades em seu ventre que queria dividir com sua mãe adotiva.

A celebração da criança que viria encheu o palácio de Montalban de esperanças e alegrias. Mesmo confusa e distante, a condessa Françoise conseguiu sorrir a abraçar sua prima protegida, embora tivesse confundido seu nome. Continuava a chamá-la pelo nome da filha.

Joseph Hugo os convidou a se instalarem ali com eles pelo tempo que quisessem permanecer em Madri e sua ideia foi aceita com sincero acolhimento. Ele pensava em auxiliar o jovem casal com seu prestígio para que ficassem mais próximos e queria, com seu gesto, beneficiar sua própria esposa.

Os meses foram passando. Enquanto a vinda da criança se aproximava, Victor percebeu que sua mãe entrava num estado de ausência e desânimo, que nem a presença de Mia ou a notícia do nascimento em família puderam aplacar.

A criança nasceu com saúde, era um lindo menino que vinha abrilhantar a família. Os olhos enternecidos da jovem mãe não escondiam o cuidado e o contentamento com o pequeno rebento, que se tornou o centro das atenções fazendo ecoar pelos grandes corredores do palácio de Montalban seu vagido grave e forte. Foi escolhido para ele o nome de Olivier Luigi, visconde de Guzman e Montalban - pois Victor, percebendo que poderia, como seu pai, dar apoio aos primos o nomeou seu herdeiro.

* * *

Os anos se passaram para o aprendizado evolutivo de cada um daqueles espíritos acolhidos pela família de Guzman. Vamos encontrar os primos reunidos ainda em Madri, no dia em que o pequeno Olivier Luigi completava cinco anos, ele tinha crescido forte e saudável. Verena Mia era a expressão da felicidade e convertia com naturalidade o carinho materno para seu único filho, que era o encanto de sua vida. Ao olhar para o menino, sempre se lembrava de quem tinha tornado aquele seu sonho possível. Tudo que tinha devia a seu primo Victor e o tinha na conta de grande amigo.

Naquele dia, a criadagem decorou a sala de música e trouxe iguarias que o pequeno visconde adorava. Seu preferido doce era o arroz *con leche* que era servido com canela. Verena tocou ao piano alguns acalantos que ele tanto gostava de ouvir, porém, ela se sentia melancólica por aqueles dias, sem entender a razão de seu estado de espírito.

O que ela não podia esperar era que Victor estava planejando sua partida para o Oriente e já tinha deixado seus projetos nas mãos de amigos dedicados. Com a idoneidade que adquiriu, após a morte de seus pais, tratou de encaminhar seus ideais, criando o instituto que abrigaria crianças órfãs e um hospital para pessoas carentes.

O conde Victor de Guzman d'Albret fez um levantamento da fortuna e concluiu que uma nova viagem em nada atrapalharia o trabalho beneficente que já se consolidara na sociedade madrilena. Sua Associação Beneficente abrangia o amparo à criança e o cuidado de pessoas carentes às custas de vários associados que garantiam suporte. Incluiu, a pedido de Niccolo, uma programação para artistas de todas as categorias que divulgariam o trabalho social e, ao mesmo tempo, se beneficiariam expondo sua arte. Em algumas salas de um prédio antigo, que era propriedade de sua família havia muitas gerações, iniciou um centro com aulas de música e artes de forma gratuita à população. Conseguindo a colaboração dos monges franciscanos, entre eles, Alexis, viu, em poucos anos, sua iniciativa crescer no acolhimento de pessoas em estado de pobreza e doença. Ele secava lágrimas, curava feridas, orientava o crescimento e incentivava o estudo e a oração. O projeto não era dele, mas do Plano Maior da existência que inspirava tais ideias como concretização das bênçãos encaminhadas do mundo sutil. Em seu coração, pensava em Andrea que renasceria nas mais difíceis condições por ser suicida, talvez experimentasse a indigência, embora ele não soubesse quando isso se daria. Não tivera outras notícias de sua irmã desde que a tinha visto no dia do perdão.

Depois daquela data festiva, em que a alegria tomou conta do palácio, entre folguedos e travessuras do novo rebento, Victor retomou a antiga proposta de buscar conhecimento. Em menos de um mês preparou os papéis para outra viagem ao Egito e, depois, iria às Índias entregando a administração do castelo de Montalban para seu amigo, dom Niccolo, e para sua prima, Verena Mia.

– Cara amiga Verena, meu coração me chama mais uma vez para buscar as luzes dos povos que acreditam na reencarnação. Na primeira viagem que fiz, construí minha reputação de médico espiritualista e depois muitos compromissos me detiveram junto a minha irmã, aos meus pais e primos. Agora, sinto-me livre para tomar essa decisão outra vez. Os tempos são chegados e preciso partir – ele disse com sinceridade na voz.

– Meu amado Victor, sentiremos a sua falta. Sua presença é para mim como um luzeiro na escuridão, suas preces são como aberturas do mundo invisível e seu exemplo muito me comove. Quisera desfrutar mais tempo de sua companhia, mas sei que estaria tolhendo o seu crescimento e a sua busca e isso é a última coisa que quero – respondeu a mãe de Luigi.

– Quero que assuma o castelo junto com seu marido. Meus títulos já abdiquei em favor de seu filho, pois sei que não retornarei. Meu destino é me oferecer em devoção e pedi trabalho junto ao serviço médico em favor dos que são atendidos no Hospital Maria de Nazaré, na espiritualidade. Terei mais tempo para me dedicar ao preparo, ainda encarnado, para esse acolhimento tão necessário aos irmãos infratores pelo suicídio – ele disse comovido.

– Muito nobre a sua ideia, meu amigo. Pode ficar tranquilo, conduziremos suas obras de caridade com desvelo, porque sabemos da importância que tem atribuído a elas – a jovem elucidou, incluindo o parecer de seu marido, porque tinha certeza do apoio dele.

– Nunca se afaste da caridade nem da oração, Verena! Darei notícias minhas quando possível, mas não alimente esperanças pelo meu retorno. Os anos vão levando o corpo, mas o espírito cada vez mais se ilumina nessa jornada.

Dizendo isso, os primos se abraçaram numa despedida carinhosa e Victor seguiu com seu plano de ação, rumando para o Oriente, onde buscou os antigos mestres encarnados, por orientação dos mestres desencarnados que cuidavam de seu aprendizado.

* * *

Mais uma vez o tempo passou, sem que se pudesse anotar nada de destaque e enquanto as crianças cresciam, os jovens esposos se dedicavam ao cuidado do palácio. O mundo sutil tecia suas tramas de vida para orientar as futuras vidas daqueles que se amavam no mesmo núcleo familiar.

Certo dia, Verena estava numa das saletas de estudo, junto ao grande salão de baile, um dos seus locais preferidos, por ser a sala que Victor sempre usava. Ela passou por um leve torpor e no sonho viu seu amado primo. Ele veio vê-la e falou com ela, mas já estava em outra faixa da existência. Ele pedia que ela ajudasse uma amiga dele que viria a Madri por aqueles dias. Remoçado, aparentava a juventude de quando fora estudante das escolas de mistério egípcias trajando a toga dos iniciados.

– Minha prima, "o vento sopra onde quer"[42] e assim também o pensamento orquestra as idas e vindas do espírito. Agora entendo! Estou entusiasmado com minha nova condição, não fique triste por mim. Aqui onde me encontro vejo minha irmã Andrea e meus pais sempre que posso. Junto com eles, pretendo preparar o nosso regresso ao mundo físico. Tenho permissão para inspirar Alexis e outros colegas de ideal na Associação de Beneficência que está resplandecendo de luz espiritual pelo trabalho que realiza. Venho, querida amiga, buscar o seu pensamento para que me compreenda, porque sei que seu coração é sincero e que me ama porque somos almas irmãs em ideal. Venho pedir que não chore minha morte, que continue o grupo de oração, em nosso amado lar, por todos os que procuram nossa casa e que estejam em sofrimento. Minha querida, alerto que este trabalho é muito importante, por meio dele poderemos galgar muitos degraus da evolução. Minha prima, chegará ao seu conhecimento uma carta vinda da França ou das Américas de uma amiga de longa data que precisará dos seus esclarecimentos. Preciso que a acolha em meu nome.

Verena Mia despertou sentindo-se saudosa da presença de Victor. Refletiu sobre o teor do sonho e se lembrou das recomen-

---

42 João 3:8.

dações claramente. Ao final da tarde, confirmando sua visita naquela noite, viera uma carta internacional, mais precisamente de Bangladesh, que informava que seu primo, Victor, tivera um mal súbito que lhe furtou a existência. Não conseguiu atender ao pedido daquele espírito amigo de seu coração e chorou sentidamente.

No outro dia, ela encaminhou à família as missivas comunicando o falecimento daquele primo preferido de todos. Na Associação de Beneficência, Niccolo esculpiu um busto da figura altiva de Victor, em sua homenagem, com seu nome e as datas de seu nascimento e morte, tornando-o imortal patrono da instituição.

Capítulo 21

ÉTOILE RETORNA

... Marcus de Villiers, espírito arrependido e trabalhador, era considerado de **boa vontade**, nos códigos espirituais.

(*O drama da Bretanha*, epílogo, grifos do autor espiritual)

Paris não tinha mudado muito durante aqueles doze anos em que Étoile vivera na América, exceto pela situação política que sofrera altos e baixos com ascensão e queda de Napoleão. Ela estava de volta e era o ano de 1818. Os nobres tinham retomado a paz, com restauração da monarquia, desde que o rei Luís XVIII assumiu a posição que herdou. Era estranho para madame Villiers estar ali tanto tempo depois, como se sua vida antiga trouxesse de volta os velhos medos. Agora que regressara, ia se lembrando das mesmas sensações. Enquanto seu coche seguia pelas vias tão conhecidas suas, voltava à memória o passado. Que aventura vivenciara em sua vida! Saíra dali muito jovem, quase uma criança, lembrava-se das tardes nos parques da Bretanha com detalhes ricos e vívidos: o carinho dos pais, as dores de sua irmã, as adoradas flores que enfeitavam os cenários por onde passava, até mesmo os animais que serviam à casa eram lembrados em suas minúcias e com profunda gratidão. Refletindo ainda sobre o que passou, ela se deu conta de que os anos da infância se passam céleres. É uma época bonita, quando não se tem noção do tempo nem do futuro. Ela se lembrou de sua juventude, das buscas pelo casamento, do tempo de incertezas e do martírio que sentiu próxima a Saint-Omer, quando Marcus a salvara e a levara a conhecer o Novo Mundo. Tivera dois filhos em solo americano e ela, corajosamente, os trazia de volta sozinha, para serem educados com mestres e preceptores renomados.

Seu pensamento vagueou pela terra de sua fazenda que acabara de deixar. Nunca poderia pensar que encontraria indígenas tão próximos às civilizações, mas convivera com eles e com suas particularidades, presenciando a indiferença com que eram tratados. Seu coração, no início preconceituoso e frio, foi sendo cativado pelos seres humanos tão diferentes em traços físicos e costumes da nova terra. Transcorridos os anos, ela sentia que suas perspectivas tinham se alargado para caber outros povos, outras raças, outras crenças que não as suas e ela estava em paz com isso. Não pudera fazer muito para desfazer o preconceito existente: lecionara alguns anos para os filhos de seus colonos, filhos de escravos e outras crianças das redondezas, incluindo indígenas, e tinha deixado esse trabalho bem encaminhado com algumas companheiras de ideal. Sentia orgulho de ter sido pioneira na questão da humanização e dignidade daqueles irmãos.

Seus momentos preferidos nas terras da Louisiana foram vivenciados junto aos escravos. Outro povo sofrido com que ela se deparou na nova terra. No final da tarde, ela ia contar algumas histórias e ensinava-os a ler. Não raro, Marcus se encaminhava à pequena escola que funcionava no celeiro e as crianças corriam para saudá-lo com alegria espontânea. Eles se encarregavam de puxar o cavalo enquanto os dois vinham para casa conversando sobre a igualdade, a liberdade e a paz.

Seu marido era muito rico e vivera em paz por meio da sustentação de sua fé, mas poderia ter ajudado muito mais os povos que eram submetidos pela força das armas. Ele pensava na caridade, nas boas obras, na assistência aos menos favorecidos, mas não se sensibilizava com a questão da escravatura e seguia como os outros fazendeiros, pensando apenas na economia. Sem essa abertura, o coração dele se endurecia, dividindo o mundo entre nós e eles. Acabou por enrijecer-se quando sucumbiu às armadilhas do destino.

Nos últimos anos que Étoile lá viveu, principalmente, após o nascimento de seu filho mais novo, os índios se mostravam cada vez mais agressivos e ousados à medida que havia o avanço sobre suas reservas e os tratados de paz eram rasgados. Os limites entre as terras eram complicados e a intolerância acirrava os ânimos de ambos os lados. Num desses embates, a família de Villiers sentiu de perto a retaliação que culminou num acidente de morte.

Étoile tentou forçar a memória para lembrar onde o principal litígio com os índios havia começado. A condessa de Saint-Patrice voltou ao dia em que estava com os filhos e alguns escravos almoçando sob frondoso carvalho, quando se distraiu por alguns minutos ajudando seu filho Jules a se sentar. Voltando o rosto para a toalha sobre a mesa improvisada pelos escravos, onde o repasto era servido, buscou Andrea Delphine, sua filha e não a encontrou.

Ela se levantou e indagou das amas onde estaria a criança, mas elas não sabiam por que cuidavam de buscar a alimentação junto aos escravos que traziam os apetrechos e cestas. Em poucos minutos, os negros saíram em busca pelo local, gritando pela menina, a plenos pulmões, sem a encontrarem. Adentraram as matas, voltaram pela trilha do caminho, chegaram ao rio Mississipi, a pouca distância dali, e não acharam ninguém. A mãe, aflita, deu ordens para regressarem à casa para chamar os guardas da fazenda para que procurassem com os cães de caça, para farejar por onde a pequena poderia estar.

Já em prantos, a condessa de Villiers comunicou a Marcus sobre o ocorrido e ele organizava a busca quando avistou um representante dos nativos Choctaw caminhando em direção a eles. Ele vinha desarmado e trazia a senhorita de Saint-Patrice pela mão.

Os homens que já estavam preparados para sair, montados em seus cavalos e portando as armas, ao comando do conde, correram em direção ao intruso em disparada. Liderados pela mão firme do dono das terras, detiveram a montaria enquanto ele descia para confrontar o nativo.

As dificuldades linguísticas limitavam a comunicação, mas os gestos não deixavam dúvidas. O indígena, vendo que os fazendeiros se aproximavam, deixou a pequena Andrea e, rapidamente, levantou os braços em sinal de pacificação. Marcus abraçou sua filha em segurança enquanto observava a fuga do nativo. Pouco depois ordenou que o perseguissem. Horas mais tarde, a notícia tinha se espalhado. Uma menina branca tinha sido roubada pelos indígenas. As comissões religiosas e a união dos fazendeiros iniciaram a perseguição aos Choctaw, enquanto a família se certificava de que a pequena Andrea nada sofrera a não ser a confusão de estar perdida na mata.

A partir desse dia os conflitos se tornaram constantes, havia sempre o medo e a prevenção quando se saía para as terras fronteiriças. Assim, passou-se o tempo, até que Marcus saiu em uma caçada e seu cavalo caiu em uma vala encoberta pela vegetação, não se soube dizer se era alguma armadilha indígena. O cavalo ficou preso e o cavaleiro ao cair feriu-se numa ponta de galho. Ele estava nos limites com o território selvagem e foi carregado de volta por seus homens de confiança. Depois disso, Marcus adoeceu gravemente e Étoile pensou em todas as possibilidades para seu destino e de seus filhos. Ele já não era mais o homem adulto e vigoroso que ela conhecera, estava cansado e vivera uma boa vida ali, porém dura e desgastante. Se ele morresse, ela não poderia ficar com duas crianças num lugar onde a força bruta era a lei. Resolveu que partiria de volta à Europa, mesmo antes de saber que o ferimento de seu marido seria fatal, pois que infeccionou.

Marcus morreu em seus braços, tremendo de febre, inchado pelo mal que o vitimou. Como viúva, ela se vira cercada por serviçais e escravos num lugar onde as forças masculinas imperavam, imediatamente, traçou um plano de retorno. Alguns meses de preparativos para o arrendamento da fazenda. Houve uma busca pelos recursos com os conselheiros de seu marido, ao mesmo tempo, correspondia-se com os administradores do patrimônio de Villiers na França para retomar o palácio de Paris em seu regresso. As guerras napoleônicas tinham se findado desde 1815, conforme lia nos jornais, vindos da Europa, que seu marido mandava buscar. Como havia um herdeiro, que era o pequeno Jules, os títulos de nobreza e todos os bens lhe pertenciam e Étoile, como mãe, zelaria por ele.

Porém, rapidamente, descobriu que sem a presença masculina ao seu lado, não desfrutaria do prestígio que sempre recebera. Tudo se demorava mais, mesmo dentro da fazenda, sua autoridade agora era questionada pelos administradores. Precisava regressar para sua terra natal e foi o que fez. Agora, depois de tanto tempo longe de casa, estava de volta.

Passaram-se doze anos e ela estava no esplendor de sua beleza de madona. Vivera em seu casamento muito bem, cercada de conforto e luxo que o dinheiro de seu marido podia comprar e possuía tudo que era possível ter num lugar novo como a América. Vivera uma realidade muito diferente daquela que experimentara em sua infância, na companhia dos pais. Quando o seu casamento se tornou a amarga viuvez, ela sentiu o peso da responsabilidade e a grande saudade voltou a assaltar seu coração.

O estado de apatia e tristeza naturais, após o falecimento de pessoa tão próxima, vieram fazer-lhe companhia nos primeiros meses, porém, nunca mais se deixou levar pelas ideias lúgubres de suicídio e ela sabia que na Louisiana vivenciara nova ambiência, mais purificada, junto à Natureza que a beneficiou. Apesar de conviverem com constantes ataques indígenas nos últimos anos e em prontidão para a luta de defesa de seus interesses ali, morava em grandes áreas verdes originais que recompunham seu estado de espírito fragilizado. Quando percebeu que era hora de partir e de mudar, reuniu sua força e determinação, lembrando-se dos conselhos de Victor de Guzman que lhe dissera para ter a coragem de viver uma vida digna e honrada. A coragem que Andrea não teve.

Ela sentia como se tivesse encerrado um ciclo de vida, como se tivesse realizado tudo que precisava fazer ali na América, não queria nem podia permanecer naquele lugar sem seu marido. Fora esposa dedicada, cumprira seu papel junto a Marcus e, agora experimentaria certa liberdade. Era rica e independente, tudo que sempre sonhou ser. Agora, precisava pensar no futuro de sua família, de seus filhos. Marcus ficara no passado, ela estava sozinha e viajaria de volta, tendo de levar consigo suas crianças no regresso pelo mar.

A digressão se findou e ela retornou ao momento presente. Agora que chegara, lembrava a grande aventura de sua vida. Os pensamentos se desfizeram como fumaça e ela voltou à realidade e ao momento presente. Olhando para frente, viu as figuras alegres de seus dois filhos, que seguiam comportados sacudindo suavemente com o balanço da carruagem.

Andrea Delphine de Durant Allorge e de Villiers, mademoiselle de Saint-Patrice era muito parecida com o pai. Tinha a coragem e a impetuosidade dele e contava hoje com dez anos de idade. Era uma criança muito bonita, com feições galesas da melhor estirpe. Como toda mãe preocupada, Étoile queria que ela tivesse a melhor educação da França e pensava, havia alguns anos, em mandá-la à Europa, com uma dama de companhia. Agora que sua vida definitivamente mudara, estava tendo a oportunidade de vir com ela.

Seu segundo filho era Jules, tinha oito anos e a idade mental de quatro, puxara as feições de sua própria família. Os olhos dele, ligeiramente amendoados lembravam a languidez de Esmeraud; o queixo quadrado, desenhado em angulações retas sugeria a severidade do avô, ao mesmo tempo o menino era doce e repetia a amorosidade da avó. Era uma criança muito alegre e espontânea. Um médico americano dissera que ele não viveria por muito tempo e isso dava um certo aperto no peito. Pensava que ele deveria estar errado. Sua fiel criada particular, Martha, que a tinha acompanhado na aventura do casamento, apesar de já ser idosa, cuidava do menino com carinho e era designada especialmente para acompanhá-lo todos os dias.

Naquele dia de retorno, em que revia Paris, Étoile não parava de pensar no passado, porque os lugares que sua vista alcançava estavam repletos de recordações. Agora as pessoas reviviam em sua mente com rapidez, primeiro surgiu a figura de sua avó falecida, depois, Esmeraud, seus pais, as mademoiselles de Blanchard, Jean Claude... Ela não se deteve na figura do cunhado, ainda que em pensamento, conseguira esquecê-lo e não queria essa reconexão. Sem esforço, ela se lembrou do penhasco e da suicida que a influenciara. *Como seria se voltasse para lá?* Aquele drama tinha acontecido havia muito tempo e as impressões, com certeza, se tinham dissipado.

Ao se lembrar do sofrimento do passado, veio-lhe à mente a imagem do visconde de Guzman que impressionara fortemente suas escolhas com a firmeza de caráter de que ele era possuidor. Tinha escrito a Victor por algumas vezes após o nascimento de seus filhos e obtivera respostas elucidativas e reconfortantes, como sempre. Entre os esclarecimentos que fizera, ele explicou que seu destino estava ligado ao de Andrea de Guzman pelos laços do passado distante. Disse que em sua família se abrigavam dois espíritos que muito necessitavam se harmonizar com Marcus de Villiers e que vieram renascidos como seus filhos. Ela meditou por longo tempo a partir dessa afirmativa e concluiu que Victor estava certo – havia mesmo a transmigração da alma, a reencarnação, princípio que ele defendia e tinha explicado detalhadamente em suas cartas. As crianças eram muito diferentes entre si, já traziam traços distintos de personalidade, apesar de terem nascido dos mesmos pais e de terem sido criados pela mesma família.

Assim que decidiu que regressaria a Paris, surgiu-lhe a ideia de fazer contato com Madri para entender melhor aquelas informações. Se preciso, estava disposta a empreender uma viagem à Espanha. Tinha escrito ao endereço que ainda guardava consigo antes mesmo de deixar a Louisiana, mas obteve a resposta a sua missiva, vinda de uma prima de Victor chamada madame de Montalban. Tratava-se de Verena Mia. Ela esclarecia que os pais de Victor tinham falecido e que ele se tornara o novo conde. Havia dois anos que ele estivera viajando pelo Oriente para estudos e, infelizmente, falecera realizando o seu sonho de praticar os ensinamentos de Cristo: a caridade. Verena foi simpática em sua carta e a convidava a ir a Madri conhecer o projeto de amparo a doentes e órfãos que Victor havia fundado.

Madame de Villiers se entristeceu, não tivera a oportunidade de estreitar os laços de fraternidade com seu grande conselheiro e amigo, Victor de Guzman. Passou a cismar sobre as idas e vindas da vida. Ela não compreendia a razão pela qual houvera tantos desencontros com aquele amigo que a considerava verdadeiramente como uma irmã.

Finalmente, a carruagem interrompeu o movimento moroso e os passageiros perceberam que tinham adentrado os pórticos da mansão enorme, ladeada por magnífico jardim. Quando, efetivamente, o movimento parou, as crianças se levantaram ao mesmo tempo, ansiosos por deixar aquele lugar apertado. A portinhola se abriu e os criados os levaram pelas mãos. Estavam exaustos de tanto viajarem. Martha cuidava do pequeno Jules, enquanto a fiel Matilde, cuidava de mademoiselle Andrea Delphine. Marshal tinha descido à frente e já se ocupava dos baús.

Ao adentrar o palácio de Villiers, Étoile se lembrou do início de seu casamento e da viagem de núpcias percorrendo a França, por lugares onde nunca havia estado. Era um presente de casamento, que Marcus carinhosamente lhe ofertara. Fizeram uma parada em Paris por uma semana antes de seguir para o Golfo de

Lion, passando pelas grandes cidades, depois, navegaram pelo mar Mediterrâneo até Portugal, onde tomaram o navio para cruzar o Oceano Atlântico. Uma verdadeira aventura. Agora estava de volta e percebia que estava tudo como era antes guardando nos recantos, nas portas e nos entalhes, lembranças agradáveis de uma expectativa quase infantil a respeito do que viria a ser sua vida de condessa de Villiers e a respeito do novo mundo.

No grande salão, pôde abraçar seu pai e sua mãe que tinham vindo da península da Bretanha para esperá-los ali e, finalmente, conheceriam seus netos. O alvoroço das bagagens e o falatório dos parentes que não se viam há muito tempo, deixaram o pequeno Jules muito assustado. Por ordens da condessa de Saint-Patrice os rebentos foram levados para trocarem as roupas de viagens e para se alimentarem adequadamente. Os avós lamentaram ter de se afastar dos netos tão rápido. Era gratificante poder vê-los cheios de vida, contudo precisavam descansar.

Muitos detalhes da situação de sua nova vida vieram à mente de Étoile quando sua mãe começou a perguntar o que pretendia para o futuro e seu pai começou a falar sobre a escolha de um novo marido. A situação de viuvez mudava seu *status* social e era de se esperar que ela não ficasse sozinha. Ansiosa por saber como ficariam seus netos a condessa Allorge a enchia de perguntas:

– Minha filha, sinto muito por seu marido. Ficamos muito tristes com a morte dele. Como foi isso? Marcus estava habituado a cavalgar. Como caiu?

Embotada pela emoção que ficou contida o tempo necessário para resolver sua viagem, a recém-chegada articulou duas palavras:

– Minha mãe... – duas lágrimas escorreram pelos olhos da viúva, tornando-os mais brilhantes e expressivos e ela principiou a contar sobre o problema dos limites das terras e sobre o conflito com os nativos. Quando terminou de falar, percebeu que se fazia de forte e que ainda não tinha chorado a morte de Marcus, que não tinha contado a ninguém aqueles detalhes tão difíceis de sua vida. Uma criada, que tinha sido designada para trazer o chá, buscou célere um lenço e o ofereceu à senhora. O conde Martin Felipe exclamou:

– Que bom que tenha tomado a decisão de regressar. Desde que soube o que se passou, fiquei pensando nas condições em que poderia viver uma viúva com dois filhos, sozinha num lugar distante. Por isso, escrevi, convidando-a a morar conosco até a escolha de seu novo marido.

Ao se lembrar daquele convite, a filha estremeceu levemente. Não queria voltar a viver sob o jugo paterno, tão pouco pretendia se casar de novo.

– Meu pai, quando sua carta de condolências nos alcançou já estávamos à espera do navio que nos traria de volta. Agradeço seu interesse e seu convite, mas pretendo residir aqui em Paris, meus filhos precisarão de bons preceptores e estou cansada da vida rural. Este palácio pertence ao pequeno Jules, que é herdeiro de Marcus e preciso cuidar de seu futuro.

A conversa girava em torno dos desafios enfrentados na nova vida, a condessa quis saber sobre a fazenda nas Américas e Étoile alegou cansaço. Mais tarde se reuniram para o jantar e ela relatou sua história com maiores cores do que os trechos que lhe voltaram à mente na carruagem, mais cedo. Entre as informações que cedia, omitiu propositalmente alguns detalhes mais impactantes, porque não queria assustar seus pais.

Mais tarde, quando se reuniram, Camile Ambre indagou sobre o assunto que Étoile estava se preparando para enfrentar desde que saiu da Louisiana. Observando o menino falar com limitações e se movimentar com ajuda permanente, ela disse:

– Por que o novo conde de Saint-Patrice não se comporta bem? Parece um bebê, sempre cercado por Martha. Quantos anos ele tem?

A condessa de Durant não sabia da situação do próprio neto e estranhava que ele fosse diferente do que se lembrava sobre as crianças mais crescidas.

Retomando o recato, como cabia a sua posição de condessa de Saint-Patrice, Étoile se encheu de paciência para explicar que seu filho nunca se desenvolveria no tempo de uma criança comum. Ela não podia contar à sua família sobre as implicações de vidas passadas que Victor de Guzman explicara a ela por cartas. Jules precisara nascer naquela condição pelo abuso da inflexão mental ao influenciar Andrea de Guzman. Por remorsos, tivera o próprio pensamento embotado, respingos de sua ação ao engendrar e executar sua vingança levando sua vítima ao suicídio. Nada disso poderia ser comentado, uma das mais expressas recomendações do visconde de Guzman sobre o assunto. Com sentimento de indignação, Étoile ouviu sua mãe sugerir afastar o pequeno Jules da convivência com as demais pessoas, por decoro. A condessa de Saint-Patrice ignorou o comentário, porque tinha fé nos professores franceses.

Passaram ao salão para o jantar, que transcorreu entre outras indagações. Foram, então, degustar a sobremesa e se sentaram nas confortáveis poltronas revestidas de veludo, ornadas com ouro e enfeitadas com pedras preciosas, ao estilo Luiz XV da sala de chá para continuar a conversar por horas sobre lembranças agradáveis e sobre planos futuros.

Quando perguntou por sua irmã Esmeraud e seu marido, Étoile se assustou com a resposta. Ela se lembrava de tê-los incluído no convite para virem ao palácio de Villiers e para o jantar de boas-vindas que estava promovendo. Indagou a sua mãe, por que ela não tinha vindo com Jean Claude. A condessa respondeu, levando o lenço ao nariz:

– Nossa Esmeraud está acamada há alguns meses. Sinto informar que sua saúde está abalada emocionalmente. Não pudemos trazê-la conosco porque está melancólica, introspectiva e chorosa. Não quer sair de seu antigo quarto de criança. Teremos de retornar assim que possível para assisti-la.

Aquela notícia foi comovente, mas de alguma maneira Étoile esperava que algo semelhante estivesse fadado a acontecer com sua irmã devido ao seu temperamento. Refletindo um pouco antes de falar, perguntou:

– Quanto ao marido dela? Não é responsabilidade dele essa função de velar pela nossa doente? Ela não está com ele no castelo de Saint-Pierre?

– Há mais de dois anos que Jean Claude não retorna à nossa península. O pai dele faleceu há alguns anos, e ele, alegando negócios pelo mundo, viajou. Vez por outra manda notícias de seus investimentos. Está, ao que parece, em viagem de navio pelas costas da Inglaterra, fazendo comércio marítimo. Um sonho antigo de fazer fortuna internacional. Ele sabe que não será acompanhado pela esposa, jamais, nessas aventuras. Nossa querida Esmeraud não resistiu à solidão e à distância, voltou a morar conosco e está muito abatida desde então. Agora parece que todos nós moraremos juntos novamente. Os sobrinhos irão alegrá-la. Mal posso esperar para que Esmeraud conheça Andrea Delphine, que já está uma mocinha. Retorna conosco para a Bretanha, minha filha?

– Ah, minha mãe, não posso. Tenho de buscar educadores para os meus filhos, como expliquei. Antes de falecer, meu marido deixou claro que queria que a pequena Andrea fosse preparada para a vida. Ele deixou um bom dote para ela e quer que ela aprenda a tomar conta do que é dela e que seu casamento seja por escolha própria. Quanto a Jules, tenho esperança junto às novas metodologias de ensino. Ele poderá se desenvolver – ela disse isso com tristeza na voz, depois continuou: – Mesmo para ele, queria descobrir se há bons preceptores que se possa contratar.

Sua mãe respondeu um pouco desacreditada da própria informação que dava:

– Soube pela modista que visitei na semana passada, que as famílias aqui de Paris estão encaminhando seus filhos ao professor Pestalozzi, em Yverdon na Suíça. Ele abriu uma escola por lá e há também turmas para meninas e para crianças com problemas.

Parece que o futuro agora serão essas escolas. Por que não procura saber sobre esse professor, talvez possa encaminhá-las aos estudos ao invés de contratar preceptores?

Assentindo com a cabeça, a viúva achou interessante aquela novidade e tomou notas mentais para resolver a questão da educação de seus filhos.

O conde Martin Felipe, que estivera calado, observando a esposa e a filha conversarem, chamou um criado pedindo os jornais daquela manhã e mostrou à filha um anúncio que tinha lido:

> "Pestalozzi, o renomado pedagogo, abriu um instituto para meninas, num edifício pertencente à Câmara Municipal de Yverdon, na Suíça. A escola é dirigida por Magdalena Custer."

Assim que seus parentes retornaram às costas da Bretanha, a senhora de Saint-Patrice organizou sua partida para Yverdon. Queria conhecer o mestre que se tornara tão famoso na Europa por seus métodos inovadores. Sua filha poderia entrar em contato com a ciência e teria uma educação que priorizava as questões morais e as virtudes humanas. Soube que na escola de Pestalozzi as crianças poderiam contar com professores comprometidos com o enobrecimento da moral. Eles aprenderiam as ciências da experimentação natural, teriam os exemplos dos mestres presentes no instituto e se desenvolveriam plenamente.

Andrea Delphine merecia estudar entre aquelas meninas e se o professor era tão genial, poderia também recomendar um método que incentivasse a inteligência do pequeno Jules. Conseguiria que os dois pudessem ficar internos em Yverdon.

Capítulo 22

REENCONTRO JUNTO AOS LILASES

...Victor, que já realizava serões em seu lar, com a família e a criadagem, instruindo-os no Evangelho do Cristo de Deus, iniciou também o estudo da doutrina secreta que aprendera de mestres orientais...

(*O drama da Bretanha*, **cap. V**)

O dia estava bem nítido e possibilitava que se visse desde as sólidas escarpas junto ao mar até o horizonte. O local que abrigara o desespero de Andrea de Guzman parecia agora somente um lindo cenário pacificado. A brisa voltara a sussurrar as bênçãos de purificação e o arco celeste, salpicado de pequenas nuvens, refletia o brilho intenso do sol, que aquecia os corações.

Após muitos meses de seu regresso das Américas e após relutar com a insistência da família, Étoile tinha vindo à península da Bretanha para visitar sua irmã Esmeraud, que ainda não se recuperara da tristeza por aborrecimentos com o marido. Ela viajava tranquila porque seus filhos tinham ficado sob os cuidados do Instituto Pestalozzi, na Suíça, onde ela estagiara em apoio e sondagem por mais de seis meses. Quando se certificou de que seus dois tesouros ficariam bem, retornou a Paris e se viu preparada para rever seu passado. Agora ela viajava ao lugar de sua infância sozinha e investida de boa vontade para com a irmã mais velha. Tinha se esquecido das diferenças entre elas e constatara a delicadeza emocional de Esmeraud. Pensava apenas revê-la e cuidar dela como cabia a uma cristã. Precisava se certificar com seus próprios olhos do estado de sua irmã e pensar como faria para ajudar.

Seu pai insistia em um novo casamento, mas ela refutava a ideia alegando que seu tempo de luto e viuvez ainda não tinha se extinguido. Não cederia facilmente dessa vez, ou antes, pensava em conseguir um arranjo de casamento que lhe permitisse certas exigências muito bem articuladas em um contrato em que a fortuna de Marcus e dela estivesse bem assegurada para seus filhos. Este era o seu principal argumento quando Martin Felipe voltava ao assunto.

A carruagem que a conduzia de volta às terras de seus pais fizera barulho insistente e repetitivo pelas morosas estradas e madame de Saint-Patrice acabara por adormecer. Quando acordou, seu rosto estava marcado pelas rendas e bordados das almofadas onde se apoiara e pediu que fizessem uma parada para que pudesse tomar um pouco de ar. Estava quase chegando e não queria rever os pais com expressão de cansaço. Uma caminhada pelos arredores a recomporiam um pouco.

Passavam na estrada real, exatamente pelos parques aos arredores do castelo de Saint-Pierre e ela desceu para caminhar, enquanto seus cocheiros aproveitavam para se certificarem das condições da roda que rangia, dos animais e dos baús que traziam. De imediato, Étoile reconheceu o lugar que tanto marcou sua juventude. À medida que caminhava, temia estar adentrando o terreno delicado do passado distante. Reconhecia as veredas recobertas de musgos, as flores de lilás delicado e os carvalhos altaneiros que preenchiam de sombras o caminho. Mais adiante entreviu um vulto masculino que pensou ser a recordação dos dias de juventude agora voltando à vida.

Afastou-se tanto do coche que não ouvia mais os homens. Desceu por uma alameda oculta pela vegetação exuberante do local e, depois de uma curva, entre os carvalhos, vislumbrou o lugar exato, cercado de flores lilases, onde tinha conversado por duas vezes com Jean Claude.

Ela não tinha premeditado chegar até ali, nem de relembrar os momentos românticos, porém viera, estava entre as flores de sua juventude, colhendo lembranças e ternuras. Era um local que exercia sobre ela um magnetismo especial. Notara que as folhas estavam orvalhadas e guardavam em si o encanto do passado. Momentos há muito tempo esquecidos. A emoção que sentiu foi gostosa e ela se deixou levar pelas impressões que assaltavam o seu coração.

A cena inesquecível do primeiro beijo tomou forma em sua mente. Um momento rápido e intenso, que tocou a profundidade de sua alma, fazendo com que mergulhasse num mundo onírico e belo como todos os sonhos que se seguiram. Sem esforço de memória, ela se lembrou do segundo encontro, entre recusas e ousadias. Naquele dia do passado houve uma promessa de que voltariam a se encontrar e isso estava prestes a acontecer. *Onde estaria Jean Claude? Ainda em viagem? Teria de vê-lo no castelo de sua família?*

O tempo tinha passado e as juras de amor se tornaram um eco pálido do que havia sido bom em sua juventude. Ela tinha amadurecido muito, já não era a jovem apaixonada que esperava um bilhete para se dizer feliz. Ela era uma viúva e seu amado da adolescência continuava preso a um casamento sem amor, com sua irmã Esmeraud. O choque da dura realidade apagou os sonhos e as flores pareceram murchar e desbotar desinteressadas da vida.

Para se prender ao que se esvaía, ela fechou os olhos e voltou a sentir o perfume que remetia ao momento mágico de sua aventura, quase infantil, de se interessar por um vizinho, durante desabrochar das flores azuis, uma novidade para o seu coração. Espantou o pensamento que pareceu muito longe no tempo. Tantas coisas aconteceram depois, tantas aventuras de vida num lugar muito diferente dali: com marido, filhos, compromissos que se efetivaram. Marcus se mostrara um bom companheiro, dedicado e carinhoso. Ele havia preenchido seus dias de abundância e completude. Ela se perguntava de que mais precisaria na vida. Era rica, possuía dois filhos e uma herança que garantiria seu futuro. Não precisava retomar uma aventura adolescente que comprometesse sua estabilidade. Não precisaria se unir a outra pessoa por qualquer motivo que fosse. Porém, o coração a traía ao se lembrar de Jean Claude. Do jovem impetuoso e atrevido que ele fora.

As tílias orvalhadas refletiram o brilho do sol ofuscando a vista de Étoile, quando se virou, sentiu atrás de si um movimento de alguém que se aproximava. Ela pensou ter ouvido um ruído diferente entre as folhagens e, quando olhou para trás ela o viu, concretizando seus sonhos juvenis ali relembrados.

O conde de Saint-Pierre estava muito elegante em suas roupas de montaria. Nas têmporas dele, havia alguns fios brancos revelando que o tempo tinha passado e o olhar distraído tinha conquistado uma expressão mais consciente. Ela estremeceu levemente ao constatar que aquela imagem não era a sua imaginação. Era ele mesmo que ali se encontrava.

O primeiro choque que recebeu foi o susto pela presença daquela sombra de seu passado, porém a imagem que tinha dele de alguma forma perdeu o brilho especial. Ele era apenas mais um homem. Com coragem, refreou seus instintos, agora bem aguçados, de exigir reparação, depois pensou melhor e disfarçou como pôde as emoções. Dentro do coração descompassado, ela descobria que o sentimento estava vivo. O amor adolescente do passado tinha adquirido agora o olhar maduro, refreando os impulsos irresistíveis. Ela se lembrou das palavras de Victor de Guzman, do cuidado que ele sempre recomendava para com os sentimentos. Mentalmente, fez uma prece e perguntou como poderia compreender o que sentia. Precisava agir da forma correta, crescer e se desenvolver para o bem.

Ele sorriu e se aproximou dizendo com a voz impostada:

– Condessa de Saint-Patrice, que prazer em revê-la! Estava cavalgando e vi a carruagem rumando ao castelo Allorge. Quando pararam pensei que havia algum problema com as rodas, mas me certifiquei de que não há. Os cocheiros disseram que a senhora preferiu parar. Está tudo bem? Foi apenas para recordar que veio a nosso local favorito?

Jean Claude sabia da delicadeza daquele reencontro. Ele sabia o que ela tinha vindo buscar naquele local que trazia caras recordações da juventude. Só poderia estar relembrando e revivendo o romance que viveram. Enquanto ele falava, ela parecia voltar de um estado de contemplação, como se despertasse de um torpor. Respirando, profundamente, reagiu e conseguiu responder:

– Sim, estou bem, não se preocupe. Preferi descer e caminhar um pouco enquanto me preparava para rever os meus familiares e o lugar onde passei a minha infância. Estes parques por onde caminhava sempre, essas veredas que tanto acalentaram minhas dúvidas juvenis. Receio que me atrase, meus pais me aguardam. Vamos embora!

Diante da recusa dela de permanecer ali, ele calou o ímpeto que sentiu de tomá-la nos braços e esperou, porque pensava nos dias que se seguiriam. Se ela voltasse a sair, poderiam se ver outra vez. Tinha apenas de deixar claro que a esperaria ali mesmo para que pudessem conversar, quem sabe agora que o tempo tinha transcorrido e ela não se via mais obrigada pelo pai ou pelo marido, poderia dar vazão aos sentimentos que, ele podia sentir, estavam mais vivos do que nunca.

Nenhum dos dois quis tocar no assunto do passado. Uma estranha sensação os seguia naquele local como se ali algo tivesse ficado por terminar. Ele tinha notado que o rosto de Étoile estava com expressão mais consciente e que ela tinha adquirido o olhar da maturidade, conferindo maior calma e graça aos seus gestos. Outros detalhes pareciam os mesmos: seu cabelo com brilho distinto arruivado e o discreto perfume de jasmim – exatamente como antes.

Caminharam em silêncio até a portinhola do coche, sem que lhes ocorresse o que poderiam conversar. Os pensamentos recorrentes e o magnetismo que os prendia deixavam uma sensação desconfortável nos dois. Se não poderiam ficar juntos por que seus corações se atraíam mutuamente?

Finalmente, ele criou coragem e disse:

– Estarei pelos parques, porque cavalgo todos os dias pela manhã. Se quiser me encontrar...

Ela desviou os olhos sem forças para encará-lo. Acompanhou-o com o olhar apenas quando ele se virou para subir na montaria. *O que ele estaria sugerindo? Maior aproximação entre eles?* O conde inconsequente acompanhou a carruagem em sua jornada de alguns quilômetros. Ele foi a frente, direcionando os cocheiros até a entrada do castelo Allorge, depois seguiu cavalgando.

Ainda aturdida pelo encontro, Étoile só percebeu seu erro quando cruzou os pórticos da imensa construção de pedras que costumava chamar de lar. Não deveria ter regressado, não sem seus filhos, não sem trazer o seu coração convicto do que queria e do que não queria. Teria de abreviar o tempo que ficaria naquele lugar. Pensava nisso, quando foi surpreendida pela amabilidade de sua mãe e de seu pai que a esperavam com uma surpresa especial: seu prato favorito, os *blanquettes de veau* e os doces de sua predileção.

Enquanto tomavam a refeição, ela pensava em várias desculpas que daria para poder regressar a Paris o mais rápido possível, quando foi envolvida pelos cenários de sua infância que tantas recordações suscitavam. A presença dos pais tão amistosos era uma agradável vivência. Esmeraud não descera e somente mais tarde Étoile pôde vê-la. Terminado o almoço, andou mais pelo lugar: galerias, ornamentos, lugares preferidos... ela ia se lembrando de cenas, de momentos tecidos de ternura, outros de severidade ou alegria.

Em seu antigo quarto, ainda decorado com o vaso repleto de pequenas flores azuis, ela sentiu lágrimas surgirem em seus olhos, comovida. Como pôde viver tanto tempo longe dali, não sabia dizer. *Como poderia ir embora sem nem ao menos dar-se tempo de voltar a se integrar com sua família e de se harmonizar com a ambiência?* A difícil escolha disputava argumentos em sua mente.

Remexendo nas prateleiras de seu toucador, encontrou algumas cartas de Victor de Guzman, que tinham ficado esquecidas em uma das gavetas de correspondências. Quando partiu após seu matrimônio, seus pais receberam e se esqueceram de as encaminhar ao novo endereço. Com curiosidade, leu os papéis que estavam amarelados pelo tempo, contendo valiosos conselhos que compensavam o esforço de procura por suas dúvidas encaminhadas antes. Agora, teria mais tempo, poderia se dedicar a descobrir tudo o que Victor de Guzman pretendia explicar. Seu coração se emocionou quando ela se lembrou de que seu amigo não estava mais entre os vivos. Fez um minuto de pausa na leitura e orou por ele. Sempre que pensava nele tinha a mesma sensação, de que seu confidente estava por perto, cuidando dela.

Ao orar por ele e pensar agradecida em todas as orientações que obtivera, sentiu um envolvimento, uma sensação agradável e pura. Percebeu que ele a amava no sentido cristão, que queria ajudá-la a realizar seus sonhos e propósito de vida: ser uma mulher mais independente e voltada para alguma tarefa de caridade. Movida por um impulso, abriu o compartimento onde guardava seus papéis de carta, timbrados com monogramas de sua família e os colocou diante de si, espalhando-os sobre a mesinha. Antes de chamar por sua criada de quarto, ela encontrou a pena e o tinteiro, porque se lembrou de onde os guardava. Em seguida, começou a colocar no papel uma torrente de ideias que surgiam ininterruptamente. Ela escreveu, admirada de sua habilidade inusitada, algumas palavras que pareciam vindas como resposta as suas questões e que pareciam ser uma carta de Victor de Guzman. *Como podia ser isso? Não conseguia entender.* Seguia apenas confiante, passando para o papel o que ouvia:

Querida amiga Étoile,

Não se assuste com este recurso de que me valho para escrever por sua própria mão, é um tipo de sensibilidade muito comum que, posteriormente, se tornará mais conhecida. Apenas sopro as palavras, sei que seu pensamento pode me ouvir e suas mãos as escrevem.

Embora não tenhamos nos encontrado para a conversa tão esperada que gostaríamos de ter realizado, tenho acompanhado seus passos por meio das cartas que trocamos, e agora, tenho inspirado seus pensamentos. Aqui na nossa península, torna-se mais fácil para mim, ditar esse recado. As lembranças abrem os caminhos das palavras, cara amiga.

Agradeço por ter seguido meus conselhos e por ter se tornado uma mulher muito sensata. Venho, ainda uma vez, orientar o destino daqueles dois seres por quem sua vida agora se motiva. Eles também me são caros, pois trata-se da filha que minha irmã teria e de outro caro amigo que precisa viver nas condições do pequeno Jules, conforme já expliquei.

Quero pedir um favor, mas antes preciso contar uma parte de minha história. Sei que era de seu interesse que nos encontrássemos, mas isso só é possível agora e dessa maneira. Aproveito para tomar seus votos de amizade e exponho um pequeno trecho de minha vida. Sei, também, que foi motivo de surpresa encontrar minha prima em meu lugar na Espanha. Deixe-me explicar as razões que me fizeram buscar essa parente nossa – Verena Mia – para convivência no palácio de Montalban. Para isso terei de contar um episódio de meu passado.

Corria o ano de 1786 e minha família habitava o castelo Saint-Omer, antes ainda da revolta do povo que culminou na queda da Bastilha. Eu contava meus anos de juventude e interessava-me muito por estudar os problemas alheios.

Meu pai queria-me na carreira política e fazia esforços para inserir-me no contexto militar sem sucesso. Obtive apoio de meu primo, Manfred de Guzman d´Aubry, e me encaminhei à região de Lorena para receber seus conselhos. Meu tio foi grande incentivador para que eu fosse estudar no Oriente.

O tempo passou, em 1788, quando a crise do país se agravou, meu pai me concedeu permissão de buscar meus estudos, se antes fosse com ele para a Espanha, onde eles queriam se estabelecer.

Certa noite, tive um sonho muito esclarecedor que serviu como orientação para minha carreira. Na sequência onírica, adentrei uma caverna por trás de uma cachoeira e encontrei um antigo mestre oriental, que se apresentou e me mostrou pergaminhos antigos. Nessas letras diferentes, pude ler que eu tinha um dever junto à medicina e que buscasse também aprender a filosofia oriental. Tratava-se do mestre Souria Omar, que depois, vim a saber, era um dos meus protetores. Esse sonho ficou por algum tempo voltando ao meu pensamento para que eu descobrisse o significado dele. Refleti muito e concluí que meu lugar não era na Europa e sim precisava partir para outro local onde a medicina fosse exercida junto com a espiritualidade.

Nossa família tinha decidido tomar o navio para a Espanha, porém, meu pai pediu para que eu fosse a Paris, resolver questões de nossa viagem. Buscava os condes de Montblanc, cuja família tinha muito prestígio junto ao rei Luís XVI. Conheci durante a visita a jovem filha dos condes, mademoiselle Marjorie Mallet, com quem me solidarizei e ofereci ajuda na figura de meu primo Manfred.

Quando aportamos em Santiago, soubemos que a família Montblanc havia perecido. Todos nós ficamos abalados e sofremos com a notícia, mas nada mais pude fazer a não ser orar.

Parti para o Egito, sem conhecer minha irmã Andrea, que não demoraria para nascer. Estava feliz porque teria um irmão que nasceria longe de conflitos, meus primos moravam com meus pais e todos estavam a salvo das perseguições aos nobres. A agitação política do país não permitiu meu regresso e fiquei estudando por muitos anos. Quando regressei à Espanha minha irmã já era uma linda mocinha e meus pais estavam animados com o nosso regresso a Saint-Omer.

No ano de 1804, voltamos à França, fui buscar notícias sobre a família Montblanc, especialmente de Marjorie. Os varões de sua família tinham sido decapitados, mas, pelo que soube, ela fizera-se passar por uma criada e conseguiu escapar à perseguição. Descobri após muito esforço e tempo essa informação. Estivera foragida buscando auxílio e consegui notícias de que fugira. Ela foi procurar meu primo, Manfred de Guzman d´Aubry, que morava próximo a ela, em Lorena, como eu havia recomendado no dia em que nos vimos. Na ocasião, ninguém conseguia se comunicar porque estávamos todos exilados, cada um seguindo seu caminho, com medo de dar notícias. Enquanto meu primo averiguava os direitos da herdeira dos Mallet, tomou-a por protegida e se apaixonou por ela. Preservou-a do frio e da fome, mas já era tarde porque estava enferma. A crise e a morte traumática de seus pais a fizeram triste e abatida, sem vontade de viver. Meu primo Manfred teve com ela uma filha, que preservou em sigilo até sua morte. A mãe da criança, que recebera o nome de Verena Mia de Guzman d´Aubry, faleceu ao dar à luz e ela foi criada em um convento das Carmelitas, na Baviera. Quando suspeitei de quem ela era filha, convenci meus pais a convidá-la para morar conosco. Minha mãe, à época, precisava muito de alguma jovem no lugar que Andrea outrora ocupara.

Agora conto com duas amigas na Terra que sabem de meu destino aqui no mundo invisível. Duas pessoas sensíveis que poderão me ajudar e a minha irmã: a senhora, cara amiga Étoile, e minha prima, Verena Mia.

Acontece que a roda da vida gira e as idas e voltas ao mundo das formas e ao mundo invisível se dá por pequenos arranjos de nossos superiores. Pedi a Deus que pudesse apoiar minha cara Andrea, mesmo que ela não possa estar em minha família e o farei. Como tenho liberdade para escolher como retornarei à Terra, escolho vir junto dela para ajudá-la e há um caminho do renascimento para mim. Se puder, ajude-me. Quero vir antes de Andrea, para melhor poder oferecer o amparo. Como suicida que foi, ela ainda espera nova chance de retorno à Terra.

Sei que o verdadeiro motivo que a trouxe às costas da Bretanha, minha cara, foi para ver e cuidar de sua irmã, porém há outro motivo em seu coração que o vejo bem e aconselho: analise bem o que sente e não perca seu objetivo de vida por uma emoção do passado que pode ser apenas uma ilusão. Seu compromisso com o futuro não será na vida rural de nossa península. Se preciso, leve sua irmã consigo para tratá-la longe daí. Peço que, assim que possível, pense no seu futuro e busque apoiar causas em nome da caridade. Seu marido a deixou muito rica, seus filhos estarão bem encaminhados se a sua postura se mantiver íntegra. É chegada a hora de agir.

O castelo Allorge e sua vida antiga são agora pequenos para os seus projetos e não mais podem servir aos seus propósitos, minha querida amiga. Cuide dos seus, mas não deixe que essa ação venha a tolher seus compromissos com a evolução. Pense na obra que poderá realizar, no seu filho que inspira cuidados, na orientação exata do legado de sua filha que herdará o trabalho social que precisa ser feito.

Pense bastante no que vou pedir agora, Étoile. O amor é o movimento que Deus nos pede para realizar: compartilhar de minutos do seu tempo, de sua disponibilidade, de sua oração. Cumpre-nos a dedicação e o cuidado com outro: aquele que nada tem, que está desamparado, que não tem o que comer ou onde dormir. O que não tem assistência e nem remédios. Mesmo dentro da família há pessoas necessitadas de carinho e de atenção, por mais que tenhamos de nos esforçar por amá-los no sentido da compaixão. São como crianças que precisam de carinho e amor e todo cuidado ao nosso alcance. Um recurso valioso que podemos utilizar é a oração pelos enfermos, feita com fervor ao pé do leito. Confio na sua dedicação a esses que sofrem, preferidos do mestre Jesus.

Peço que visite minha prima em Madri. Ela se chama Verena Mia de Guzman d´Aubry e Marino, está no palácio de Montalban. Fundei, junto com ela e seu marido, uma instituição de amparo aos desvalidos, enquanto vivia entre os homens. Hoje a família continua a manter aquele lugar. Minha prima é espiritualizada, estudou muito em meus livros. Ela permitirá que a biblioteca esteja aberta ao seu dispor e orientará sobre suas dúvidas. Pergunte a ela e busque os grupos aos quais eu frequentava. Se achar conveniente, diga a ela esse nosso segredo: renascerei no seio de minha família, a nossa família.

Ore por minha irmã Andrea, que ainda sofre e aprende, buscando uma oportunidade de vivenciar uma experiência de valorização do que possuía e desperdiçou: família, prestígio e amores.

Encerro essa carta com gratidão por me ouvir,

Seu amigo,

Victor de Guzman

P.S.: Conte comigo sempre que quiser orientações, estarei junto ao seu coração.

O transe se encerrou e a pena caiu de suas mãos. A médium despertou daquele impulso que a mantivera tensa, escrevendo sem parar por longos minutos. Ela respirou fundo quando chegou ao fim da página reveladora. Sua letra trêmula pelo que acontecia não se assemelhava em nada à letra caprichada do visconde de Guzman, porém o teor da mensagem não deixava dúvidas. Era mesmo o amigo dedicado que expressava carinho como só ele sabia dar.

Observou as linhas escritas com saudade e percebeu que não tinha compreendido bem o que lhe acontecera. Um impulso vindo do invisível tomara seu corpo por longo tempo. Precisaria estudar aquele fenômeno com mais calma. O tema era fascinante. *Como poderia saber mais sobre cartas vindas do Além?* Sorriu e releu o que acabara de escrever. Visitaria madame de Montalban, solicitaria os livros, investiria nas obras sociais como aconselhara seu amigo do invisível. Ela se animou e percebeu que acabava de descobrir um novo propósito para sua vida.

Quando sentiu que tudo tinha passado, solicitou ajuda para mudar suas roupas e descansou brevemente, antes de seguir para o quarto de sua irmã e ver como ela estava.

Mais tarde, quando Camile Ambre a convidou para visitar Esmeraud, Étoile teve noção do que seria o extremo do estado de ânimo abatido, como aquele que sentiu quando entrou em crise antes de seu próprio casamento – a melancolia e a influência maléfica que sentira junto com o ímpeto pelo mar.

A condessa de Y... estava desanimada, ela não tinha coragem de deixar seu leito. Os olhos marcados por olheiras a envelheciam muito. Os cabelos despenteados, as mãos trêmulas e as camisolas brancas davam-lhe um aspecto sombrio. A jovem de olhos brilhantes e cheia de esperança tinha se resumido a um espectro de si mesma.

As duas se olharam como se fossem estranhas. A doce amizade da infância, abalada pelas escolhas matrimoniais, tinha se esfriado mais ainda com o tempo. A irmã mais nova se lembrou das palavras de Victor de Guzman, que acabara de escrever. Precisava ampliar seu amor para a compaixão pelos doentes. Mentalmente, começou a orar, uma forma de prevenir-se do mal. Pediu a Deus pela doente e em alguns minutos a viu aceitar uma sopa reconfortante que aguardava a fome da enferma.

Conversaram por mais de três quartos de hora, relembrando os tempos felizes da infância e a grave impressão do momento que se reencontraram tinha se dissipado. Quando Camile Ambre e Étoile se retiraram, seguiram para a sala de chá e pediram que fosse servido uma breve merenda.

A visitante começou a perguntar sobre a vida de sua irmã e obteve uma resposta menos vaga de sua mãe, que falava em sussurros, embora não houvesse mais o que esconder.

– Jean Claude chegou há duas semanas, porém não se animou a vir buscar a esposa. Sua irmã não sabe que ele está há apenas alguns quilômetros daqui, se não ... – ela fez uma pausa, pensando se era conveniente contar, depois decidiu-se e continuou: – Na última vez que ele esteve aqui na península, conversou com seu pai e disse que seu casamento não era como ele esperava. Esmeraud não lhe dera filhos e ele, como único herdeiro de seus pais, estava muito frustrado. Seu pai foi indelicado com ele, quando respondeu que a culpa não era dela e os dois não mais se falaram. Desde então, ele não veio mais buscá-la.

Étoile se manteve reticente, não queria opinar no que não lhe dizia respeito. Pensava apenas na razão de Esmeraud permanecer ali no leito. Ela só conseguia entender esse estado de ânimo porque tinha passado por isso em sua juventude. Se sua irmã se levantasse e voltasse para casa, o que faria Jean Claude? Depois pensou em si mesma, se o conde de Y... estava fazendo isso na esperança de tê-la de volta... Não queria nem podia agravar aquela situação. Queria apenas ajudar sua irmã. Depois de alguns minutos, ela respondeu:

– Minha mãe, aprendi com meu marido a orar pelos que mais precisam e vou manter este bom hábito até que a nossa doente melhore. Ela irá perceber que seu mal é apenas passageiro. Tenho certeza de que irá se levantar e retomará sua vida junto ao marido.

Nessa proposta, passaram-se os dias, enquanto Étoile se dispunha a fazer tudo que estava ao seu alcance para auxiliar a doente, porém sua irmã mantinha-se na mesma, atribuindo a razão de sua infelicidade ao esposo ausente. Eram as mesmas crises de infância que a abatiam e que só passavam quando via seus desejos satisfeitos. Na falta dessa opção – ter Jean Claude em regresso – ela se deixava entregar à dor e ao desespero, perdendo o brilho da vida.

A condessa de Saint-Patrice dizia, sempre que podia, essas palavras com o mesmo teor para tentar animá-la:

– Minha irmã, levante-se deste leito, vamos ao campo dar uma volta. Verá que as tílias e açucenas nos reconfortam a alma. Tenho certeza de que se voltar ao seu castelo se sentirá como a senhora de seus bens e manterá a dignidade e a saúde. Tome conta dos seus pensamentos e sentimentos. Não permita que o estado abatido venha lhe dominar.

A doente nem respondia quando lhe falava assim.

Numa das noites em que pensava fortemente sobre sua irmã, Étoile teve um sonho muito claro, que figurou em sua mente por algum tempo, mesmo depois que despertou.

Ela sonhou que estava numa assembleia assessorada por Victor de Guzman. Ele continuava o jovem de que ela se lembrava e com ele estava seu primo, Arthur de Guzman, em vestes franciscanas. Os dois penetraram o quarto de Esmeraud e correram as mãos espalmadas por sobre a doente desde a cabeça até os pés. Mantinham-se sérios, de olhos fechados, em oração.

Essa imagem ficou registrada fortemente em seu pensamento. No sonho, a condessa de Saint-Pierre gritava, expressando seu medo e dizia que não queria vê-los. Junto dela, uma figura em profundo sofrimento fora removida. O corpo de Esmeraud, envolvido em brumas cinzentas, voltava às cores mais saudáveis.

O sonho se dissipou e as imagens mais significativas, ela pôde registrar na manhã seguinte, ficando uma impressão de que tinha feito tudo que podia e que agora restava respeitar a escolha de sua irmã, por mais equivocada que parecesse. Étoile teve a certeza de que nada mais poderia fazer. Esmeraud tinha tudo que queria, o marido que ela escolheu, os pais por perto, fortuna e poderia ter se dedicado a tantas outras causas que não fosse a felicidade conjugal. Ela optava por levar ao extremo suas crises, agravando-as com suas exigências caprichosas, exigindo que seu pai tomasse uma atitude, enfim, perdendo os limites do bom-senso.

Sem condições de acompanhar os dramas familiares por mais tempo, Étoile quis dar um último passeio aos lilases para se despedir dali e refletir sobre os conselhos de Victor, criando um projeto que se desenhava em sua mente. Ela não tinha perdido o costume de caminhar pelos arredores do lugar onde vivia. Na fazenda da Louisiana, todos os dias saía pela manhã para percorrer os lugares mais puros e resguardados pela natureza sempre bela que encontrava. Aqui em suas terras de família, contava com as boas lembranças, apesar de tudo o que sabia sobre o marido de sua irmã.

Sem comunicar aos seus pais de seu ímpeto por cavalgar, tomou a montaria naquela manhã que precedia sua volta a Paris, para reter na memória os detalhes do lugar especial. Cavalgou pelos parques queridos como era sua vontade desde que chegara ali e ficara com medo de ser importunada por seu cunhado. Sentiu que não podia se deixar tolher pela proximidade dele. Quando regressava ao castelo, já no final do passeio, foi ao recanto preferido da estrada real que levava aos castelos de Saint-Omer, Allorge e de Saint-Pierre. Viu de longe um coche com insígnias diferentes das que costumava ver por ali e percebeu que se tratava dos novos moradores do castelo de Saint-Patrice que tinha sido arrendado pelos administradores de seu marido, havia alguns anos.

Desceu do cavalo e caminhou pelos jardins, pelas trilhas e pelos parques, nos limites com o castelo de Saint-Pierre. Talvez ela quisesse mesmo encontrar seu amado de outrora. Inconscientemente, estava apenas querendo vê-lo para cobrar uma atitude em relação a Esmeraud.

Inquieta, saiu da vegetação mais densa, entre os carvalhos e desceu pelos canteiros floridos. O cavalo de seu admirador do passado surgiu diante dela, quando cruzava a estrada real e ele desceu e se encaminhou apressado até onde ela estava.

– Condessa de Saint-Patrice! Que surpresa! – ele disse, com o rosto apreensivo pela aprovação dela, certo de que sua sugestão de reencontro tinha sido aceita.

– Conde de Y..., ninguém mais me chama assim. Agora sou apenas a viúva de Villiers. O castelo de Saint-Patrice está arrendado e meus investimentos cruzaram o oceano. Fui uma fazendeira do novo mundo, vivi muitas aventuras – ela disse isso, querendo disfarçar o que sentia. Agora que estavam diante um do outro, toda sua coragem de cobrar dele uma atitude se arrefecia. Precisava falar o que viera dizer, mas não encontrava as palavras certas.

– Não precisa mais voltar para lá, pode ficar aqui com seus pais. Aquela terra selvagem...

O conde ia completar seus pensamentos sobre as Américas, mas foi interrompido por sua interlocutora. Ela não quis deixar que ele opinasse em sua vida. Se não conseguia dizer o que viera para dizer, não poderia mais ficar ali. Juntando em si a força moral, disse:

– Não fale do que não conhece, senhor. Estou consciente do que devo fazer. Com sua licença, preciso voltar ao castelo de meus pais, pois minha irmã aguarda minha visita para oração.

– Étoile, espere. Fiz uma promessa a cumprir-se quando nos víssemos de novo e agora peço apenas um momento do seu tempo. Quero explicar-me agora que já viu sua irmã e se lembrou de como ela é. Esmeraud manipula seus pais fingindo dores e tenta manipular a mim também. Se a contrario, cai enferma, busca apoio em seus familiares. Confesso que estou em falta com meus sogros, mas não aguento mais.

Ele pôs as mãos sobre a testa, cobrindo o rosto numa expressão que refletia seu estado de alma. Explicou, em seguida, que era herdeiro de grande patrimônio de família e que precisava administrá-lo, por isso precisava viajar. Confessou que se utilizava dessa desculpa para se ausentar dali, na maior parte do ano. Como resposta, ouviu o que menos esperava – a solidariedade de Étoile com a irmã enferma.

– Esmeraud não precisa de seu apoio ocasional, ela precisa de ter seu marido de volta. Precisa retornar ao castelo que é de seu domínio de esposa, cuidar de suas responsabilidades. Meus pais não poderão viver se a perderem e afianço que ela não durará muito. O senhor não pode culpá-la por não gerar descendentes...

– Não a culpo, só lamento. O drama que vivemos, em termos claros, é este que expliquei. Não tolero suas chantagens, achaques e doenças inventadas para ver seus desejos cumpridos. Basta para mim desse assunto, já percebi que não serei compreendido. Eu que pensei que seu coração sincero poderia me acolher nesse momento de fragilidade. Por favor, diga-me, Étoile, se não vai ficar aqui, para onde vai viajar? Posso seguir seus passos, para onde queira ir. Seremos discretos... – ainda outra vez ele viu suas palavras cortadas pelo absurdo de sua proposta.

– Nossas antigas promessas cederam lugar ao compromisso com nossos esposos e meu dever de mãe, Jean Claude. Espero apenas que cumpra seu papel, aquele que firmou diante de seu pai e do meu no dia do noivado ou quando assinou os proclamas reais para o casamento.

Ele engoliu em seco, baixou a cabeça e respondeu com olhar pétreo.

– A senhora é a única pessoa que pode me apoiar porque sabe dos meus sentimentos. Esperava, agora que voltou...

– O que o senhor esperava, meu caro cunhado? Uma vez fui embora porque não vi condições de conviver sabendo dos seus sentimentos e agora vou embora mais uma vez pela mesma razão. No meu coração, o dever fala mais alto.

– Não posso viver com Esmeraud, se ela se conformasse com isso, poderíamos ficar bem.

– Hoje mesmo avisarei ao meu pai que o senhor regressou e recomendarei que encaminhe minha irmã de volta ao seu castelo de onde ela não deveria ter saído – ao dizer isso percebeu que poderia ajudar muito mais a sua própria irmã. Ela a convidaria a ir consigo para tratar-se. Ela a ajudaria a se reerguer e fundaria uma instituição para o tratamento de mulheres que viviam abandonadas dentro do próprio castelo, relegadas por seus maridos. Com isso, conseguiria recursos para igualmente auxiliar aquelas que não poderiam pagar e que viviam na indigência ou prostituição pelo mesmo problema, agravado pela pobreza.

Ao pensar nisso, Étoile tomou sua montaria e se distanciou dali. Ela foi decidida em sua posição, embora por dentro tivesse reunido toda sua coragem para confrontá-lo e agir segundo os valores morais que pautavam sua conduta. Cavalgando de volta, sentiu o vento bater em seus cabelos e sorriu. Ela era uma mulher muito forte e percebeu que as palavras de Victor de Guzman faziam todo sentido agora. Precisava apoiar sua irmã e sair dali o mais rápido que pudesse para erguer um projeto particular que ocupasse seu tempo em algo útil, em nome da caridade.

Enquanto o cavalo tomava galope e seus pensamentos construíam sua liberdade foi descobrindo a sensação de felicidade por ter cumprido o que deveria fazer. Queria contribuir para o que Victor planejara, para o retorno dele à Terra. Ela pensava e pensava... Compreendeu que sua amada Andrea Delphine se uniria ao filho da condessa de Guzman d´Aubry e, dessa união, ele retornaria para amparar a vida de sofrimentos expiatórios que Andrea de Guzman conquistara. Os dois aguardavam essa possibilidade de virem na mesma cidade ou mais próximos para que ela não vivesse em completo abandono e sofrimento.

Étoile compreendeu que precisava organizar uma estrutura de recolhimento de pessoas pobres, dando-lhes alimento e talvez acolhida. Precisava organizar bem as ideias, porque tais lugares só eram comuns em instituições religiosas. Seu marido Marcus, que professava a fé protestante, deixara claro que sua fortuna poderia ser empregada na caridade, desde que fosse doada a causas justas. Ela se lembrou que Marcus, em sua vida cheia de dedicação à cara falecida Andrea, sempre cuidara de promover a filantropia aos enfermos e pobres.

Os problemas da suicida da Bretanha eram inesquecíveis a Étoile e agora tinha a ideia de cuidar e orientar mulheres na mesma condição. Quem sabe fundasse também uma escola? Um corpo docente que priorizasse os direitos femininos e os problemas relativos aos matrimônios frustrados. Poderia, sim, buscar apoio da amiga de Victor, buscar livros ou pessoas dispostas a desenvolver aquelas ideias. Pretendia expandir aquele projeto em nome da família Guzman e de sua própria. Uniria os propósitos e ideais esposados por seu amigo, que nunca conhecera, mas que tinha certeza de que, de onde estivesse, estava velando por ela.

As decisões do livre-arbítrio caracterizam nossas escolhas e nossos destinos. Quanto mais nos tornamos receptivos às leis divinas do bem e do amor, melhor nos comprometemos com as causas iluminativas do nosso caminhar.

* * *

Victor de Guzman veio a renascer como descendente de sua família, que estagiava na Espanha, depois viajou a Portugal. Verena Mia, como herdeira do patrimônio de Guzman, era mãe de um rapaz, que veio a se interessar, por conta da aproximação entre as famílias e, mais tarde, casou-se com Andrea Delphine, gerando um único herdeiro – o conde Carlos Ramiro de Guzman e Montalban.

Dom Ramiro encontra com uma bailarina de rua de nome Nina[43], quando ele reconhece ali sua irmã Andrea e dá a ela o apoio para sua saúde abalada na instituição de caridade que fundara com sua família. Assim são as intrincadas teias das escolhas cármicas e dos retornos das más escolhas, a que chamamos efeitos de causas passadas.

Étoile manteve-se fiel a seu amigo, Victor, e a sua opção de vida, projetando ao futuro os ideais de se tornar a cada dia uma pessoa melhor.

Castelo de Saint-Omer	Castelo de Saint-Patrice	Castelo de Saint-Pierre	Castelo de Allorge
Conde Joseph Hugo de Guzman d´Albret	Conde Marcus de Villiers Stainesbourg	Conde George Luís de Y...	Conde Martin Felipe de Durant
Condessa Françoise Marie de Guzman d´Albret			Condessa Camile Ambre de Durant
Visconde Victor François de Guzman d´Albret		Visconde Jean Claude de Y...	Mademoiselle Esmeraud Marie de Durant
Mademoiselle Andrea de Guzman d´Albret			Mademoiselle Étoile de Durant
Conde Alexis de Guzman d´Evreux			
Conde Arthur de Guzman d´Evreux			

FIM

43 Conto homônimo da obra *Sublimação* – Yvonne do Amaral Pereira.

CONHEÇA TAMBÉM
DA MESMA AUTORA:

15,5x22,5 cm
256 páginas

"Irmãos, compreendam essa história como um grito de liberdade, como um clamor por justiça. Mulheres! Reflitam sobre si mesmas, a condição em que vivem, os valores que alimentam". Este é o brado de Milena que vem, através da psicografia de Denise Corrêa de Macedo, nos contar sua sofrida, porém bela história de amor, vida e superação na encarnação que viveu como "senhora de fazenda".

CONHEÇA TAMBÉM:

Peça e receba – o Universo conspira a seu favor
José Lázaro Boberg
Estudo • 16x22,5 cm • 248 pp.

José Lázaro Boberg reflete sobre a força do pensamento, com base nos estudos desenvolvidos pelos físicos quânticos, que trouxeram um volume extraordinário de ensinamentos a respeito da capacidade que cada ser tem de construir sua própria vida, amparando-se nas Leis do Universo.

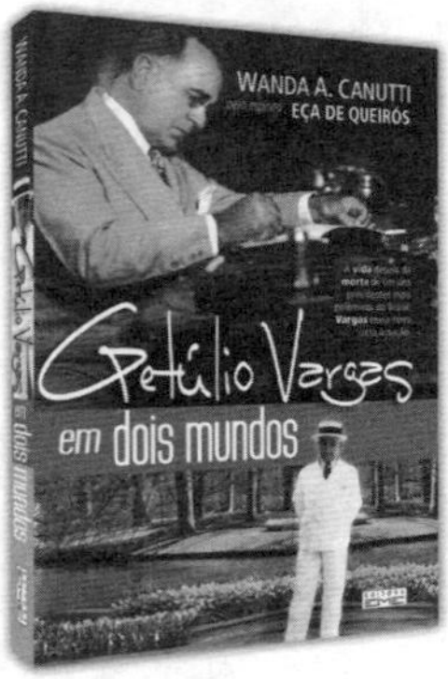

Getúlio Vargas em dois mundos
Wanda A. Canutti • Eça de Queirós (espírito)
Romance mediúnico • 16x22,5 cm • 344 pp.

Getúlio Vargas realmente suicidou-se? Como foi sua recepção no mundo espiritual? Qual o conteúdo da nova carta à nação, escrita após sua desencarnação? Saiba as respostas para estas e outras perguntas, agora em uma nova edição, com nova capa, novo formato e novo projeto gráfico.

A vingança do judeu
Vera Kryzhanovskaia • J. W. Rochester (espírito)
Romance mediúnico • 16x22,5 cm • 424 pp.

O clássico romance de Rochester agora pela EME, com nova tradução, retrata em cativante história de amor e ódio, os terríveis fatos causados pelos preconceitos de raça, classe social e fortuna e mostra ao leitor a influência benéfica exercida pelo espiritismo sobre a sociedade.

Não encontrando os livros da **EME** na livraria de sua preferência,
solicite o endereço de nosso distribuidor mais próximo de você através de
Fones: (19) 3491-7000 / 3491-5449
(claro) 9 9317-2800 (vivo) 9 9983-2575
E-mail: vendas@editoraeme.com.br – Site: www.editoraeme.com.br